LE COLLANE ALPHA TEST

GLI SPILLI
Oltre 180 tascabili a colori, per fissare le idee sulle materie fondamentali, di attualità, cultura e lingue straniere. Ideali per la maturità e i primi anni di università.

STRUMENTI DIDATTICI
Guide per l'aggiornamento e l'attività didattica di insegnanti, orientatori e psicologi sui temi dell'orientamento e dei test a risposta multipla.

MATURITÀ
Volumi che raccolgono i temi d'esame della prova scritta dei licei scientifici, risolti e commentati.

ORIENTAMENTO
Guide aggiornate per la scelta degli studi post-diploma e per l'inserimento nel mondo del lavoro.

TESTUNIVERSITARI
Manuali ed eserciziari specifici per la preparazione ai test di ammissione di tutte le facoltà universitarie.

ESERCIZIARI PER L'UNIVERSITÀ
Utili volumi per la preparazione agli esami universitari di Analisi Matematica, Algebra e Geometria, Chimica e Fisica.

PASSEPARTOUT
Volumi monodisciplinari utili per la preparazione ai test di concorsi pubblici, selezioni aziendali, concorsi dell'Unione Europea, concorsi militari, ammissione all'università e ai master.

TESTPROFESSIONALI
Manuali ed eserciziari per prepararsi alle prove di selezione per l'accesso e l'abilitazione a specifiche professioni (promotore finanziario, vigile urbano, fisioterapista, infermiere ecc.).

LAVORO&CARRIERA
Guide pratiche su temi di informatica e sales management utili per svolgimento delle professioni aziendali: ideali per diretori e manager di impresa.

CONCORSI&ESAMI
Volumi completi con teoria ed esercizi per prepararsi alle prove scritte e orali dei concorsi pubblici e degli esami di Stato (commercialisa, psicologo, avvocato, architetto ecc.).

STUDIPROFESSIONALI
La prima collanna pensata per i professionisti (avvocati, commercialisti, notai) dedicata alla comunicazione e al marketing, al management, alla gestione delle relazioni.

TESTMILITARI
Manuali ed eserciziari specifici per la preparazione alle prove di ammissione alle Accademie militari e alle Forze Armate.

I NUOVI CODICI
Mini-codici di comoda consultazione in udienza, in ufficio e durante le lezioni universitarie, aggiornati alla legislazione di riferimento.

METEO
Collana curata dal colonnello Mario Giuliacci e realizzata da meteorologi professionisti. I volumi coniugano coniugano l'approccio divulgativo con il rigore scientifico.

UPPA
Piccoli volumi dedicati ai genitori che vogliono approfondire gli aspetti più delicati della crescita dei propri bambini (0-6 anni): dall'alimentazione ai principali disturbi.

S.O.S. LINGUE
Pratiche guide tascabili per risolvere ogni dubbio sulla lingua in modo facile e veloce: dialoghi modello, frasari per le situazioni più comuni e gli imprevisti, indicazioni per la pronuncia e agili glossari.

l'ESAME per il PATENTINO

Via Mercalli 14, 20122 Milano (Italy)
Tel. 02 58 45 98 1 – fax 02 58 45 98 96
www.alphatest.it
servizi@alphatest.it

ISBN: 978-88-483-1821-1

Seconda edizione: ottobre 2015
Prima edizione: aprile 2015

Progetto grafico, composizione e impaginazione: Alpha Test S.r.l., Milano
Grafica della copertina di Andrea Morando.
Copertina e illustrazioni interne a cura dell'Ufficio Grafico Alpha Test:
Marina Ilacqua e Katia Lerario.

Stampato da New Press, Cermenate (CO)
per conto di Alpha Test S.r.l.
nell'ottobre 2015

Indice

Introduzione

Dal 19 gennaio 2013, in Italia, per guidare legalmente un ciclomotore o un quadriciclo leggero è necessario avere 14 anni di età ed essere in possesso di una patente di guida di categoria AM. Gli stessi veicoli, peraltro, possono essere condotti quando si è in possesso di una qualsiasi altra categoria di patente: sia con una delle patenti per la guida di motocicli (la prima che si può conseguire, a 16 anni, è la patente A1 per la guida di motocicli con cilindrata massima di 125 cm^3), sia con una delle patenti per la guida di quadricicli pesanti (categoria B1, conseguibile a 16 anni), sia, infine, con una delle patenti necessarie per la guida di autoveicoli (la prima che si può conseguire, compiuti 18 anni, è la patente B).

L'esame per ottenere a patente AM è composto da una prova teorica e da una prova pratica di guida. La prova di guida può essere sostenuta soltanto dopo aver superato quella di teoria. La prova teorica consiste nel riconoscere se è vero o falso il contenuto di 30 affermazioni (i cosiddetti quiz). Attualmente la lista ufficiale per la patente AM comprende 2.051 quiz suddivisi fra dieci sezioni di diversa ampiezza. I quiz "veri" sono 1.053, quelli "falsi" 998. La prova teorica deve essere svolta nel tempo massimo di 25 minuti. L'esame è superato se non si commettono più di tre errori.

Il manuale

Con *L'esame per la patente AM*, Alpha Test si avvale dell'esperienza maturata nel settore delle patenti di guida per proporre ancora una volta un testo chiaro, completo e integrato dai sussidi necessari. In particolare, *L'esame per la patente AM*:

- espone i diversi argomenti in modo semplice e corretto ma, per consentire di familiarizzare con la formulazione dei quesiti ministeriali, non manca di ricorrere a parole e frasi analoghe a quelle dei quiz;

- espone tutte le nozioni necessarie per il superamento della prova di teoria ed esclude la trattazione di argomenti che, pur importanti, non fanno parte del programma d'esame;
- riordina secondo un percorso logico, utile alla memorizzazione dei diversi concetti, le centinaia di informazioni presenti negli oltre duemila quiz;
- riunisce in un solo volume sia le spiegazioni sia l'addestramento alla prova d'esame presentando, a conclusione del volume, tutti i quiz contenuti nell'elenco ministeriale;
- è allegato il software di simulazione, scaricabile gratuitamente, che permette di comporre un numero illimitato di simulazioni d'esame e di svolgerle secondo le modalità della prova ufficiale, visualizzando subito i risultati, anche in forma grafica;
- considerata la significativa e diffusa opportunità di connessione alla rete Internet, segnala le risorse disponibili per via telematica che, alla data di pubblicazione, sono sembrate le più utili da consultare e, per chi vuole, da usare per approfondimenti ulteriori rispetto alla preparazione strettamente necessaria per il superamento dell'esame.

Il volume si articola in 8 capitoli, nel capitolo 7 è riportato l'elenco completo dei quiz e relativi correttori e nel capitolo 8 delle simulazioni d'esame. Premesso che tutto è importante e tutto è collegato, e che l'ordine di trattazione degli argomenti è frutto di scelte didattiche dell'autore, l'unica raccomandazione è quella di leggere in successione i capitoli 3, 4 e 5 perché sono collegati logicamente fra loro in modo stretto. I capitoli 1, 2 e 6, invece, possono eventualmente essere studiati anche in ordine diverso da quello con cui si presentano nel volume. Quando si è ritenuto che fosse il caso, peraltro, nel corso dell'esposizione abbiamo segnalato l'opportunità di collegarsi, o ripassare, quanto esposto in un capitolo diverso da quello che si sta leggendo.

Come si è già ricordato, la parte finale del volume presenta tutti i quiz che è possibile incontrare all'esame, nell'ordine in cui li ha disposti il Ministero competente. Con il software di simulazione, scaricabile gratuitamente, ci si può esercitare alla prova d'esame con modalità in tutto analoghe a quelle seguite dagli uffici della Motorizzazione Civile. Effettuare queste simulazioni è molto importante sia per addestrarsi allo svolgimento dell'esame, sia perché, come è ovvio, la prova d'esame è composta da quiz scelti dal database completo in modo casuale sebbene parzialmente guidato al fine di impedire, per esempio, di avere una prova d'esame con trenta domande sulla precedenza e nessuna sui segnali stradali.

La prova d'esame

All'esame per la patente bisogna presentarsi muniti di un valido documento d'identità e del fascicolo "2112 MEC" (cioè la vostra pratica) completo di tutta la documentazione. Entrambi devono essere consegnati all'esaminatore che, dopo aver svolto i dovuti controlli, ci assegnerà una postazione attrezzata con un personal computer dotato di "touch screen", cioè uno schermo sensibile al tocco delle dita.

Toccando i "tasti" (in realtà, delle aree definite quadrate o circolari) si attiverà il comando prescelto. Per far funzionare il tutto, l'esaminatore ci consegnerà anche una tesserina (cosiddetta "smartcard") da inserire nell'apposito alloggiamento per avviare un breve corso di autoistruzione su come svolgere la prova d'esame.

Esaurito il breve addestramento sulla modalità di svolgimento della prova, l'esaminatore darà il via alla compilazione del questionario. Il tempo concesso è di 25 minuti: iniziata la prova, il tempo rimanente è segnalato sullo schermo. Per ciascuno dei 30 quiz proposti si dovrà indicare se ciò che dicono è vero o falso.

Per scegliere la risposta si dovrà toccare, esclusivamente con le dita, il cerchio sullo schermo con all'interno la lettera "V" o "F" a seconda che consideri quell'affermazione vera o falsa.

Si può rispondere alle domande nell'ordine che si preferisce e cambiare una risposta data, così come visualizzare una schermata di riepilogo per verificare se e come si è completato lo svolgimento della prova. Terminata la compilazione del questionario si dovranno confermare le risposte date, visibili nella schermata di riepilogo. La conferma, ovviamente, impedisce di modificare ulteriormente le scelte che si sono espresse.

La prova d'esame è superata se si danno almeno 27 risposte esatte su 30. Sono considerate errori le risposte sbagliate e quelle non date, dunque è bene verificare la completezza della compilazione prima di premere il tasto di conferma.

La scheda che appare a video ha un aspetto simile a quello rappresentato di seguito:

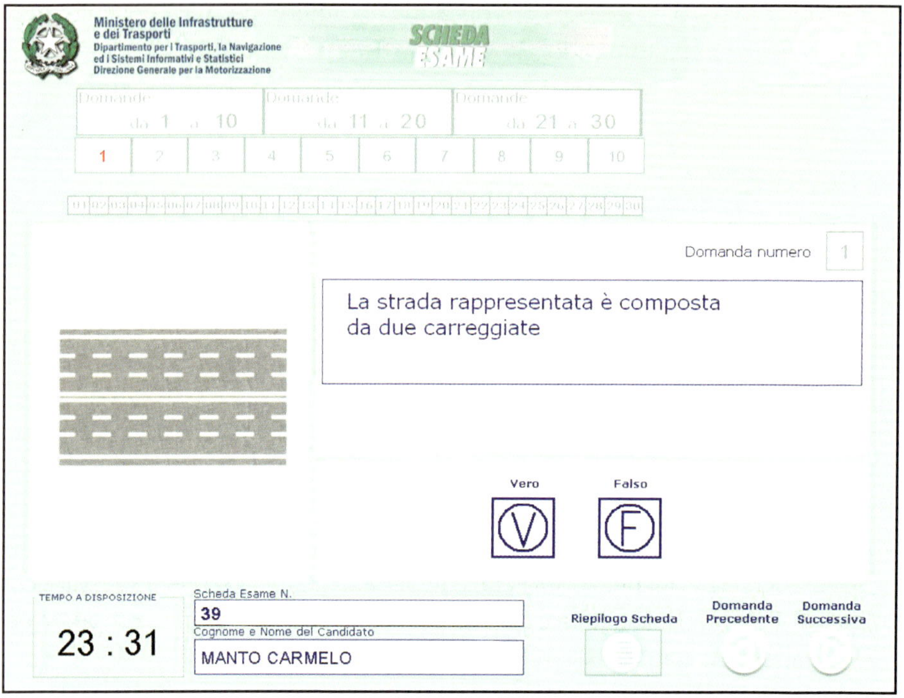

Durante lo svolgimento della prova non sono permesse le azioni vietate in tutti gli esami: consultare testi o appunti, anche in formato elettronico; comunicare con gli altri candidati (o con l'esterno!). Inoltre (ma anche questo dovrebbe risultare ovvio) non si devono danneggiare le postazioni o scollegarle dalla rete elettrica. Se qualcosa non funziona, bisogna avvisare l'esaminatore. Se per qualche motivo (ad esempio, una prolungata assenza di corrente) non si può procedere allo svolgimento dell'esame, bisognerà armarsi di pazienza e attendere che ci siano comunicate data e ora di svolgimento di una sessione di recupero.

Le persone affette da sordomutismo possono sostenere l'esame con proposizione orale delle domande. A loro spese, tali candidati possono avere l'assistenza di un interprete appartenente alla competente sezione dell'Ente Nazionale Sordomuti.

Le seguenti categorie di candidati, invece, possono chiedere di sostenere l'esame avvalendosi anche dell'ascolto in cuffia dei file audio relativi alle domande:

- persone prive della licenza di terza media;
- cittadini non italiani privi di titolo di studio equipollente alla licenza di terza media;

- persone affetta da patologia (certificata) che determina gravi difficoltà nella comprensione dei testi scritti, privi di licenza di terza media;
- persone affette da dislessia o disortografia.

Le risorse della rete

Non tutti dispongono di un computer e di un collegamento alla rete Internet né, del resto, è obbligatorio avere l'uno e l'altro. È però vero che questi strumenti sono sempre più diffusi e che oggi è possibile servirsi di Internet anche da molte postazioni pubbliche. Ci è sembrato utile, perciò, segnalare alcune pagine web a cui ricorrere per prepararsi all'esame, o consultare la normativa, fra quelle disponibili alla data di pubblicazione del presente volume.

http://www.rmastri.it/webpatentino/

Questo sito offre la possibilità di simulare la prova d'esame e di esercitarsi su aree tematiche specifiche. Buoni i consigli per affrontare l'esame. Il software che genera le schede è scaricabile e può essere installato sul proprio computer per lavorare anche scollegati dalla rete Internet.

https://www.ilportaledellautomobilista.it/

È il portale ufficiale del Ministero dei Trasporti dedicato alla motorizzazione civile.

http://www.handylex.org/schede/patente.shtml

Non serve direttamente a preparare l'esame, ma lo segnaliamo comunque perché fornisce tutte le notizie utili al conseguimento della patente da parte delle persone disabili. Si tratta di un sito talmente ricco di informazioni da essere divenuto un punto di riferimento per le stesse amministrazioni pubbliche che operano nel settore.

http://it.wikipedia.org/wiki/Patente_di_guida

Includiamo infine, fra le risorse segnalate l'enciclopedia web per antonomasia, cioè Wikipedia, per il buon riepilogo delle diverse (ben 13) categorie di patente oggi esistenti in Italia.

SOFTWARE
DI ESERCITAZIONE E SIMULAZIONE

Codice libro

18211

Download

Ottenere il software è facile

Vai su www.alphatest.it/software, cerca l'icona riportata qui sopra e clicca su download.

Il software di simulazione in omaggio permette di comporre un numero illimitato di simulazioni d'esame e di svolgerle secondo le modalità della prova ufficiale, visualizzando subito i risultati, anche in forma grafica.

Richiede Windows XP, Vista, 7 o 8 oppure Mac OSX 10.4 (o superiori). RAM minima: 1GB

Capitolo 1

La persona

Gli elementi della circolazione stradale sono la persona, il veicolo e l'ambiente. I primi due condividono una differenza importante rispetto al terzo: sulla persona e sul veicolo possiamo intervenire attivamente preparandoli a circolare e poi conservandoli nel modo migliore; di fronte a una strada in pendenza o a un temporale in corso, invece, possiamo soltanto adattare alla circostanza la nostra condotta di guida. L'idoneità alla guida è, a sua volta, il risultato di un insieme di elementi: il rispetto di alcune condizioni stabilite dalla legge; il possesso di adeguate conoscenze teoriche, di una sufficiente abilità tecnica, di uno stato di salute generale e di una condizione fisica mentre si è alla guida compatibili con la circolazione in condizioni di sicurezza per noi e per gli altri. Conoscenze teoriche, abilità tecnica e stato di salute generale sono verificati e certificati dalla pubblica autorità. Una volta dichiarati idonei alla guida, cioè in possesso dei necessari requisiti psicofisici e tecnici, avremo il dovere di seguire le norme del Codice della Strada e le altre leggi (come il Codice Civile e il Codice Penale) che può essere necessario applicare. Oltre che dei requisiti di idoneità alla guida, in questo Capitolo 1 ci occuperemo anche di altri due argomenti compresi nel programma d'esame relativi alla persona: l'utilizzo di un abbigliamento tecnicamente appropriato e l'attuazione dei più semplici interventi di primo soccorso da praticare in caso di incidente.

1.1 L'idoneità legale (patente AM)

Per guidare un veicolo a motore su strada è necessario essere in possesso di una patente che viene rilasciata a seguito del superamento di un esame. La prima patente di guida, classificata come patente AM, può essere conseguita già a 14 anni e autorizza a condurre le seguenti categorie di veicoli:

- **ciclomotori a due ruote** aventi velocità massima per costruzione non superiore a 45 km/h e motore a combustione interna di cilindrata inferiore o uguale a 50 cc, oppure motore elettrico con potenza nominale continua massima inferiore o uguale a 4 kW;

- **ciclomotori a tre ruote** aventi velocità massima per costruzione non superiore a 45 km/h e motore: a combustione interna con potenza massima netta inferiore o uguale a 4 kW; oppure motore a combustione interna e accensione comandata di cilindrata inferiore o uguale a 50 cc; oppure motore elettrico con potenza nominale continua massima inferiore o uguale a 4kW;
- **quadricicli leggeri** aventi velocità massima per costruzione non superiore a 45 km/h, massa a vuoto non superiore a 350 kg (esclusa la massa delle batterie per i veicoli elettrici) e motorizzazioni come quelle già viste per i ciclomotori a tre ruote: motore a combustione interna con potenza massima netta inferiore o uguale a 4 kW; oppure motore a combustione interna e accensione comandata di cilindrata inferiore o uguale a 50 cc; oppure motore elettrico con potenza nominale continua massima inferiore o uguale a 4kW.

Per quanto riguarda i veicoli appena elencati, i parametri fondamentali da ricordare sono dunque:

- per tutti i veicoli considerati, la velocità massima per costruzione di **45 km/h**;
- a seconda del tipo di motore, la cilindrata di **50 cc** ovvero la potenza massima nominale continua di **4 kW**;
- nel caso dei quadricicli, il peso massimo di **350 kg**.

Tutti i veicoli citati possono essere condotti da chi è titolare di una qualsiasi patente di categoria superiore alla categoria AM, cioè con le patenti A1, A2, A, B, C, D e loro sottocategorie. La cosa importante da sottolineare è che, per poter essere guidato con la patente AM, il ciclomotore o il quadriciclo leggero deve rispettare l'insieme dei limiti che abbiamo citato: velocità, potenza, peso.

Un ipotetico veicolo con cilindrata di 50 centimetri cubici e velocità massima per costruzione di 50 km/h, perciò, non potrebbe essere condotto se si fosse titolari soltanto di una patente AM.

La patente AM (o la patente superiore di cui si è titolari) deve essere portata con sé quando si è alla guida. Insieme alla patente il conducente deve esibire, a richiesta degli agenti, il certificato di circolazione e il certificato di assicurazione del veicolo. Questi ultimi due documenti attestano che il ciclomotore è stato costruito e sta circolando nel rispetto delle norme di omologazione e di quelle sulla responsabilità civile.
Il conducente di un ciclomotore deve evitare di prestare il veicolo a chi non ha i requisiti necessari per la guida.

1.2 L'idoneità psicofisica

Per poter guidare un ciclomotore bisogna essere fisicamente e psichicamente idonei. Il riconoscimento dell'idoneità psico-fisica alla guida è compito dei medici autorizzati a svolgere i dovuti accertamenti.

L'idoneità certificata dal medico è quella riferita alle condizioni generali, proprie e stabili della persona. Tuttavia, le condizioni fisiche del momento sono influenzate da circostanze di diverso tipo. Si può trattare di circostanze anche molto banali (una giornata di lavoro particolarmente intenso, aver trascorso la notte svegli per chiacchierare con gli amici ecc.), ma che possono produrre effetti negativi, rendendo rischioso l'atto di guidare.

Per esempio, la semplice fatica provoca l'indebolimento temporaneo delle facoltà fisiche e mentali. Tale indebolimento può manifestarsi in vario modo: con una riduzione dell'attenzione e della capacità visiva; nell'incertezza nella valutazione della distanza; in uno stato di sonnolenza che provoca la riduzione della coscienza e della volontà facendo perdere, per esempio, il senso della propria velocità. Tutto ciò, evidentemente, aumenta il rischio di incidenti.

Un grave peggioramento delle condizioni di salute può essere generato dall'assunzione di sostanze che, con caratteristiche e intensità differenti, modificano i nostri parametri psicofisici in modo incompatibile con la guida. L'assunzione di stupefacenti influisce sulla guida perché altera le percezioni (vista, udito, riflessi), i riflessi e la coordinazione dei movimenti. A seconda del tipo di sostanza di cui si è fatto uso, lo stupefacente può causare sonnolenza o eccitazione, due condizioni opposte ma entrambe pericolose. L'uso di droghe è pericoloso anche se fatto una sola volta. Questo vale sia considerando gli effetti specifici (disturbi dell'attenzione e della concentrazione, imprudenza nella guida), sia la loro durata. Lo stato confusionale prodotto dalle droghe, infatti, può permanere per parecchie ore. Peraltro, pure la temporanea modifica della percezione della realtà può essere pericolosa, dato che per causare un incidente, come suol dirsi, basta un attimo.

Secondo le statistiche, la sostanza di cui si abusa con maggiore frequenza è l'alcool. Assunto in modiche quantità, i suoi effetti immediati sull'umore risultano normalmente gradevoli: rilassatezza, buon umore, senso di benessere. Purtroppo, tali effetti sono sempre accompagnati da altri che accrescono i rischi durante la guida, come sono la riduzione (fino alla perdita) della coordinazione motoria e l'alterazione (specialmente per quanto riguarda il nostro sistema visivo) della percezione della realtà. È interessante notare come l'assunzione di alcool possa provocare effetti dall'apparenza opposta: da un lato, eccitazione ed imprudenza; dall'altro, riflessi più lenti, sonnolenza, riduzione della capacità di concentrazione e, in generale, diminuzione del livello di attenzione. Quali che siano gli effetti, l'intensità delle conseguenze varia a seconda di alcuni fattori: quantità di alcool ingerito; peso corporeo ecc. Nei casi più gravi, anche il consumatore occasionale di alcool può avere una fine tragica, magari per via indiretta. Una delle cause di decesso, infatti, è la morte per soffocamento dovuto al vomito che, a causa dello stato di incoscienza prodotto dall'assunzione di dosi elevate di alcool, la persona non è in grado di gestire, in quanto non ha più il controllo del proprio corpo. Gli effetti dell'alcool sul sistema nervoso vengono amplificati se la sua assunzione avviene in combinazione con altre sostanze come sonniferi, antidolorifici o calmanti, oppure se si beve a stomaco vuoto.

Considerati i gravi pericoli per la circolazione provocati dalla guida in stato di ebbrezza, non dovrebbe sorprendere né che essa sia severamente punita con l'arresto e il pagamento di una somma in denaro, né che la legge stabilisca l'obbligo di sottoporsi ad alcooltest per consentire l'accertamento dello stato di ebbrezza stesso.

Ovviamente, poiché l'abuso di alcool, l'uso di stupefacenti, l'assunzione di sonniferi ecc. possono causare disattenzione e mancato senso del pericolo, sta al conducente evitare di assumere quelle sostanze per conservare la propria idoneità alla guida in ogni singolo momento della circolazione. Analogamente, dovrà essere prevenuta la stanchezza che, riguardo alla capacità di attenzione e alla tempestività delle reazioni, ha effetti negativi simili a quelli determinati dall'assunzione di certe sostanze.

Di conseguenza, bisognerà mettersi alla guida adeguatamente riposati e, se necessario, fermarsi per recuperare energie, lucidità e prontezza.

Concludendo, anche il conducente di un ciclomotore eviterà ogni comportamento che modifichi, peggiorandole, le proprie condizioni fisiche del momento in misura tale da renderle incompatibili con la propria sicurezza e quella degli altri, e adotterà le cautele opportune per non ridurre i propri livelli psico-fisici al di sotto dei valori minimi richiesti: niente droghe; niente alcool; viaggiare riposati ecc.

1.3 L'idoneità tecnica

L'idoneità tecnica, cioè il possesso di una sufficiente abilità nella conduzione del veicolo, deve essere dimostrata nel corso di una prova pratica di guida. Questa prova può essere sostenuta su: ciclomotori a due ruote (categoria Le); ciclomotori a tre ruote (categoria L2e); quadricicli leggeri (categoria L6e) omologati per il trasporto di un passeggero oltre al conducente. I ciclomotori a tre ruote e i quadricicli leggeri devono anche essere dotati di retromarcia. La richiesta di conseguimento della patente AM deve contenere l'indicazione del tipo di veicolo su cui si intende sostenere la prova. Il candidato non può essere ammesso a sostenere la prova pratica di guida su un veicolo diverso da quello indicato nella domanda.

In base alle disposizioni attualmente vigenti, nel corso della prova pratica il candidato dovrà dimostrare di saper eseguire correttamente, in condizioni normali di traffico, le seguenti operazioni:

a. partenza da fermo (da un parcheggio; dopo un arresto nel traffico; uscendo da una strada secondaria);
b. guida su strada rettilinea, comportandosi correttamente nei confronti dei veicoli che provengono dalla direzione opposta, anche nell'eventualità di circolazione in uno spazio limitato;
c. guida in curva;
d. avvicinamento e superamento di incroci e raccordi;
e. cambiamento di direzione (svolta a destra e a sinistra; cambiamento di corsia);
f. sorpasso di altri veicoli (se possibile) e sorpasso da parte di altri veicoli (se del caso); superamento di ostacoli (ad esempio vetture posteggiate);
g. guida corretta in relazione a elementi e caratteristiche stradali speciali (rotonde; passaggi a livello; fermate di autobus/tram; attraversamenti pedonali; guida su lunghe salite/discese; gallerie ecc.);
h. rispetto delle necessarie precauzioni nello scendere dal veicolo.

La durata della prova di guida nel traffico è di 25 minuti.

1.4 Responsabilità civile e penale

Per la legge italiana, il concetto di responsabilità si differenzia in due nozioni: la responsabilità civile e la responsabilità penale. La **responsabilità civile** derivante dall'incidente stradale sorge quando viene causato un danno a persone (lesioni gravi ecc.), animali o cose. Questo tipo di responsabilità obbliga il responsabile al risarcimento del danno causato però grava anche sul proprietario, anche se questi non è presente al momento dell'incidente. È assai interessante notare che, per la legge, finché non sia dimostrato il contrario la responsabilità civile è di ciascuno dei conducenti coinvolti. Con questa norma si evidenzia che il primo dovere di tutti i conducenti è quello di evitare gli incidenti, anche se questo comporta il subire una "ingiustizia". Per fare un esempio: se qualcuno non ci dà la precedenza a cui abbiamo diritto, questo non significa che non si debba fare di tutto per evitare uno scontro.

Col nostro veicolo possiamo danneggiare dei beni sia privati (cioè appartenenti ad altre persone) sia pubblici (di proprietà dello Stato, o di un Comune ecc.). In questo secondo caso, ciò significa che anche il conducente di un ciclomotore deve denunciare e risarcire i danni eventualmente causati, per esempio, alle opere stradali.

La **responsabilità penale** derivante da incidente stradale nasce quando la condotta seguita è in contrasto con una norma contemplata dal codice penale. Per esempio, si è penalmente responsabili in caso di omicidio "colposo" (cioè dovuto a un comportamento negligente, distratto ecc senza che vi sia stata l'intenzione di uccidere). A differenza di quella civile, dunque, la responsabilità penale è esclusivamente personale, cioè di chi ha causato l'incidente. È importante sapere che i conducenti di ciclomotori, pur potendo essere non ancora maggiorenni, possono essere imputabili per reati, avendo compiuto 14 anni.

Una terza forma di responsabilità si riferisce alla violazione di norme di legge, come quelle contenute nel Codice della Strada. Tale violazione ha delle conseguenze di vario tipo, proporzionate alla gravità dell'infrazione commessa.

1.5 Abbigliamento

Per guidare un ciclomotore non è necessario indossare uno specifico abbigliamento motociclistico. L'unico capo indispensabile, che accomuna il conducente di un "cinquantino" a quello di una moto di grossa cilindrata, è il casco, cioè il dispositivo di protezione realizzato per limitare le gravi lesioni alla testa che, specialmente senza casco, si possono produrre in caso di incidente. Correttamente utilizzato, il casco è utile anche per viaggiare in modo più confortevole. Circolare sul ciclomotore con la visiera del casco abbassata, per esempio, elimina il rischio di impatti con insetti. Oltre che fastidiosi, infatti, tali impatti possono essere molto pericolosi, distraendoci o coinvolgendo gli occhi.

L'uso del casco è obbligatorio per conducenti e passeggeri di ciclomotori a due ruote, anche se hanno compiuto 18 anni. Il casco utilizzato deve essere omologato secondo le norme europee. Esso deve calzare perfettamente, indossandolo col cinturino ben stretto in modo che non si muova o scivoli sulla testa. Per la propria sicurezza sarà perciò necessario che il cinturino stesso sia in buone condizioni. La visiera del caso deve essere priva di graffi. Quando comincia ad essere rigata e, naturalmente, quando è rotta, bisogna sostituirla. Si deve invece sostituire tutto il casco dopo un incidente con caduta o dopo che il casco stesso ha subìto un forte urto. Per quanto riguarda le sanzioni, se il conducente è minorenne, viaggiare sul ciclomotore senza casco comporta il fermo del veicolo.

Pur non essendo obbligatorio, guidando un ciclomotore è opportuno avere la visiera o gli occhiali protettivi e non indossare indumenti svolazzanti ma abiti che consentano libertà di movimento, meglio se di colori vivaci o con inserti retroriflettenti per essere più visibili.

1.6 Posizione sul ciclomotore

La posizione corretta alla guida sul ciclomotore prevede che il conducente abbia le braccia leggermente piegate e le gambe leggermente aperte, per avere maggior stabilità, e che sia ben seduto sulla sella, stando in modo da poter mettere bene i piedi per terra a veicolo fermo. Da evitare, invece, la posizione sdraiata in avanti anche se essa riduce la resistenza dell'aria. Guidando bisogna avere entrambe le mani sul manubrio e i piedi sugli appoggi. La corretta posizione di guida deve essere mantenuta costantemente, evitando nel modo più assoluto azioni imprudenti come quella di alzarsi in piedi durante la guida.

1.7 Primo soccorso

Soccorrere un infortunato sulla strada è un dovere morale che è diventato legge, con l'obbligo di soccorso previsto dal codice penale. L'obbligo di soccorso è stato stabilito anche perché così si possono limitare gli effetti negativi dell'incidente. L'assistenza che presteremo alla persona infortunata dovrà certamente rimanere nell'ambito delle nostre conoscenze e possibilità, senza avventurarsi in manovre azzardate. A volte, tuttavia, pochi semplici gesti possono alleviare delle sofferenze, o limitare la gravità di una lesione.

CAPITOLO 2

IL VEICOLO

Per svolgere efficacemente la propria funzione ogni parte del ciclomotore deve avere le caratteristiche (di forma, dimensioni, materiali ecc.) adatte per il lavoro che deve effettuare. La verifica di tali caratteristiche (in particolare la resistenza e la durata dei materiali impiegati per realizzare il singolo pezzo) è normalmente impossibile senza adeguati mezzi tecnici e l'effettuazione di prove controllate da parte di personale tecnico preparato. Nella pratica, ciò significa che il ciclomotore (considerato tanto nel suo insieme, quanto in ogni singolo dispositivo) deve innanzi tutto **conservare le caratteristiche tecniche stabilite dalla casa costruttrice e verificate in sede di omologazione** (cioè delle verifiche tecniche sul veicolo o sui singoli dispositivi). Dunque, per esempio, è vietato truccare il dispositivo silenziatore o modificare il motore ciclomotore per renderlo più veloce e consentirgli di superare i 45 km/h.

In generale, l'idoneità del veicolo alla circolazione è attestata da alcuni documenti. Anche nel caso dei ciclomotori si può parlare di un'idoneità tecnica e di un'idoneità legale. Quest'ultima è certificata anche dalla targhetta di identificazione del veicolo che, di conseguenza, non deve mai essere tolta bensì posizionata in modo che la targa sia sempre ben leggibile. L'eventuale smarrimento o furto della targa deve essere denunciato entro 48 ore.

L'idoneità alla circolazione non è riconosciuta una volta per sempre e implica l'effettuazione di interventi di manutenzione e controlli periodici.

Dopo che il ciclomotore ha iniziato la sua vita su strada, il veicolo nel suo insieme e le sue singole parti devono essere **conservate in buono stato di efficienza** e, se occorre, devono essere sostituite. Questa regola vale per tutte le parti rilevanti per la sicurezza della circolazione. Per esempio, bisognerà mantenere efficienti i dispositivi di frenatura e di illuminazione; tenere puliti i catadiottri per essere più visibili; far controllare periodicamente a un meccanico l'efficienza generale del ciclomotore ecc.

Specialmente nel caso dei veicoli a due ruote, ha grande importanza lo stato delle gomme che, pertanto, dovrà essere controllato frequentemente. Nel caso degli **pneumatici**, le disposizioni di legge forniscono riferimenti precisi su che cosa debba intendersi per "pneumatico in buono stato": battistrada non liscio e con spessore di almeno 0,5 mm. La pressione di gonfiaggio dovrà essere quella consigliata dalla casa costruttrice. Circolare con pneumatici a pressione inferiore a quella suggerita produce conseguenze negative sui costi d'esercizio (perché si ha maggior consumo di carburante); sull'usura del pneumatico (perché il battistrada si consuma maggiormente ai lati); e sulla sicurezza (perché, in caso di strada bagnata, diminuisce la stabilità del veicolo e aumenta il pericolo di aquaplaning). L'usura eccessiva del battistrada del pneumatico (cioè un battistrada di spessore inferiore a 0,5 mm) diminuisce sempre l'aderenza sul manto stradale, aumentando di conseguenza sia la possibilità di slittamento in curva, sia lo spazio di frenatura del veicolo. Inoltre, un pneumatico usurato si fora più facilmente. Circolare con pneumatici che presentano lesioni sui fianchi ci espone a rischi, se possibile, ancora maggiori di quelli collegati all'usura del battistrada. I pneumatici lesionati, pertanto, devono sempre essere sostituiti perché possono sgonfiarsi improvvisamente costituendo un grave pericolo durante la circolazione.

Gli **specchietti retrovisori** devono essere mantenuti sempre efficienti e in buone condizioni, ma la loro utilità dipende anche da come sono impiegati. Oltre a non essere incrinati o sporchi, perciò, devono anche essere fissati e regolati correttamente. Per quanto riguarda gli specchietti retrovisori, bisogna sapere che la visibilità che assicurano non è totale. Con la dovuta prudenza, perciò, terremo conto che veicoli e pedoni possono trovarsi nell'angolo cieco e, quindi, non essere visti anche se si sta osservando lo specchietto. Ricordiamo perciò l'importanza di mettersi in circolazione avendo posizionato nel modo migliore gli specchietti retrovisori. A tal fine, ne regoleremo la posizione prima di partire, dopo aver indossato il casco e tolto il cavalletto.

Il **clacson** (avvisatore acustico) non può essere usato per motivi diversi da quelli legati alla circolazione stradale e, in generale, deve essere usato quando è necessario e con moderazione. Nei centri abitati non si può usare il clacson, salvo casi di pericolo immediato. Fuori dei centri abitati, invece, può essere usato se le circostanze lo rendono consigliabile.

Per quanto riguarda i **dispositivi di segnalazione e illuminazione**, occorrerà rispettare le numerose regole che li riguardano. L'uso dei **proiettori a luce anabbagliante** è obbligatorio sempre, dunque in ogni condizione di tempo; di giorno e di notte; fuori e dentro i centri abitati.

L'uso degli **indicatori di direzione** è obbligatorio per segnalare l'intenzione di sorpassare o cambiare corsia, nonché ogni qualvolta si deve fare una manovra di svolta. Se gli indicatori di direzione non funzionano si può proseguire sporgendo lateralmente il braccio prima di svoltare o cambiare corsia. Appena possibile, naturalmente, bisognerà poi provvedere alla riparazione degli indicatori guasti.

L'uso dei **proiettori a luce abbagliante** è vietato durante la marcia: nei centri abitati; quando si incrociano altri veicoli o si segue un veicolo a breve distanza e, in generale, quando c'è il pericolo di abbagliare gli altri utenti della strada. Oltre che per illuminare il tratto di strada davanti a noi, è permesso lampeggiare con le luci abbaglianti per dare avvertimenti utili al fine di evitare incidenti o per segnalare l'intenzione di sorpassare al veicolo che precede. Di giorno, nei centri abitati, è permesso lampeggiare con le luci abbaglianti in sostituzione del clacson.

I **catadiottri** sono dispositivi che riflettono la luce e hanno la funzione di indicare, specialmente di notte, la presenza di veicoli, anche se a luci spente. La loro funzione ordinaria, dunque, è quella di segnalare la presenza del veicolo, diventando luminosi se illuminati da fari, facilitando, per esempio, la visibilità notturna di rimorchi isolati parcheggiati su strada. I catadiottri, però, possono anche servire come dispositivo d'emergenza, facendo meglio individuare il veicolo nel caso in cui non funzionino le sue luci posteriori.

Una buona manutenzione serve anche a limitare l'**inquinamento acustico** dovuto al rumore emesso dai ciclomotori. Per ridurre tale rumore è necessario innanzi tutto controllare i freni che stridono e verificare che il dispositivo silenziatore (marmitta) funzioni bene e sia di tipo approvato. Anche queste parti meccaniche sono soggette ad usura e devono essere sostituite, al termine del loro ciclo di vita, con altre di tipo approvato per lo stesso veicolo. Per evitare rumori molesti durante la circolazione, peraltro, oltre che mantenere il veicolo in buono stato occorre anche adottare comportamenti appropriati (per esempio, evitare di frenare bruscamente provocando lo strisciamento dei pneumatici) e rispettare l'obbligo di usare il clacson nei centri abitati solo in caso di effettivo e immediato pericolo.

Per quanto possibile si dovrà anche limitare l'**inquinamento ambientale**. Per esempio, dopo il cambio d'olio del motore, l'olio esausto (usato) non deve essere disperso nel terreno o nell'acqua, né scaricato in un tombino della fognatura, bensì consegnato a una ditta autorizzata che si occuperà del suo corretto smaltimento. Riferendoci specificamente all'**inquinamento dell'aria**, quello causato dalla circolazione dei ciclomotori può essere contenuto nel minimo possibile curando che il veicolo funzioni sempre nel modo migliore, senza sprechi di energia. Per questo bisognerà conservare in buono stato di manutenzione il motore, gli organi di accensione e quelli di alimentazione, nonché ogni altra parte che influisca su quantità e qualità delle emissioni del motore. Per esempio, si dovrà sostituire il filtro dell'aria nei tempi suggeriti dalla casa costruttrice del veicolo. Nei quiz d'esame si cita indirettamente anche un caso di inquinamento dell'aria che può avere conseguenze più immediate sulla salute ma che, per fortuna, può essere facilmente evitato. Il conducente di un ciclomotore, infatti, non deve tenere acceso il motore nei locali chiusi.

Così come nel caso dell'inquinamento acustico, anche quello ambientale subisce le conseguenze di una condotta corretta. Il conducente del ciclomotore, infatti, potrà contenere l'inquinamento atmosferico prodotto dal veicolo limitando i consumi di carburante (la qual cosa si può ottenere tenendo un'andatura quanto più possibile uniforme/costante), riducendo per quanto possibile il numero e l'intensità delle accelerazioni e spegnendo il motore in caso di arresto prolungato.

Fermo restando quanto si è scritto fino adesso, bisogna ricordare che anche l'uso più corretto e la migliore manutenzione del veicolo non evitano che alcune sue parti diventino pericolose a causa del loro movimento o della loro temperatura. Per esempio, il conducente di un ciclomotore deve ricordare che la marmitta, surriscaldandosi come è inevitabile che accada, può provocare gravi ustioni.

Per garantire la sicurezza della circolazione ed evitare incidenti è necessario, fra l'altro, accertare lo stato di efficienza del ciclomotore tramite opportune **verifiche periodiche**. Oltre alla pressione di gonfiaggio dei pneumatici (e, in particolare, che la pressione sia quella indicata dal costruttore) occorre verificare frequentemente l'efficienza dell'impianto di illuminazione e dell'impianto frenante. Per mantenere i freni efficienti è necessario sottoporre a periodici controlli il consumo degli elementi frenanti; il livello dell'olio dei freni e la corsa della leva che li comanda.

Per quanto riguarda i controlli ordinari, oltre a quelli eseguiti privatamente esistono anche le **revisioni periodiche** del ciclomotore previste dalla legge. Il proprietario di un ciclomotore ha l'obbligo di effettuare la revisione periodica al proprio veicolo a quattro anni dalla immissione in circolazione, poi ogni due anni successivamente alla prima revisione.

Nonostante tutto, può accadere che si verifichi un guasto e che il ciclomotore sia in panne (cioè fermo per un guasto e impossibilitato a riavviarsi). In questo caso, prima ancora che alla riparazione del veicolo bisogna pensare alla sicurezza. Perciò non bisogna farsi trainare, bensì si deve condurre il ciclomotore a mano camminando alla sua destra. Se non lo si può trasportare altrove, bisogna lasciarlo in modo che non intralci.

L'uso corretto del ciclomotore comprende il rispetto di varie regole e accorgimenti relativi al modo di condurlo e all'uso dei suoi dispositivi. **Prima di partire** è necessario: regolare gli specchi retrovisori; controllare che lo sterzo giri libero; controllare il regolare funzionamento delle luci e dei comandi dei freni; togliere l'antifurto, se inserito. **Durante la circolazione** si deve guidare in posizione eretta per non affaticare la colonna vertebrale e non bisogna avere indosso oggetti pericolosi in caso di caduta. Il veicolo non deve essere sovraccaricato per non comprometterne la stabilità. È vietato sollevare da terra la ruota anteriore. Siccome la stabilità dei veicoli a due ruote è comunque più precaria rispetto ai veicoli con più appoggi a terra, bisognerà fare attenzione a buche e fossi, soprattutto nelle ore notturne. Il trasporto di un passeggero sul ciclomotore è possibile alle condizioni già viste (veicolo omologato per due persone) e nel rispetto delle regole esistenti. Per esempio, anche in questo caso, e a maggior ragione, non di deve mai superare la velocità di 45 km/h.

CAPITOLO 3

LA SEGNALETICA

Nella sgangherata unità dei servizi segreti protagonista della celebre serie a fumetti *Alan Ford*, un certo Grunf si incarica di costruire macchine strabilianti servendosi di rottami e altri mezzi di fortuna, con risultati tanto efficaci sotto il profilo funzionale quanto disastrosi sotto quello estetico.

Sotto il giubbotto da aviatore Grunf è solito sfoggiare comiche magliette-slogan. Una delle più celebri afferma con enfasi: «Noi tireremo diritto, fino alla prima curva». Finito il rettilineo, così, si presume che anche il nostro Grunf seguirà l'andamento della strada, proprio come ogni altro conducente.

Non vi è dubbio, però, che la decisione di sterzare sarà presa prima e meglio se qualcuno, o qualcosa di cui comprendiamo il messaggio, ci avverte che fra poco ci sarà la curva. Come accade molte volte nella vita, cioè, anche mentre guidiamo abbiamo bisogno (o, comunque, ci aiuta) che qualcun altro ci dica che cosa dobbiamo fare. Non potendo mettere una persona a ogni angolo di strada per poter dare spiegazioni a tutti, per dare avvisi o informazioni hanno inventato le segnalazioni, cioè dei gesti o degli oggetti il cui andamento, colore e forma assumono per convenzione il significato di un comando, un consiglio, un avvertimento.

Si ricorre un po' a tutto: oggetti di forme geometriche diverse; segnalazioni manuali, sonore, luminose o dipinte sulla carreggiata e via dicendo. A ogni gesto, colore, forma o suono corrisponde un significato che dobbiamo conoscere.

Nel presente capitolo, naturalmente, sarà presentata tutta la segnaletica di cui si occupa il programma d'esame per la patente AM, cioè quella che è stata ritenuta, per diffusione e importanza, fondamentale da conoscere.

3.1 Segnali di pericolo

La forma dei segnali ha già un significato importantissimo proprio perché immediatamente percepito. Oltre una certa distanza, infatti, sarà più facile riconoscere la sagoma di un cartello anziché distinguere i segni che contiene. Per convenzione ormai antica, la forma triangolare distingue i segnali di pericolo. Siccome sarebbe poco utile avvisarci che c'è un pericolo quando ci siamo già cascati dentro, tutti questi segnali sono posti 150 metri prima del pericolo indicato.

Se la misura è diversa, il segnale sarà integrato con appositi pannelli che precisano, appunto, la distanza che ci separa dal pericolo segnalato dal cartello a cui sono abbinati. Vediamo quali sono i principali segnali di pericolo.

Fondo stradale in cattivo stato

Il segnale 1 ci preavvisa di un tratto di strada con pavimentazione irregolare. Un fondo stradale in cattivo stato ha per conseguenza una minore aderenza delle ruote alla strada e dunque sarà più facile sbandare, specialmente se si procede ad alta velocità o si effettuano frenate brusche. Vedendo il segnale, pertanto, dobbiamo tenere il manubrio con presa più sicura, rallentare nella misura opportuna per non sbandare, prevedere eventuali sbandamenti dei veicoli provenienti dal senso opposto.

1

Dosso

Il segnale 2 è posto, di norma, 150 metri prima di un dosso, cioè un tratto di strada con visibilità limitata perché una salita è seguita da una discesa.

Come in tutte le situazioni di pericolo, la velocità dovrà essere moderata per consentirci di agire in modo tempestivo ed efficace.

2

Più ancora delle regole, sarà poi il nostro buon senso a farci rispettare il divieto di effettuare tutte le manovre che ci farebbero diventare un ostacolo imprevisto per gli altri conducenti, come sono l'inversione di marcia, la sosta e la fermata, sia sul tratto in salita che in discesa.

Cunetta

3

Il segnale 3 preavvisa di una prossima cunetta, cioè un tratto di strada in discesa seguito da uno in salita. In questo caso, il rischio normale è quello di perdere il controllo del ciclomotore se si procede a una velocità eccessiva. C'è poi un pericolo eventuale dato dall'accumulo d'acqua nella cunetta in caso di pioggia, con quel che segue in termini di perdita di aderenza o addirittura di difficoltà ad avanzare.
Quando piove, o ha smesso da poco, bisognerà guidare con particolare attenzione, anche aumentando la distanza di sicurezza dal veicolo che precede.

Curve pericolose

I segnali 4, 5, 6 e 7 avvertono tutti che ci stiamo avvicinando a delle curve, cioè a dei tratti di strada con visibilità limitata, specificando se le curve stesse sono una o due, e che direzione seguono: il segnale 4 preavvisa di una curva pericolosa a destra; il segnale 5 una curva pericolosa a sinistra; il segnale 6 una doppia curva, la prima a destra; il segnale 7 una doppia curva, la prima a sinistra. Le cautele da adottare e le regole da osservare sono le stesse in ognuno di questi casi: regolare la velocità in relazione alla visibilità e al raggio della curva; essere più attenti se la strada è bagnata; mantenere la destra; non sorpassare se la strada ha una corsia per ogni senso di marcia.

4

5

6

7

Passaggi ferroviari

Il segnale 8 preavvisa di un passaggio ferroviario a livello con barriere. Dopo il segnale possiamo trovare una luce rossa fissa o due luci rosse lampeggianti. Per ulteriore rinforzo, un segnale acustico può avvertire della chiusura delle barriere. Nel caso del pericolo di cui ci avvisa il segnale 8, moderare la velocità serve anche per essere pronti a fermarsi se le barriere sono chiuse o stanno per chiudersi. L'arresto della marcia è obbligatorio se sono in funzione il segnale acustico o le due luci rosse lampeggianti (dispositivo raffigurato in figura 162) che si possono trovare, prima di un passaggio a livello con barriere o semibarriere. Le due luci entrano in funzione poco prima dell'arrivo del treno e continuano a lampeggiare fino alla fine del suo passaggio, vietando a veicoli e pedoni di attraversare i binari.

8

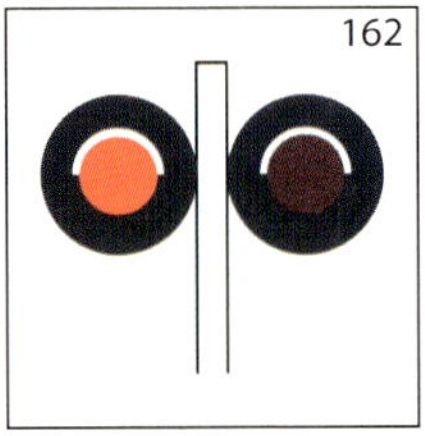
162

9

La vicinanza di un passaggio a livello senza barriere è segnalata dal cartello 9. Come si può immaginare facilmente, questo pericolo deve essere affrontato usando la massima prudenza, rallentando per poter arrestare il veicolo prima dell'attraversamento ferroviario, procedendo all'attraversamento soltanto dopo essersi assicurati che non ci siano treni in arrivo da destra o da sinistra. Ancora una volta, il normale buon senso dovrebbe bastare per farci rispettare il divieto di sostare o fermarsi in prossimità e in corrispondenza dei binari.

Dopo il segnale 9, in prossimità del passaggio ferroviario a livello senza barriere, troviamo la CROCE DI S. ANDREA (figura 10). Se la linea ferroviaria ha più di un binario, in prossimità del passaggio a livello ci sarà il segnale 11 DOPPIA CROCE DI S. ANDREA. Va da sé che, se è in arrivo il treno, dovremo fermarci alla striscia di arresto dipinta sulla strada prima del passaggio, facendo attenzione a quanto accade su tutti i binari. Non si deve commettere l'errore, cioè, di ripartire dopo il passaggio di un treno perché potrebbe arrivarne un secondo su un altro binario.

Prima di qualsiasi tipo di passaggio a livello troveremo anche i pannelli raffigurati in figura 13. Essi sono posti, rispettivamente, a circa 150, 100 e 50 metri dall'attraversamento ferroviario per indicare il progressivo avvicinarsi al passaggio a livello.

10

11

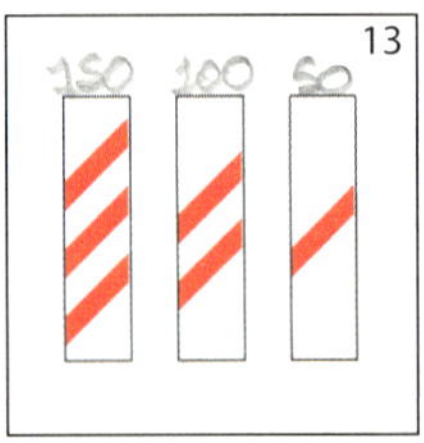
13

Tram

Il segnale 14 ci avvisa che stiamo per avvicinarci a una linea tranviaria. Di conseguenza dovremo tener conto della riduzione di spazio dovuta alla circolazione dei tram, evitare di ostacolarne la marcia, fare attenzione agli eventuali pedoni presenti alla fermata del tram.

14

15

16

Attraversamenti pedonali e ciclabili

Per tutelare i pedoni che attraversano la strada, e far scorrere il traffico più ordinatamente, il passaggio dei pedoni da un lato all'altro della strada stessa di norma deve avvenire usando le zone appositamente evidenziate. Questi attraversamenti pedonali sono segnalati, col consueto anticipo di 150 metri, dal cartello 15. In corrispondenza del passaggio bisogna rallentare per essere pronti a fermarsi e dare la precedenza ai pedoni che attraversano sulle strisce.

È vietato sorpassare un veicolo che si è fermato per far attraversare i pedoni. Un altro obbligo è quello di lasciare sgombre le zone destinate all'attraversamento dei pedoni, cioè è vietato sostare o fermarsi sopra le strisce pedonali. La stessa funzione, con applicazione di regole molto simili a quelle appena viste, è svolta dal segnale 16 che ci preavvisa di un attraversamento ciclabile. La velocità dovrà essere regolata in modo da non costituire pericolo per la sicurezza dei ciclisti, rallentando adeguatamente per essere pronti a fermarsi per dare loro la precedenza, senza, ovviamente, sorpassare i veicoli che si sono già fermati per farli attraversare.

Discese pericolose

Il segnale 17 è posto prima di una discesa pericolosa. In questo caso, il pericolo consiste nel fatto che il ciclomotore tende a prendere velocità, risultando di più difficile controllo. La prima cautela, pertanto, sarà quella di moderare la velocità nella misura che ci permette di conservare la padronanza del veicolo. Per moderare la velocità, come è ovvio, si farà ricorso ai freni. Bisogna però stare attenti al rischio di un loro surriscaldamento con la conseguente perdita di efficienza. Per tale motivo è necessario evitare l'uso prolungato dei freni stessi.

In presenza del segnale 17 bisogna anche considerare che in discesa lo spazio di frenatura tende a crescere, perciò dovremo tenere una maggiore distanza di sicurezza dal veicolo che precede. La misura di tale cautela non è fissa, bensì dipende da vari fattori fra cui, soprattutto, le condizioni di aderenza. Perciò è necessario usare molta prudenza se la strada è bagnata o scivolosa per qualsiasi motivo.

17

18

Salite pericolose

Nell'opinione di comune l'idea di pericolo è facilmente associata alla discesa, mentre appare quasi strana se messa in relazione alle salite. Eppure, anche queste presentano i loro rischi per i conducenti: dalla possibilità di trovare rallentamenti nel traffico (specialmente quello cosiddetto "pesante"), alle eventuali difficoltà di manovra (per esempio per effettuare un'inversione di marcia), a molte altre che, non citate nel programma d'esame per la patente AM, approfondirà chi vorrà poi conseguire la patente A.

Il segnale posto prima di una salita ripida è il 18. Il numero contenuto nel segnale indica il grado di pendenza della salita. Nel caso in figura, dopo aver percorso cento metri di strada ci troveremo a una quota più alta di dieci metri rispetto al punto iniziale considerato.

Restringimenti

Il segnale 19 preavvisa di un restringimento pericoloso della strada. Il restringimento a cui si riferisce il segnale è di tipo simmetrico, cioè la strada si restringe su entrambi i lati. I segnali 20 e 21, invece, indicano dei restringimenti asimmetrici, rispettivamente a sinistra e a destra. Nelle carreggiate a doppio senso di circolazione, il pericolo segnalato da questi cartelli è dato soprattutto dalle probabili difficoltà di incrocio con veicoli provenienti dal senso opposto.

Per gestire al meglio la situazione, dunque, si dovrà moderare la velocità e, se occorre, fermarsi.

Occorre notare che i tre segnali in questione si preoccupano di avvertirci della riduzione della larghezza disponibile per la circolazione, indipendentemente dalla causa della riduzione stessa (muretti, edifici ravvicinati, archi o altro).

19

20

21

Strada a aderenza ridotta

La riduzione dell'aderenza è un pericolo importante che, quando dipende da cause stabili o prevedibili (per esempio, una strada che diventa particolarmente scivolosa in caso di pioggia o per la presenza di ghiaccio sulla carreggiata), può e deve essere segnalato. A questo provvede il segnale 24 con l'aggiunta degli opportuni pannelli integrativi. In relazione alle particolari cattive condizioni della strada, dunque, si dovrà rallentare, quindi mantenere una velocità moderata ed evitare sterzate o frenate brusche.

Luoghi frequentati da bambini

La segnaletica stradale tratta come pericoli non soltanto le situazioni nelle quali i conducenti possono avere dei problemi ma anche quelle nelle quali sono i conducenti (salvo ulteriori conseguenze che li coinvolgano) a poter creare pericolo agli altri. È questo il caso del segnale 25, destinato ad avvertirci che ci stiamo avvicinando a dei luoghi frequentati da bambini (per esempio, scuole, giardini, campi gioco ecc.).

In questo tipo di circostanze dobbiamo fare attenzione anche ai bambini che si trovano sui marciapiedi, sapendo che possono esserci movimenti improvvisi e non calcolati da parte dei bambini stessi. Essere attenti significa anche tener conto del comportamento degli altri. Dunque sarà necessario non sorpassare veicoli che si sono fermati per fare attraversare la strada a dei bambini o, più in generale, ai pedoni.

24

25

28

Doppio senso di circolazione

Sulle strade si può circolare in una sola o nelle due direzioni contrarie. Dando per scontata la prudenza ordinaria, il doppio senso di circolazione non è pericoloso di per sé, ma può diventarlo se rappresenta un cambiamento rispetto al precedente tratto di strada.

Quando ciò accade, la segnaletica si premura di avvertirci. Il segnale 28 ci preavvisa che una strada a senso unico di circolazione diventa a doppio senso di marcia con la possibilità, dunque di incontrare veicoli che provengono dal senso opposto.

Materiale instabile sulla strada

Il segnale 31 ci preavvisa che c'è la possibilità di trovare sassi (o altro materiale instabile) sulla strada.

Questa circostanza è pericolosa sia per i conducenti, perché rende possibile lo slittamento delle ruote, sia per i pedoni, che potrebbero essere colpiti dai detriti spinti con violenza dal calpestamento delle ruote. Per tale motivo dovremo procedere con cautela, specialmente in presenza di pedoni.

Caduta massi

Il segnale 33 preavvisa del pericolo di caduta di massi dalla parete rocciosa. Per giustificare la presenza del segnale non occorre che precipiti mezza montagna. Il pericolo segnalato, oltretutto, più che essere quello della caduta di un masso dall'alto (evento rispetto al quale si può far poco) è quello della presenza di pietre (più o meno grandi) sul tratto di strada preceduto dal cartello.

Come sempre, rallentare e procedere a velocità moderata ci permette di renderci meglio conto della situazione e, all'occorrenza, evitare l'urto con massi caduti sulla strada.

31

33

34

Semaforo

Il segnale di pericolo 34 ci avverte che fra 150 metri troveremo un semaforo. Al centro del segnale, al posto del disco dipinto ci può essere una luce gialla lampeggiante. Il pericolo, ovviamente, non è dato dalla presenza del semaforo ma dalla possibilità che il traffico sia rallentato (magari per qualche veicolo che sta dando la precedenza) o addirittura fermo (perché il semaforo è disposto al rosso). Il segnale 34, dunque, ci permette di (e ci obbliga a) prepararci alla prossima situazione, rallentando e fermandoci in caso di necessità.

Forte vento laterale

Il segnale 37 preavvisa di un tratto di strada soggetto a forti raffiche di vento laterale. Specialmente il conducente di un ciclomotore, perciò, dovrà procedere con prudenza tenendo ben saldo il manubrio per controllare il pericolo di sbandamento del veicolo. Il pericolo è maggiore nelle situazioni dove si è fortemente esposti (come succede per i veicoli che passano sui viadotti) o in quelle che cambiano in modo repentino (come accade all'uscita delle gallerie).

Banchina pericolosa

In ambito stradale la banchina è la parte della strada compresa tra il margine della carreggiata (la parte di strada destinata al transito dei veicoli) e il marciapiede o più esattamente, come è scritto nel Codice della Strada, tra il margine della strada e il più vicino tra i seguenti elementi longitudinali: marciapiede, spartitraffico, arginello, ciglio interno della cunetta, ciglio superiore della scarpata nei rilevati. La banchina può essere pericolosa per motivi diversi: assenza di asfaltatura; cedevolezza del terreno; infossamento rispetto al piano stradale ecc. Il segnale 23 ci avverte di tutto questo, cioè che nel tratto di strada che comincia fra 150 metri la strada stessa è cedevole lateralmente, che c'è un pericolo di caduta nella cunetta laterale ecc.

Lavori in corso

Il segnale 275 preavvisa del fatto che ci sono dei lavori in corso sulla carreggiata. Dovremo perciò stare attenti ai possibili rallentamenti o arresti del traffico, all'eventuale restringimento della carreggiata in corrispondenza del cantiere di lavoro e, soprattutto, all'eventuale presenza di operai sulla strada.

3.2 Segnali di divieto, segnali di obbligo, segnali di precedenza

Divieto di transito

Il segnale 54 vieta la circolazione nei due sensi. Il divieto di transito stabilito dal segnale vale per tutti i veicoli, ciclomotori compresi, ma può essere imposto anche soltanto a una categoria di utenti della strada. Ovviamente, vietare il transito a un utente specifico significa che tutti gli altri possono passare.

Nella figura 62, per esempio, vediamo il divieto di transito disposto per i pedoni. Solo essi, dunque, non potranno percorrere quella strada a differenza dei ciclomotori, quadricicli a motore ecc. Il segnale 63 vieta il transito ai ciclisti (e lo permette, fra gli altri, ai ciclomotori e ai pedoni). Il segnale 64 vieta il transito ai motocicli (e lo permette, fra gli altri, ai quadricicli a motore e ai ciclomotori). Il segnale 66 vieta il transito a tutti gli autoveicoli (e lo permette, fra gli altri, ai ciclomotori a due ruote o ai motocicli).

I divieti di transito stabiliti mediante la segnaletica si affiancano ai divieti stabiliti per legge e riferiti a determinate situazioni, strade, veicoli. Per esempio, anche se non ci fossero cartelli a ricordarcelo, ai ciclomotori è vietato circolare sulle autostrade.

54

62

63

64

66

55

56

Divieto di accesso

Il segnale 55 vieta di entrare in una strada accessibile invece dall'altra parte. In altre parole, si tratta di una strada a senso unico, nella direzione contraria a quella seguita da chi vede il segnale. Questo divieto di accesso vale per tutti i veicoli a motore, compresi i tricicli e i quadricicli a motore, e anche per le biciclette.

Divieto di sorpasso

Il segnale 56 vieta il sorpasso di autoveicoli. Per chi guida un ciclomotore, perciò, è decisivo sapere che il segnale stesso permette di sorpassare motocicli e ciclomotori a due ruote, oltre che biciclette.

Limite di velocità

Il segnale 58 vieta ai veicoli di superare la velocità indicata nel cartello. Nel caso in figura, dunque, il limite massimo di velocità da rispettare è di 80 chilometri orari.

Il segnale 105, invece, indica il limite di velocità al di sotto del quale è vietato scendere. Nel caso in figura, il limite minimo di velocità da rispettare è di 30 km/h. I veicoli in circolazione, dunque, devono mantenere almeno la velocità minima indicata. La fine del limite minimo di velocità è indicata dal segnale 106 dopo il quale, dunque, è permesso circolare a velocità inferiore a quella indicata.

Naturalmente si potrà circolare anche a una velocità superiore, nel rispetto dei limiti generali stabiliti per il tipo di strada che si sta percorrendo.

58

105

106

59

Divieto di segnalazioni acustiche

Il segnale 59 stabilisce il divieto di usare le segnalazioni acustiche (come il clacson). Questo divieto conosce delle eccezioni. Anche in presenza del segnale 59, infatti, è permesso l'uso degli avvisatori acustici in caso di pericolo immediato.

Fine prescrizione

Così come stabilisce obblighi o divieti, la segnaletica può indicarci il punto in cui hanno fine le prescrizioni precedentemente imposte. Lo fa col segnale 80, che vale per tutte le prescrizioni stabilite in precedenza (limite di velocità, divieto di sorpasso ecc.). Oltre al segnale 80, esistono poi segnali che indicano la fine di divieti specifici. Il segnale 81 indica la fine del limite massimo di velocità. Nel caso in figura, dunque, dopo il cartello non sarà più vietato viaggiare a oltre 50 chilometri orari. Il segnale 82 indica la fine del divieto di sorpasso precedentemente imposto.

Anche nel caso dei segnali di fine prescrizione, bisogna interpretare correttamente il messaggio. Per esempio, la fine del divieto di sorpasso precedentemente imposto non significa che dopo il segnale 82 si può sorpassare sempre e comunque. Più semplicemente, termina il divieto specifico e tornano in vigore quelli generali. Dopo il segnale 82, dunque, rimane vietato il sorpasso se, per effettuarlo, si deve oltrepassare la striscia continua.

80

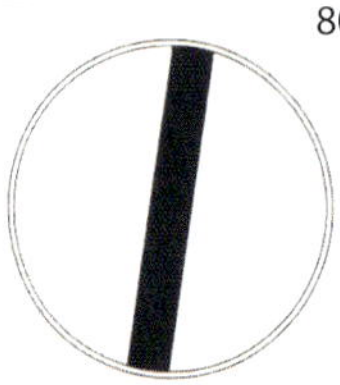

81

82

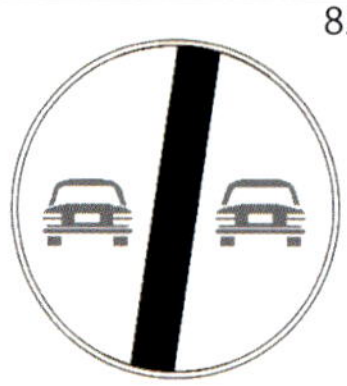

84

Divieto di sosta

Il segnale 84 indica luoghi dove è vietata la sosta ma non la fermata (cioè l'arresto breve della marcia del veicolo). Sulle strade urbane il divieto è valido dalle ore 8 alle ore 20, salvo diversa indicazione. Se non è ripetuto, il segnale 84 cessa di validità dopo il primo incrocio. Il segnale 90 vieta la sosta davanti all'uscita di un passo carrabile. La fermata è consentita purché il veicolo non sia di intralcio. Il divieto di sosta può essere limitato ad alcune circostanze o orari. Nel caso del segnale 148 vediamo un segnale di DIVIETO DI SOSTA TEMPORANEO, che vieta la sosta nei giorni e nelle ore indicati, durante i quali viene effettuata la pulizia meccanica della strada. La segnaletica può poi specificare se in presenza del divieto è comunque permesso sostare a determinate categorie di utenti. Il segnale 91, per esempio, permette la sosta ai veicoli al servizio di persone invalide munite dell'apposito contrassegno. L'eccezione, pertanto, non riguarderà veicoli diversi da quelli indicati nel pannello.

Il segnale 92 articola il divieto di sosta che, per così dire, sarà stabilito in certe ore e messo da parte in certe altre. Nell'esempio in figura, la sosta è permessa dalle ore 9 alle 17 e dalle 20 alle 7 del giorno seguente, mentre è vietata dalle ore 7 alle 9 e dalle 17 alle 20.

90

148

91

92

Divieto di fermata

Il segnale 85 di norma (cioè, salvo diversa indicazione) vieta tanto la fermata quanto la sosta 24 ore su 24, anche nei centri abitati. Il divieto è rivolto a tutti i veicoli, perciò anche ai ciclomotori.

85

86

Parcheggio autorizzato

Il segnale 86 indica un'area di parcheggio autorizzato. Anche in questo caso ci possono essere limitazioni della validità del segnale. Queste limitazioni saranno opportunamente esplicitate da appositi pannelli integrativi. Per esempio, il segnale 86 potrà essere integrato con un pannello che indica le categorie di veicoli esclusi dalla sosta, o con un pannello che ne indica la limitazione nel tempo.

Direzione obbligatoria

Normalmente possiamo scegliere la direzione più conveniente per raggiungere la nostra meta. In alcune occasioni, tuttavia, questa libertà conosce delle limitazioni e ci viene imposto di seguire, oppure di non seguire, una direzione precisa. Il segnale 93, posto prima di un incrocio, obbliga a proseguire diritto, di conseguenza non permettendo la svolta a destra o a sinistra. Il segnale 94 obbliga a svoltare a sinistra, il segnale 95 obbliga a svoltare a destra. In tutti e tre i casi appena citati, dunque, la direzione indicata dalla freccia è l'unica direzione consentita.

In altri casi, è possibile decidere in quale direzione proseguire ma la nostra scelta è limitata. Il segnale 98 indica che al prossimo incrocio non è permesso proseguire diritto e siamo obbligati a svoltare a destra o a sinistra. Nel caso del segnale 99, le uniche direzioni permesse al prossimo incrocio sono quelle che ci fanno proseguire diritto o svoltare a destra al prossimo incrocio. Il segnale 100 permette solo di proseguire diritto o di svoltare a sinistra.

93

94

95

98

99

100

96

I segnali 93, 94 e 95 si trovano in corrispondenza dell'intersezione dove siamo obbligati a seguire la direzione indicata. I segnali 96 e 97, invece, sono posti a una certa distanza dall'intersezione stessa, e ci preavvisano dell'obbligo di svoltare, rispettivamente, a destra o a sinistra. Al successivo incrocio, dunque, non ci è permesso prendere direzioni diverse da quella indicata dalla freccia.

Nel caso di ostacoli (quali che siano: isola di traffico; cantiere stradale ecc.) sulla carreggiata, la segnaletica può dirci in che modo dobbiamo superarli. Il segnale 101 obbliga i conducenti a passare alla loro sinistra, il segnale 102 obbliga i conducenti a passare alla loro destra. Il segnale 103, invece, è posto direttamente sull'ostacolo per indicare che si può passare a destra e a sinistra dell'ostacolo stesso (nel caso più frequente, si tratterà di uno spartitraffico).

97

101

102

103

Circolazione rotatoria

Il segnale 104 è posto prima di un'area (piazza, incrocio ecc.) dove il traffico deve seguire una circolazione rotatoria, seguendo il verso indicato dalle frecce.

104

119

Obbligo di arresto

Il segnale 119 obbliga a fermarsi ad un posto di blocco stradale istituito dagli organi di polizia.

Percorsi riservati

Così come può vietare il transito o l'accesso su una certa strada a una o a tutte le categorie di veicoli, la segnaletica può anche agire nel modo contrario, cioè riservare il passaggio su una certa strada a una o più categorie di utenti chiaramente individuate. Sulle strade dove la circolazione è regolata in questo modo, dunque, potranno passare soltanto certi veicoli (o categorie di utenti) e, indirettamente, sarà vietato il transito a tutte le altre.

Elencando rapidamente, i seguenti segnali indicano: il segnale 108 un percorso riservato ai pedoni; il segnale 110 un percorso riservato ai ciclisti; il segnale 112 una corsia riservata alle biciclette affiancata a un percorso riservato ai pedoni; il segnale 113 un percorso riservato a pedoni e ciclisti dove gli stessi, però, non circolano separati su corsie distinte; il segnale 116 un percorso riservato ai quadrupedi da sella.

108

110

112

113

116

109

111

Gli utenti che hanno potuto circolare in via esclusiva su un determinato percorso devono essere avvisati quando il loro privilegio finisce e riprendono a circolare insieme agli altri veicoli e utenti.

Questa informazione è trasmessa mediante segnali uguali a quelli che marcano l'inizio del percorso riservato, con l'aggiunta di una barra rossa. In dettaglio: il segnale 109 indica la fine del percorso riservato ai pedoni; il segnale 111 indica la fine della pista ciclabile; il segnale 114 indica la fine della pista ciclabile affiancata ad un percorso (magari con marciapiede) riservato ai pedoni; il segnale 115 indica la fine del percorso riservato (senza separare le due categorie di utenti) pedonale e ciclabile; il segnale 117 indica la fine del percorso riservato ai quadrupedi da sella.

114

115

117

3.3 Segnali di STOP e di precedenza

In Italia, come in moltissimi altri Stati, la regola generale stabilisce che, quando due veicoli incrociano le loro traiettorie, la precedenza va data a quello che proviene dalla destra rispetto all'altro. Questa regola subisce vari adattamenti a situazioni specifiche. Per esempio, il veicolo che percorre una strada principale (dunque più ampia e dove si viaggia a velocità più elevata), normalmente ha la precedenza rispetto a un veicolo che proviene da una strada secondaria.

44

47

49

50

Per prepararci ad affrontare la circostanza specifica adottando le cautele opportune, diversi segnali ci avvertono che ci stiamo avvicinando a un incrocio e anche di che tipo di incrocio si tratta. Quello di cui ci preavvisa il segnale 44 è un incrocio fra strade di pari importanza. Bisognerà procedere a velocità particolarmente moderata e dare la precedenza a destra. Il segnale 47, invece, preavvisa di un incrocio con una strada di minore importanza dove, perciò, abbiamo la precedenza sui veicoli provenienti sia da destra che da sinistra. A sua volta, il segnale 49 preavvisa di un incrocio con una strada di minore importanza sul lato sinistra della carreggiata. Anche in questo caso, siamo invitati a usare prudenza pur avendo la precedenza (in questo caso, sui veicoli provenienti da sinistra). Discorso analogo si può fare per la situazione di cui ci informa il segnale 50. Questo cartello ci avverte della prossima confluenza sul lato destro. La precedenza spetta a noi ma dobbiamo accertarci che i veicoli che si immettono (da destra) ce la diano.

Per regolare il traffico o rendere più evidente che la strada che si percorre è di maggiore importanza rispetto a quelle che incrocia, il segnale 52 indica l'inizio di una strada in cui i veicoli hanno diritto di precedenza. Come sempre, comunque, chi ha la precedenza deve assicurarsi che i veicoli provenienti dalle strade laterali rispettino l'obbligo di concederla.

Quando il diritto di precedenza finisce troviamo il segnale 46. Dopo questo cartello, dunque, riprende vigore la regola generale che ci obbliga a dare precedenza ai veicoli provenienti da destra.

Fermo restando che tutti i segnali hanno lo stesso valore e la stessa forza, in tema di precedenza due segnali in particolare devono essere assolutamente conosciuti (e, una volta su strada, rispettati in modo rigoroso): il segnale di STOP (figura 41) e il segnale DARE PRECEDENZA (figura 40).

Il segnale 41 obbliga a fermarsi in corrispondenza della striscia trasversale di arresto e a dare la precedenza a destra e a sinistra senza occupare l'incrocio, cioè arrestandosi prima di esso. Normalmente questo segnale è utilizzato negli incroci con scarsa visibilità e perciò particolarmente pericolosi. Prima dell'incrocio, in qualche caso è possibile trovare un segnale del tipo di quello che vediamo in figura 43. Si tratta di un segnale di preavviso dell'obbligo di fermarsi e dare precedenza a destra e a sinistra. Sopra il triangolo, il pannello integrativo indica la distanza alla quale troveremo il segnale di STOP.

52

46

41

43

Il segnale 40 prescrive anch'esso di dare precedenza ai veicoli provenienti sia da destra che da sinistra ma non abbiamo l'obbligo assoluto di arrestarci. Dovremo rallentare e renderci conto se possiamo impegnare l'incrocio senza pericolo per noi e per gli altri, fermandoci se è necessario per dare la precedenza.

Quando si parla di precedenza, la prima situazione che viene in mente è quasi sempre quella di due strade che si incrociano, coi veicoli che arrivano dalle quattro direzioni possibili. Un'altra circostanza in cui bisogna decidere chi passa per primo, però, è anche la strettoia che permette il passaggio di un solo veicolo per volta. In questo tipo di situazione, alle due imboccature della strettoia troveremo, da un lato, il segnale 45 per obbligarci a dare precedenza ai veicoli provenienti dal senso contrario al nostro; dall'altro, il segnale 53 per informarci che possiamo percorrere la strettoia per primi, assicurandoci prudentemente che la precedenza ci venga data.

40

45

53

3.4 Pannelli integrativi, segnali di indicazione, segnali luminosi, segnali orizzontali

Il messaggio trasmesso dai segnali stradali può essere integrato da segnali aggiuntivi che ne modificano il significato. Le integrazioni più comuni riguardano la validità del segnale nel tempo e nello spazio. È bene sottolineare che i diversi pannelli integrativi non hanno, per così dire, una vita propria. In altre parole non si trovano mai da soli perché servono unicamente a precisare, limitare o ampliare il messaggio che ci sta inviando il segnale stradale integrato dal pannello.

Pannelli che precisano distanza e estensione nello spazio

Nelle figure 128, 129 e 130 vediamo tre tipi di pannelli che indicano, rispettivamente: il punto di inizio del pericolo o della prescrizione imposta dal segnale (128); la continuazione del pericolo o della prescrizione (per esempio, il segnale 84 DIVIETO DI SOSTA integrato da uno dei pannelli di figura 129 vuol dire che la sosta è vietata prima e dopo il segnale); il punto in cui termina il pericolo o la prescrizione (130).

128

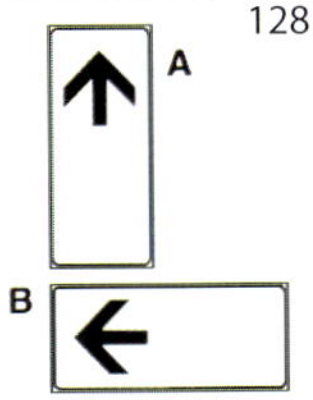

129

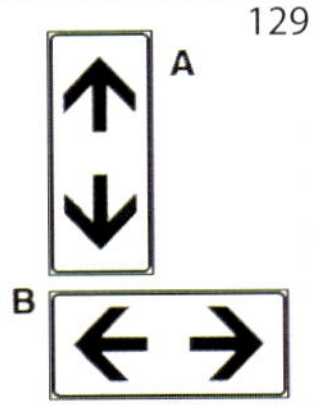

130

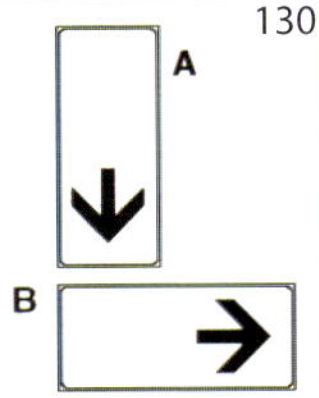

84

Ciascuno dei pannelli integrativi di figura 121 indica la distanza tra il segnale di pericolo sotto cui è posto e il punto d'inizio del pericolo. I pannelli di figura 122, invece, indicano la lunghezza del tratto stradale nel quale si applica la prescrizione, cioè sono posizionati all'inizio della prescrizione specificata dal segnale, precisando l'estensione della prescrizione stessa.

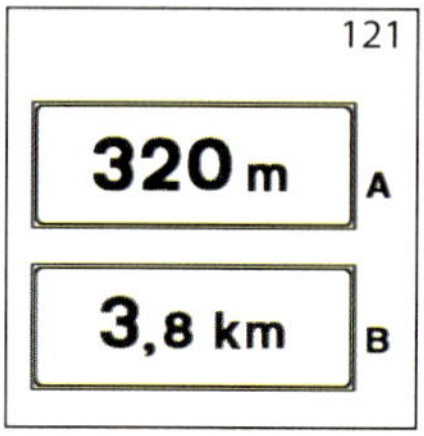

121

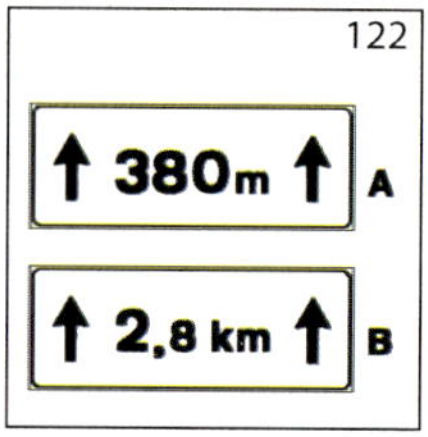

122

Pannelli che modificano la validità del segnale nel tempo

Il pannello integrativo mostrato in figura 123B indica la fascia oraria in cui è valido il cartello soprastante. Per esempio, se è posto sotto il segnale DIVIETO DI TRANSITO, ciò significa che il divieto è valido dalle ore 7.30 alle 19, mentre si potrà percorrere quella strada dalle 19 alle 7.30 del giorno seguente.

Oltre che l'orario, coi pannelli integrativi si può anche precisare in quali giorni della settimana è valida la prescrizione imposta dal segnale. Il pannello 124 indica che il segnale posto sopra vale nei giorni festivi (e durante le ore indicate); il pannello 125 indica da che ora a che ora vale la prescrizione nei giorni lavorativi (che, non ci si faccia ingannare dal nome, sono detti "feriali" anche se con le ferie, intese come vacanze, non hanno a che vedere).

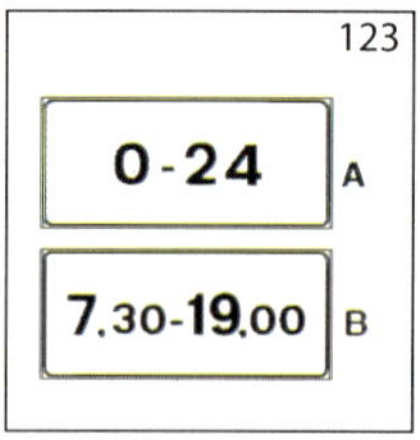

123

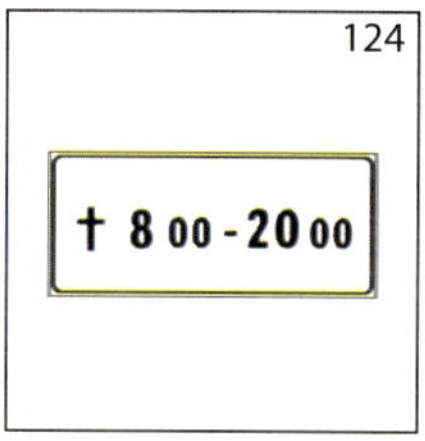

124

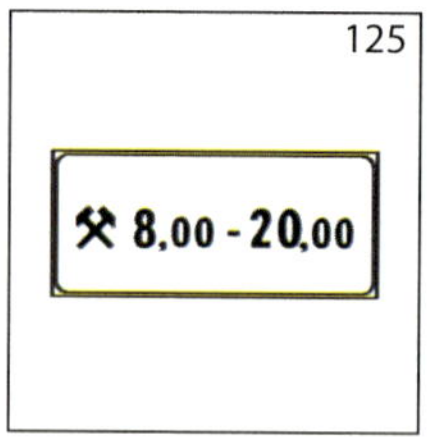

125

Pannelli di informazione sulle condizioni del traffico e della strada

Il pannello integrativo 132 indica che il rallentamento della circolazione si sta verificando a causa di un incidente, dunque dovremo moderare la velocità e, dove possibile, è consigliata la scelta di un percorso alternativo.

Il pannello 135 ci avverte che il tratto di strada successivo si può allagare. Ovviamente, questo pannello va preso in considerazione durante o dopo quegli eventi che possono creare il problema, cioè pioggia (specialmente se si tratta di acquazzoni violenti) e mareggiate.

Anche se non arriva a allagare la strada, la pioggia è comunque fonte di problemi relativi alla visibilità e, soprattutto, all'aderenza delle ruote sull'asfalto. Per questo motivo il pannello integrativo 139 la segnala comunque, anche se il tratto di strada seguente non è soggetto a allagamenti, per invitarci ad aumentare la distanza di sicurezza perché la strada diventa particolarmente scivolosa. L'avvertimento si riferisce alla condizione di strada bagnata. Ciò significa che dovremo essere prudenti sia se sta piovendo, sia se ha smesso da poco e il manto stradale non si è ancora asciugato.

132

135

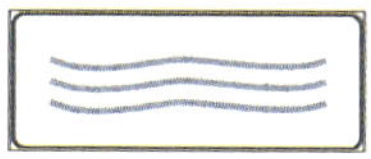

139

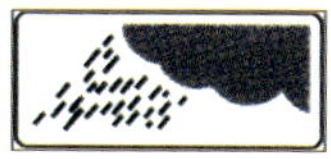

Indicazioni di organizzazione del traffico

Il segnale 285 indica che la corsia di destra è chiusa per la presenza di un cantiere stradale che ingombra parte della carreggiata cosicché le corsie di marcia disponibili per la circolazione si riducono, in questo caso, da due a una. L'area interessata dai lavori stradali può essere evidenziata e protetta da barriere del tipo in figura 276. Queste barriere sostituiscono quelle mobili dei passaggi a livello quando queste ultime sono guaste. Il segnale 245 indica come devono essere utilizzate le corsie costituenti la carreggiata. Nell'esempio in figura, il segnale riserva la corsia di destra agli autobus dei servizi pubblici urbani mentre le corsie di sinistra sono destinate al transito normale.

285

276

245

153

Il segnale 153 indica la fine di un doppio senso di circolazione. Dopo il segnale, dunque, la strada può essere percorsa solo nell'unico senso indicato dalla freccia. Quando si percorre una strada con circolazione a senso unico possiamo anche trovare dei segnali come quelli di figura 152. Questi segnali indicano l'obbligo di percorrere secondo il senso della freccia il tratto di strada in cui sono posti.

Sui veicoli impiegati per l'esecuzione di lavori stradali possiamo trovare installato il segnale 279 a indicarci il lato dal quale il veicolo (o macchinario per la manutenzione stradale in sosta sulla carreggiata) su cui è applicato deve essere sorpassato. Il segnale vale sempre, cioè non importa se il veicolo a cui è applicato è fermo o in movimento.

152
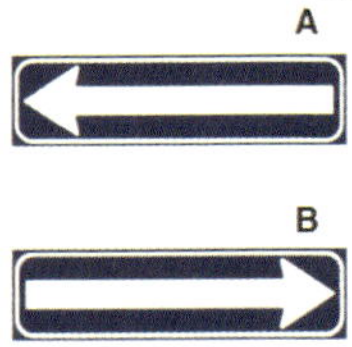

279

228

186

Oltre che per circostanze occasionali e specifiche che riguardano soltanto un tratto di strada, la circolazione su intere strade o zone può essere regolata specificando quali utenti possono circolare, in che orari ecc. Il segnale 228, per esempio, indica l'inizio di una strada riservata alla circolazione dei veicoli a motore. Nel segnale 186, invece, vediamo indicato l'inizio di una zona riservata alla circolazione dei pedoni, delle biciclette e dei veicoli di emergenza dove, tuttavia, è consentita la circolazione di alcuni veicoli tra i quali, per esempio, i veicoli per il carico e lo scarico merci. Anche il segnale 187 indica l'inizio di una zona a traffico limitato, dove possono circolare solo particolari categorie di veicoli.

187

236

218

517

Durante la circolazione dovremo stare attenti a gestire correttamente il rapporto coi soggetti più deboli (perché meno veloci e pesanti dei veicoli a motore), cioè pedoni e ciclisti. Rispetto ad essi, dunque, dovremo agire con prudenza e rispettare la segnaletica specifica come i segnali 218 e 236. Il segnale 218 indica un attraversamento pedonale non regolato da semaforo. La prudenza ci suggerisce di rallentare, il Codice della Strada ci impone di dare la precedenza ai pedoni che attraversano, moderando la velocità e fermandoci se necessario. L'attraversamento pedonale è evidenziato dalla segnaletica orizzontale che vediamo in figura 517. Prima e sulla destra dell'attraversamento pedonale possiamo trovare una striscia gialla a zig zag (come quella che vediamo in figura 545).

Il segnale 236, invece, indica che una pista ciclabile attraversa la carreggiata, cosicché dovremo essere prudenti perché possiamo trovare ciclisti che ci attraversano la strada. Il segnale 236 è abbinato alle strisce di attraversamento ciclabile.

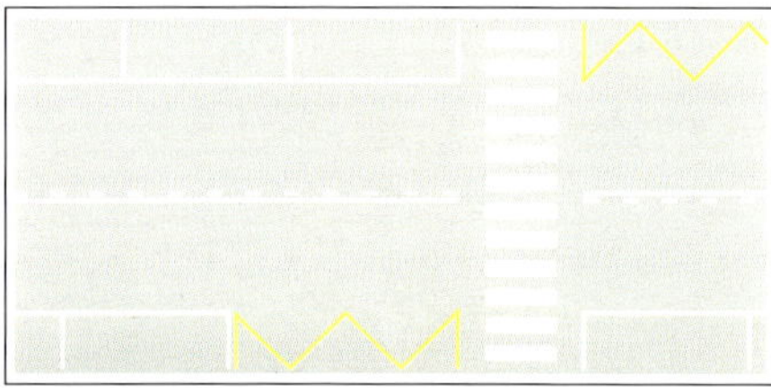
545

293

Indicazioni sull'andamento della strada

Il delineatore 293 è usato per segnalare l'andamento di particolari curve che siamo invitati ad affrontare con speciale attenzione. Se si presenta colorato in bianco e rosso, questo delineatore indica che la deviazione con curva a sinistra è temporanea.

Segnalazioni luminose

La segnalazione luminosa più diffusa e sperimentata è senz'altro il semaforo a tre luci. Queste luci sono rispettivamente colorate secondo un ordine fisso: rosso, giallo e verde. In un incrocio regolato dal semaforo, la luce rossa accesa vieta il passaggio ai veicoli verso la quale è rivolta, obbligandoli a fermarsi prima della striscia trasversale d'arresto. Quando il semaforo emette luce verde nella nostra direzione, invece, possiamo attraversare l'incrocio, usando comunque prudenza. Nella pratica, l'accensione della luce verde significa varie cose: che possiamo svoltare a sinistra, ma dando la precedenza ai veicoli provenienti di fronte; che possiamo svoltare a destra, dando la precedenza ai pedoni che attraversano ecc.

Oltre che la disposizione dei colori, nel semaforo è fissa anche la sequenza di accensione delle luci stesse: il verde dà il via libera, poi si accende la luce gialla per avvisarci che sta per terminare la possibilità di impegnare l'incrocio, infine si accende la luce rossa. A questa regola fa eccezione la possibilità di trovare nei semafori una luce circolare gialla lampeggiante quando il verde e il rosso sono spenti. Questa segnalazione ci prescrive, in modo generico ma non per questo meno impegnativo, di usare prudenza e diminuire la velocità.

155

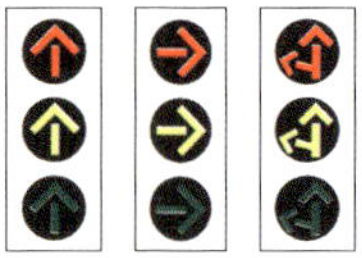

Come avviene per la segnaletica verticale, anche quella luminosa può precisare il suo significato attraverso forme e simboli. Nei semafori visibili in figura 155 le frecce accese indicano, se verdi, le direzioni verso le quali si può proseguire; se rosse, che non possiamo proseguire nelle direzioni indicate; se gialle fisse (o anche lampeggianti), di sgomberare l'incrocio o di fermarsi in condizioni di sicurezza.
Quando si accende il giallo, cioè, il passaggio è permesso ma usando sempre la massima prudenza e rallentando. Per vari motivi può anche accadere che il semaforo sia spento. Anche in questo caso si può passare ma, ovviamente, stando attentissimi a quanto ci accade intorno.

Il semaforo è un dispositivo a funzionamento automatico, perciò non tiene conto di circostanze anomale valutabili soltanto dal conducente. Pur essendo accesa la luce verde del semaforo, così, non bisogna impegnare l'incrocio se, a causa del traffico, non si è sicuri di poterlo attraversare, o quando il vigile indica di fermarsi, o quando si sente la sirena di un mezzo di soccorso.

Strisce e segni sulla carreggiata (e sul bordo del marciapiede)

Per delimitare lo spazio riservato alla circolazione si fa uso di segni dipinti sulla carreggiata. Oltre che un significato riferito allo spazio che possiamo occupare, questi segni possono dare indicazioni, o addirittura ordini, su come circolare.

502

Nelle strade a doppio senso di circolazione, la striscia bianca discontinua (vedi figura 502) delimita i sensi di marcia. In generale, le strisce bianche longitudinali tratteggiate possono essere superate, sempre che siano rispettate tutte le altre norme di circolazione.

In corrispondenza di queste strisce, dunque, sono consentite tanto l'occupazione momentanea dell'opposta corsia di marcia, in caso di sorpasso, quanto l'inversione di marcia, purché in condizioni di sicurezza. Nell'esempio in figura

502, dunque, anche se la strada è a doppio senso di circolazione è possibile effettuare un sorpasso superando la striscia con tutto il veicolo (e, perciò, occupando temporaneamente la corsia opposta), o invertire il senso di marcia, o svoltare a sinistra.

Se sono continue, invece, le strisce lungo l'asse della carreggiata non debbono essere oltrepassate (pertanto, sulle strade a doppio senso di marcia, non sarà possibile effettuare l'inversione di marcia). Peraltro, purché non vi siano altri motivi che lo vietino, le strisce continue consentono il sorpasso se lo si può effettuare senza oltrepassarle.

Le stesse regole che abbiamo appena citato valgono anche nel caso di doppia striscia longitudinale continua come quella in figura 509: non può essere superata (e perciò non sono permesse né l'inversione del senso di marcia, né la svolta a sinistra) ma, se lo si può effettuare senza oltrepassare la doppia striscia, è consentito il sorpasso.

Nell'esempio di figura 550 vediamo entrambi i tipi di strisce longitudinali. In una strada come quella raffigurata: le corsie centrali sono di norma riservate al sorpasso; si può sorpassare anche in curva (perché per ciascuna direzione ci sono due corsie a senso unico di marcia); non è consentita l'inversione del senso di marcia (perché per effettuarla bisognerebbe scavalcare la doppia striscia continua).

509

550

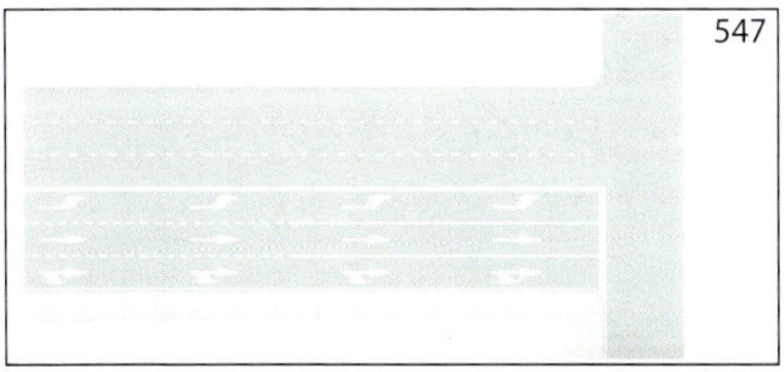
547

Sulla carreggiata (che, ricordiamo, è lo spazio della strada riservato alla circolazione dei veicoli) possiamo trovare segnate anche delle frecce direzionali come quelle di figura 547. Queste frecce invitano i conducenti a occupare la corsia con freccia rivolta verso la direzione da seguire. Se le strisce che delimitano la corsia sono tratteggiate, possiamo spostarci per scegliere la corsia dalla quale potremo proseguire nella direzione indicata dalla freccia. Un altro esempio di segnaletica direzionale lo vediamo nella figura 565. Con la segnaletica orizzontale raffigurata, come si deduce facilmente osservando le frecce: la corsia A permette solo la svolta a sinistra; la corsia B permette di proseguire diritto o di svoltare a sinistra; solo la corsia C permette di effettuare la svolta a destra.

Anche quando non ci sono frecce dipinte sull'asfalto, comunque, il comportamento agli incroci conosce delle regole. Con la segnaletica orizzontale di figura 574 tutte e le tre corsie consentono di proseguire diritto. Per svoltare, invece, bisogna posizionarsi sulla corsia di sinistra per svoltare a sinistra e circolare sulla corsia di destra per svoltare a destra.

Una serie di strisce può indicare un'area dove non si può circolare o sostare. Per esempio, le zebrature oblique sulla pavimentazione stradale indicano delle zone della carreggiata, chiamate "isole di traffico", che sono escluse al transito e alla sosta dei veicoli. La sosta è vietata anche nei tratti di strada evidenziati dai segni gialli e neri (vedi figura 670) dipinti lungo il bordo del marciapiede.

È di colore giallo pure la segnaletica orizzontale (figura 546) che indica una zona per la fermata degli autobus in servizio pubblico. Le strisce a zig zag che precedono e seguono tale zona servono a evidenziare l'area che deve essere lasciata agli autobus per accostare e per ripartire. Su tutta l'area così delimitata (strisce a zig zag comprese), dunque, è vietata la sosta, mentre è consentita la fermata.

565

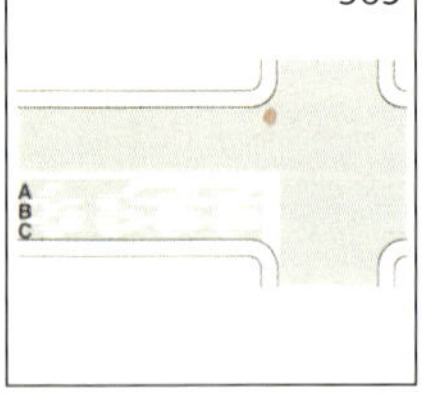

574

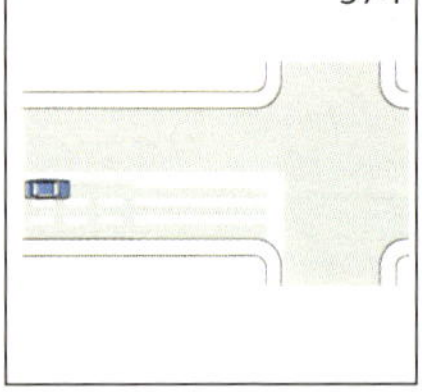

670

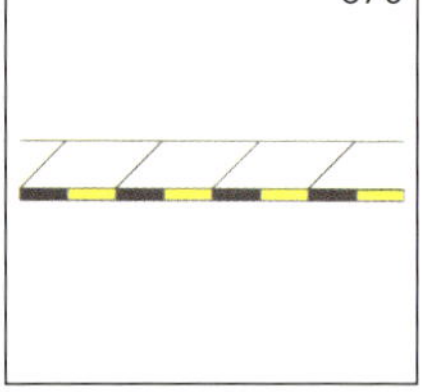

546

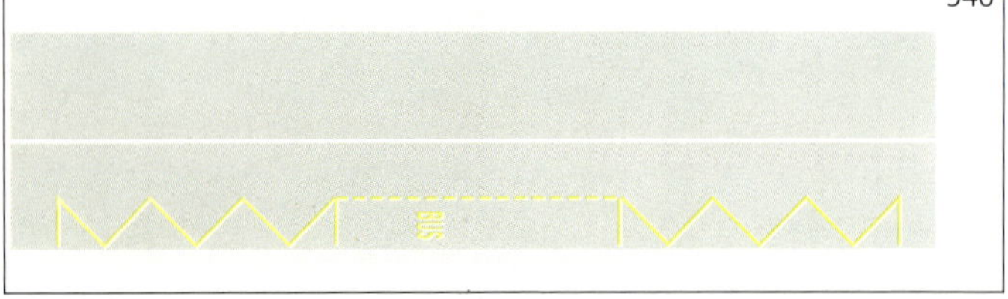

In vicinanza di un passaggio a livello possiamo trovare la segnaletica orizzontale raffigurata nell'immagine 531. Insieme a quella verticale e luminosa già vista nei paragrafi precedenti, impiegata per segnalare l'attraversamento ferroviario, questa segnaletica orizzontale invita i conducenti a usare la massima prudenza e vieta di spostarsi nella parte sinistra della strada (si noti che la striscia longitudinale è continua). Nella figura 531 la segnaletica orizzontale è completata da una striscia orizzontale che indica il punto prima del quale i conducenti devono arrestarsi in caso di transito del treno. Quest'obbligo di fermarsi vale in generale per le strisce trasversali di arresto delle quali vediamo un altro esempio nella figura 563. In questa figura vediamo la segnaletica orizzontale che integra l'iscrizione STOP e il relativo segnale verticale o che, sempre per indicare il punto di arresto, può trovarsi a un incrocio regolato da semaforo con luce rossa.

La figura 520 mostra la segnaletica che delimita un attraversamento ciclabile e che, in assenza di semaforo o vigile, obbliga a dare la precedenza ai ciclisti che hanno iniziato l'attraversamento.

531
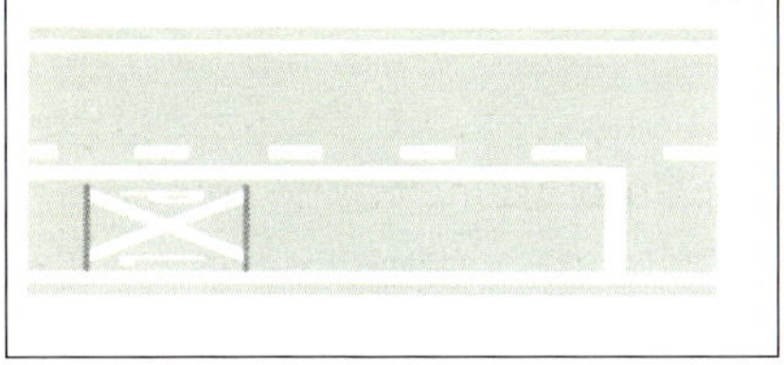

563
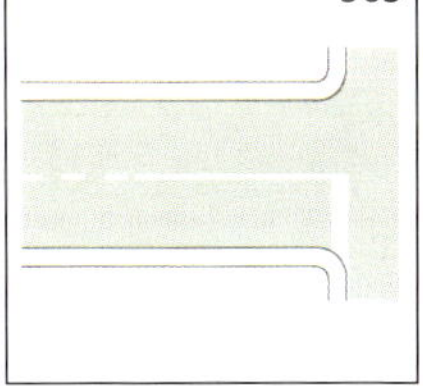

520

CAPITOLO 4

L'AMBIENTE E LE REGOLE DELLA CIRCOLAZIONE STRADALE

La circolazione stradale si svolge nelle aree pubbliche accessibili ai veicoli e ai pedoni. Le regole del Codice della Strada valgono in questo contesto. In questo capitolo si espone la parte del programma d'esame dedicata ai luoghi dove si svolge la circolazione e alle regole che dobbiamo seguire quando impegniamo strade e marciapiedi.

4.1 Definizioni stradali

Rispetto alle 58 definizioni stradali contenute nell'art. 3 del Codice della Strada, il programma d'esame per la patente AM richiede che se ne conoscano appena cinque. Occorre anche notare che queste cinque definizioni non comprendono definizioni basilari come quelle di "strada", "carreggiata", "corsia" o "centro abitato". Tuttavia, siccome questo è un manuale per prepararsi all'esame, passiamo senz'altro a esporre le nozioni necessarie per affrontare l'esame. Come si vedrà, tali nozioni si riferiscono soprattutto a definizioni di parti della strada che hanno a che vedere coi pedoni.

Il **marciapiede** è una parte della strada vietata alla circolazione dei ciclomotori perché riservata ai pedoni e anche, ma soltanto se ci sono strisce di parcheggio, alla sosta dei veicoli.

L'**attraversamento pedonale** è una parte della strada dipinta con strisce bianche per l'attraversamento dei pedoni. I veicoli devono dare la precedenza ai pedoni che attraversano sulle strisce.

Una **zona a traffico limitato** è un'area, delimitata da appositi segnali stradali, nella quale la circolazione è limitata ai soli veicoli autorizzati, o è limitata a ore stabilite. Esistono poi alcune aree, dette appunto **aree pedonali**, dove di norma possono passare soltanto i pedoni, le biciclette, i veicoli di soccorso e i veicoli in servizio di polizia (questi ultimi due se circolano tenendo in funzione la sirena e la luce lampeggiante blu) nonché, quando è espressamente consentito, i veicoli al servizio di persone disabili.

Nei quiz è poi citato anche il **salvagente**, cioè *"una parte della strada, rialzata o opportunamente delimitata e protetta, destinata al riparo ed alla sosta dei pedoni, in corrispondenza di attraversamenti pedonali o di fermate dei trasporti collettivi"* (art. 3 del Codice della Strada). Lo scopo del salvagente, dunque, è quello di provvedere al riparo o alla sosta dei pedoni che attraversano la strada, e di agevolare la salita e la discesa dei passeggeri da tram, filobus o autobus. Trattandosi di una parte rialzata o, comunque, delimitata e protetta, il salvagente può essere segnalato con colonnine luminose e luci semaforiche gialle lampeggianti.

4.2 Regole generali di condotta

Per guidare correttamente un ciclomotore dobbiamo sommare conoscenze e azioni di diverso tipo: rispetto delle regole; comportamento prudente; posizione corretta del corpo; buona tecnica di guida; capacità di comprendere la situazione di traffico del momento ecc. Nelle pagine seguenti presenteremo uno per uno gli elementi che contribuiscono al risultato di una guida corretta. Si faccia attenzione, tuttavia, che la divisione in paragrafi serve soltanto a rendere i concetti più chiari. Durante la guida, invece, tutti gli elementi che andremo a citare devono essere tenuti presenti sempre e tutti nello stesso momento.

Essere prudenti

Il conducente del ciclomotore deve condurre il proprio veicolo con la dovuta prudenza per garantire la sicurezza, lo scorrimento fluido del traffico nonché, naturalmente, il rispetto di specifiche disposizioni di legge. Nel caso della circolazione su veicoli, il concetto di prudenza abbraccia aspetti diversi, relativi sia al momento della circolazione vera e propria, sia alla cura delle premesse: la confidenza col veicolo che si adopera; l'effettuazione delle verifiche sul suo stato; la manutenzione delle singole parti per conservare la migliore efficienza complessiva del veicolo stesso.

Conducendo per la prima volta un ciclomotore diverso da quello guidato abitualmente, è necessario tenere presente che non si è abituati alle diverse caratteristiche del nuovo veicolo e perciò non si sa ancora bene quali siano le sue reazioni alle diverse sollecitazioni, per esempio come si comporta nelle curve o come reagisce alle diverse frenate. Se possibile, dunque, prima di affrontare situazioni più impegnative è opportuno prendere confidenza con il mezzo in zone poco trafficate. Più in generale, mettendosi alla guida di un ciclomotore ci si immetterà nella circolazione evitando brusche accelerate, accelerando progressivamente per evitare che la ruota anteriore si sollevi e verificando di non tagliare la strada ad altri veicoli.

Prima ancora delle norme del Codice della Strada, dovrebbe essere la normale prudenza a impedirci comportamenti pericolosi durante la guida del ciclomotore. Per esempio, bisogna evitare di fumare perché maneggiare la sigaretta (ma il discorso, ovviamente, vale anche se si maneggiano altri oggetti) impedisce una presa sicura del manubrio. Sono comportamenti senz'altro vietati dalla legge, invece, non indossare il casco, parlare al telefono cellulare senza l'auricolare o impennare (una manovra pericolosa perché può far perdere il controllo del veicolo e, soprattutto, provocare lesioni gravi in caso di caduta).

La prudenza, ovviamente, è necessaria sempre, indipendentemente dal tipo di strada e dalle condizioni di traffico. Anche percorrendo con un ciclomotore una strada diritta e priva di traffico, dunque, non ci si deve distrarre ma, al contrario, si deve guidare stando comunque attenti a quel che accade. La nostra attenzione può essere sollecitata dalle circostanze più diverse che dovremo affrontare nel modo opportuno. Se notiamo la presenza di un cedimento del fondo stradale o un tombino scoperchiato, occorre ridurre la velocità del veicolo che si conduce e avvisare del possibile pericolo gli altri utenti e gli addetti alla manutenzione della strada. Se sulla strada si trovano degli oggetti pericolosi (bottiglie di vetro, sassi o pezzi di legno), occorre prevedere il possibile rischio di cadere se ci si passa sopra con la ruota del ciclomotore. Quindi, dopo esserci accertati che non sopraggiungano veicoli, provvederemo a rimuoverli dalla strada e ad avvisare gli addetti alla manutenzione o pulizia della strada.

Tecnica di guida in curva e in frenata

Riguardo alla tecnica di conduzione del veicolo, il programma d'esame richiama molti punti importanti. Per assicurare stabilità al ciclomotore in curva è opportuno ridurre la velocità prima di affrontarla, poi evitare di sterzare bruscamente. La velocità sarà particolarmente moderata nelle curve strette. Se la curva è ad ampio raggio, la si dovrà percorrere con il motore leggermente in tiro.

Un momento particolarmente delicato della guida è sicuramente la frenata.

Quando si frena con un ciclomotore su una superficie stradale asciutta bisogna azionare entrambi i comandi dei freni (cioè utilizzare sia il freno anteriore che quello posteriore) ed evitare le frenate brusche. In caso di frenata di emergenza, oltre a utilizzare entrambi i freni è consigliabile spostare il proprio peso all'indietro. Inoltre, anche se bisogna frenare a fondo va evitato il bloccaggio delle ruote. Specialmente in caso di pioggia (o, comunque, se la strada è bagnata) si deve ridurre l'andatura evitando le manovre brusche. All'occorrenza, si deve frenare con dolcezza per evitare di cadere, nonché tener conto di quanto sia pericoloso frenare in corrispondenza di rotaie e tombini o delle strisce della segnaletica orizzontale, cioè nelle circostanze nelle quali l'aderenza può ulteriormente diminuire. Se il ciclomotore in fase di frenatura tende a sbandare, il conducente deve restare padrone di sé stesso per agire nel modo migliore che, purtroppo, non sempre è quello più istintivo. Se si tende a sbandare in frenata, dunque, occorre ridurre lo sforzo frenante, quindi procedere con cautela e portare il ciclomotore in officina per la messa a punto, facendo prima di tutto controllare la pressione di gonfiaggio dei pneumatici.

Stare attenti anche agli altri

Guidando un ciclomotore occorre fare attenzione all'apertura improvvisa delle portiere dei veicoli. Se si è alla guida di un ciclomotore su una strada diritta e priva di traffico e un amico ci saluta si deve continuare a guardare davanti, non bisogna distrarsi, occorre sempre essere prudenti. Se il veicolo che segue mantiene una distanza di sicurezza insufficiente dal ciclomotore che si sta conducendo è opportuno guardare spesso negli specchi retrovisori, conviene, se occorre, fermarsi e lasciarsi sorpassare.

Non creare pericolo o intralcio

I conducenti di ciclomotori che, senza un valido motivo, procedono troppo lentamente, ostacolano inutilmente la circolazione e aumentano il pericolo di tamponamenti perché, a causa della loro eccessiva lentezza, possono indurre i conducenti dei veicoli che seguono a effettuare sorpassi pericolosi.

Se, conducendo un quadriciclo leggero a motore, si intralciano i veicoli che seguono, occorre agire nel modo che fa meglio defluire il traffico retrostante. Per esempio, è opportuno ridurre la velocità e fermarsi per dare la possibilità di sorpasso ai veicoli più veloci che seguono. La fermata dovrà essere effettuata appena possibile, cioè appena si sia giunti in un punto sicuro.

Se si avvicina un veicolo con luce blu lampeggiante accesa e sirena in funzione è necessario non ostacolarne la marcia. A tal fine gli daremo la precedenza fermandoci sul lato destro della strada per favorire il transito.

Quello di non creare pericolo o intralcio per gli altri utenti della strada è un obbligo generale che viene rispettato attraverso vari comportamenti specifici. Il conducente del ciclomotore non deve trainare o farsi trainare, né trasportare oggetti che sporgono di oltre 50 cm. Se si viaggia in gruppo con dei ciclomotori, bisogna considerare che è opportuno non sorpassare all'interno del gruppo e non viaggiare affiancati nella stessa corsia.

Rispettare le persone e le cose

La circolazione stradale ci mette continuamente in relazione con altre persone che, come noi, utilizzano le strade pubbliche da conducenti, da ciclisti e da pedoni. Sebbene il Codice della Strada abbia per scopo principale la regolazione del traffico per favorire degli spostamenti il più possibile veloci e sicuri, in esso non mancano alcune norme che, se non dovessero bastare l'educazione e il senso civico di ciascuno di noi, stabiliscono come ci si debba comportare nei confronti delle cose e delle persone. Per quanto riguarda le cose, per esempio, su tutte le strade è vietato sia danneggiare le opere e gli impianti che ad esse appartengono, sia usare la strada come se fosse un secchio della spazzatura. Dunque è vietato depositare rifiuti, gettare dai veicoli in movimento qualsiasi cosa ecc.

Per quanto riguarda le persone, le regole stabilite dal Codice della Strada toccano aspetti diversi che vanno dal modo di circolare al rispetto e alla pazienza nei confronti degli altri. Alla guida di un ciclomotore, in caso di pioggia bisogna evitare di schizzare l'acqua sui pedoni. Quando, a un incrocio, al segnale di via libera il veicolo che sta davanti non riparte subito, è opportuno attendere pazientemente la ripresa della marcia evitando di strombazzare e, soprattutto, evitando di superarlo con manovre errate o improprie. In generale, conducendo un ciclomotore ci si deve sforzare di prevedere il comportamento degli altri utenti e bisogna essere tolleranti di fronte ai loro comportamenti errati.

4.3 Posizionamento sulla carreggiata

I ciclomotori devono circolare vicino al margine destro della strada. Su strada a due corsie a doppio senso di circolazione, i ciclomotori devono marciare il più possibile vicino al margine destro della strada quando percorrono una curva, quando percorrono un dosso o quando incrociano altri veicoli. Su strade a tre corsie per senso di marcia, durante la marcia normale, i ciclomotori devono percorrere la corsia di destra.

La destra va tenuta anche percorrendo una strada diritta e priva di traffico. Le eccezioni alla regola sono poche. Una di queste riguarda l'effettuazione del sorpasso. Su una strada a due corsie e a doppio senso, infatti, i ciclomotori possono usare la corsia di sinistra per superare un altro veicolo.

4.4 La precedenza

Riguardo alle regole di precedenza, il programma d'esame per la patente AM contiene quasi esclusivamente degli esempi in cui bisogna indicare in quale ordine passano i veicoli rappresentati nelle varie figure proposte dalle schede d'esame.

Partendo dai casi che si possono incontrare in sede d'esame, in questo capitolo proviamo a far emergere le regole principali sulla precedenza, cioè quelle necessarie per rispondere correttamente ai quesiti proposti all'esame.

La prudenza viene prima della precedenza

Avvicinandosi all'area di incrocio, tutti i conducenti devono moderare la velocità. Chi ha la precedenza deve assicurarsi che gli altri siano disposti a dargliela. Se gli altri utenti della strada non danno la precedenza, occorre frenare e rinunciare al proprio diritto di precedenza perché ciascuno di noi, sempre, è obbligato a fare tutto il possibile per evitare l'incidente, anche fermandosi se necessario.

La precedenza si dà a destra e (quasi) tutti sono uguali

608

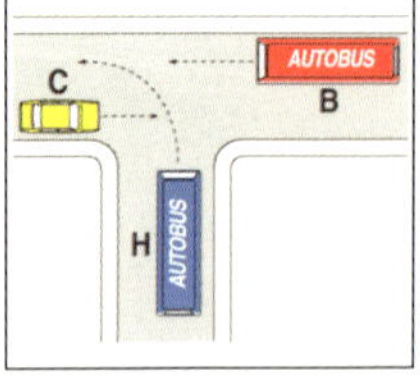

Nella situazione presentata nella figura 608 il veicolo B passa per primo, il veicolo H per secondo e il veicolo C per ultimo. Quest'ordine dipende dalla regola generale secondo la quale, quando le traiettorie di due veicoli si incrociano, la precedenza spetta al veicolo che proviene da destra rispetto all'altro e non, per dire, al veicolo con le dimensioni maggiori oppure al più veloce (anzi, uno dei quiz che possiamo trovare all'esame ci ricorda proprio che, di norma, la precedenza negli incroci va data anche ai veicoli lenti, se provengono da destra).

Nel caso della figura 608, dunque, l'autobus B passa per primo perché sta proseguendo diritto e dalla sua destra non proviene nessuno; l'autobus H passa per secondo perché svoltando trova sulla propria destra il veicolo B; l'autovettura C passa per ultima non perché sia più piccola ma perché trova alla propria destra l'autobus H che, come si è detto, a sua volta deve dare la precedenza al veicolo B.

Nell'incrocio di figura 632 i veicoli passano nel seguente ordine: prima degli altri il veicolo D, e poi, via via che si libera la destra di ciascuno, i veicoli P, B e N.

La presenza dello spartitraffico aggiunge un elemento grafico all'immagine in figura 646. L'applicazione delle regole di precedenza nella situazione proposta dalla figura, però, non presenta complicazioni. Il veicolo D è il primo a attraversare l'incrocio perché, svoltando a destra e non avendo obblighi di precedenza imposti dalla segnaletica, ha la destra libera e può procedere senz'altro. Come sappiamo, il veicolo D ha comunque l'obbligo di essere prudente e di accertarsi che gli altri veicoli gli diano la precedenza a cui ha diritto. Dopo il veicolo D passano il veicolo C (il fatto di essere un autocarro, abbiamo visto, non gli conferisce diritti particolari sugli altri veicoli), poi il veicolo A e infine il veicolo H.

Applicando la regola della precedenza a destra anche l'esempio proposto dalla figura 644 non presenta difficoltà: il veicolo P passa per primo e poi via via gli altri nel seguente ordine: D, B, L. Appena più complessa è la situazione di figura 637, con due veicoli che provengono dalla stessa direzione ma che hanno destinazioni diverse. Per quel che riguarda l'ordine di precedenza, però, questo non modifica le cose: il veicolo L (l'unico a non avere la destra occupata) transita per primo, poi passeranno, più o meno contemporaneamente, i veicoli C ed A, infine sarà la volta del veicolo D.

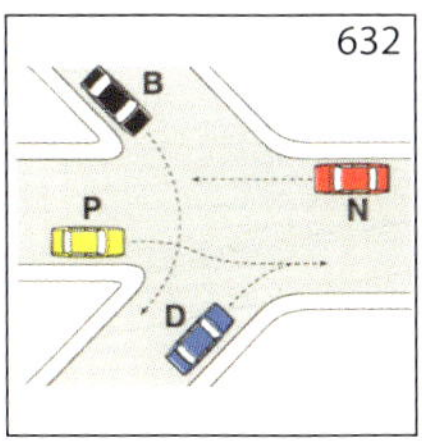

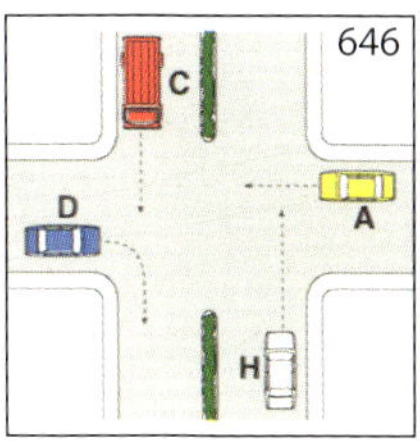

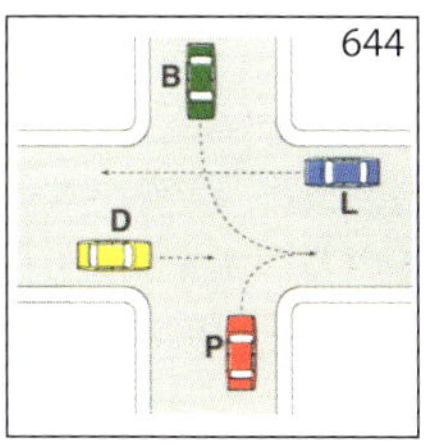

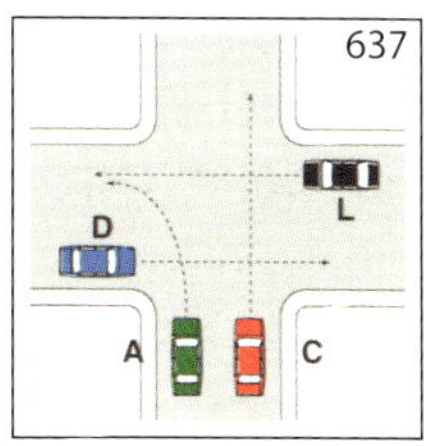

La figura 614 prova a metterci un po' in difficoltà rappresentando un incrocio in cui le strade non si intersecano in modo perpendicolare. Per quel che riguarda l'ordine di precedenza, tuttavia, non cambia nulla. Il veicolo T, svoltando a sinistra, troverà alla propria destra prima il veicolo A e poi, proseguendo nella svolta, il veicolo R. Dunque, l'ordine di attraversamento sarà R, A e poi T che dà la precedenza a tutti.

Anche l'incrocio 603 propone una situazione diversa da quella dell'incrocio fra strade che si intersecano ad angolo retto. Nella figura, infatti, vediamo rappresentate tre strade che convergono su un unico punto, formando una sorta di Y. La soluzione dei quiz collegati a questa immagine non dovrebbe presentare difficoltà: il veicolo N passa per primo (dato che prosegue la sua marcia e non ci sono sbocchi sulla sua destra); poi passa il veicolo D (che all'inizio della fase di incrocio ha la destra occupata dal veicolo N); infine il veicolo A.

Un'altra intersezione del tipo a T (sia pure una T un po' inclinata) è quella di figura 606. Il veicolo M, svoltando, trova la destra occupata dal veicolo C che, svoltando a sua volta, ha la destra occupata dal veicolo E. Quest'ultimo, a differenza degli altri due, svolta a destra "costeggiando" il margine della carreggiata senza incrociare la traiettoria di altri veicoli. Di conseguenza passa per primo il veicolo E e quindi, nell'ordine, il veicolo C e il veicolo M.

Rimanendo in tema di incroci asimmetrici, occorre citare anche la figura 616. Anche in questo caso, stabilire l'ordine di attraversamento dell'incrocio non presenta difficoltà dato che si tratta di tre autovetture che impegnano un incrocio non regolato da segnaletica. Dando normalmente la precedenza a destra e rispettando l'obbligo generale di essere prudenti per evitare incidenti, perciò, i veicoli passano nel seguente ordine: B, T, S.

614
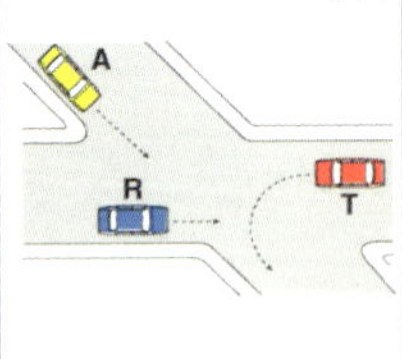

603
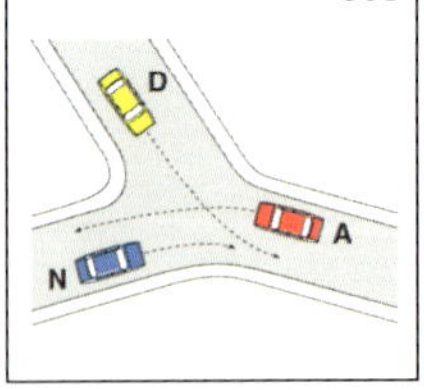

606
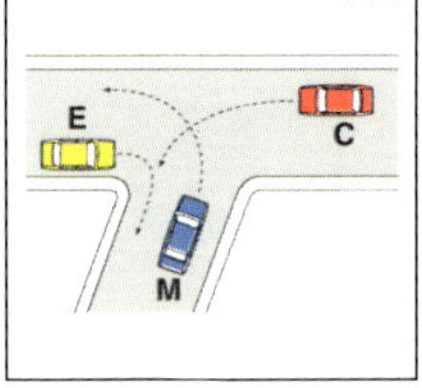

616
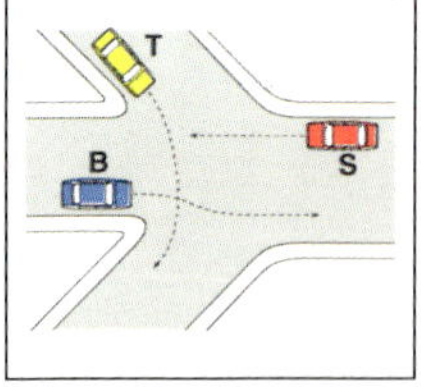

I veicoli su rotaie hanno la precedenza su tutti gli altri

Si sarà notato che il titolo del paragrafo precedente afferma che, in materia di precedenza, i veicoli sono quasi tutti uguali. Accade, infatti, che in base a una serie di considerazioni sia stato stabilito che i veicoli su rotaie, indipendentemente dalla direzione dalla quale provengono, abbiano la precedenza su tutti gli altri veicoli in circolazione. Nell'incrocio rappresentato in figura 613, pertanto, il tram T transita per primo e ha la precedenza sul veicolo O anche se quest'ultimo proviene dalla destra del tram stesso. Il veicolo A, invece, pur essendo un autotreno (cioè un complesso formato da autocarro e rimorchio), è normalmente obbligato a dare la precedenza a destra. L'ordine conclusivo di passaggio, perciò, sarà: T, poi O, infine A.

Un altro esempio che include i tram lo vediamo nella figura 636. Anche in questo caso il veicolo T passa per primo perché circola su rotaie; subito dopo passa il veicolo A mentre il veicolo S attende il passaggio degli altri due per, finalmente, attraversare anch'esso l'incrocio.

In sede d'esame, la presenza dei veicoli su rotaie può indurre in errore se al posto di applicare le regole si pensa, per così dire, di poter fare i furbi. Nell'esempio di figura 642, per esempio, posto che il tram passa sicuramente per primo, si sarebbe tentati di dire che il motoveicolo M, riparandosi dietro al tram stesso, approfitti della situazione per passare prima del veicolo O.

Questo modo di comportarsi è sbagliato su strada e, se lo si traduce nella corrispondente risposta al quiz, genera un errore. La risposta corretta ai quiz relativi alla figura 642 (uno dei più complessi che possono capitare all'esame), invece, vede il tram T che passa per primo, il veicolo A che si porta al centro dell'incrocio e lascia la destra libera al veicolo O, quindi il passaggio dei veicoli nel seguente ordine: O, M, infine il veicolo A che può completare la sua manovra e disimpegnare l'incrocio.

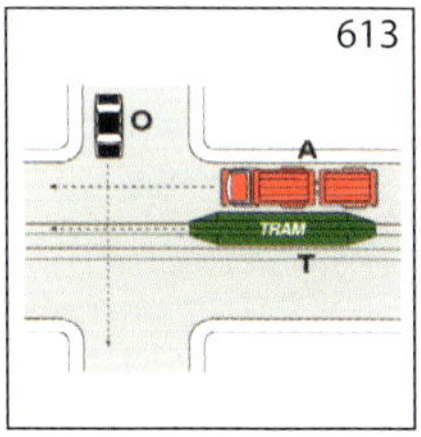

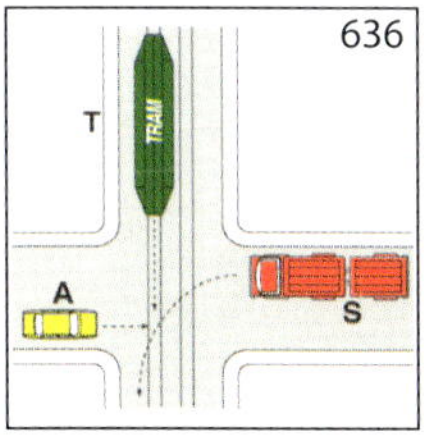

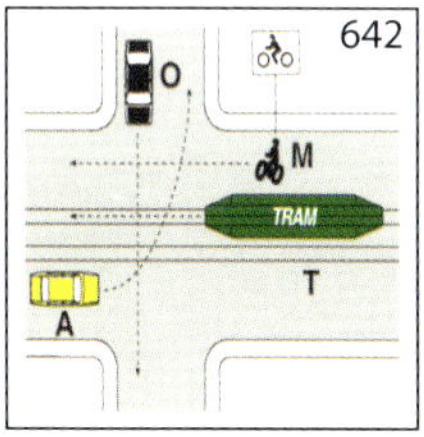

I filobus non sono dei tram

Il privilegio concesso ai veicoli su rotaie non è stato esteso ai filobus, cioè quei veicoli ormai abbastanza rari che si muovono traendo energia dalla rete elettrica a cui sono collegati con gli opportuni dispositivi. Nell'incrocio di figura 650, perciò, è normalmente applicata la regola della precedenza a destra: il veicolo L svolta a destra e passa per primo, seguito dal veicolo E, poi dal veicolo N ed infine dal filobus R.

Stesso discorso, ovviamente, vale nel caso di figura 631, dove le differenti caratteristiche dei veicoli non incidono sull'ordine di precedenza che, in applicazione della regola generale, vedrà il seguente ordine di passaggio dei veicoli: R, D, F.

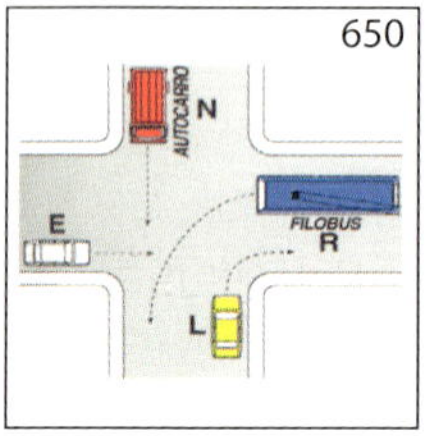

650

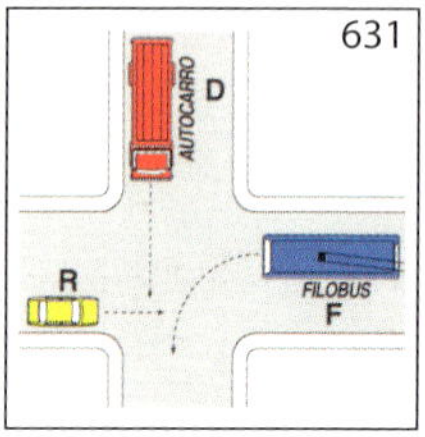

631

La segnaletica prevale sulla regola generale

Nella figura 647 ci confrontiamo con un incrocio che, a differenza di quelli finora esaminati, vede il traffico regolato dalla segnaletica verticale (il segnale 40 DARE PRECEDENZA) e dalla relativa segnaletica orizzontale (la fila di triangolini che rafforza il comando espresso dal segnale 40). Applicando quanto abbiamo appreso nel capitolo sulla segnaletica, dunque, concludiamo facilmente che i veicoli H e L passano contemporaneamente per primi perché i veicoli O e B devono entrambi rispettare l'obbligo di precedenza imposto dai cartelli. Dopo che i veicoli L e H sono passati, i due segnali di precedenza, per così dire, si annullano a vicenda. Di conseguenza il veicolo O dovrà dare la precedenza al veicolo B perché, svoltando, se lo troverà sulla destra. Ricapitolando: i veicoli L e H passano per primi contemporaneamente, poi passa il veicolo B, quindi il veicolo O che, in conclusione, dà la precedenza a tutti gli altri veicoli.

Un altro esempio di incrocio regolato con segnaletica è quello visibile nella figura 633. Applicando le regole e rispettando la segnaletica: tutti i veicoli (compreso il veicolo N che ha il diritto di precedenza sugli altri due), devono usare la massima prudenza; i veicoli A e R devono, se necessario, fermarsi. L'ordine di passaggio sarà, dunque: N, A, R.

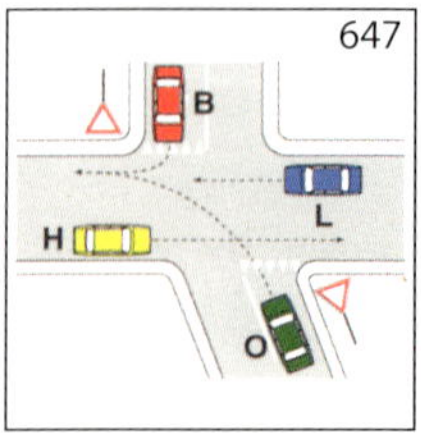

647

40

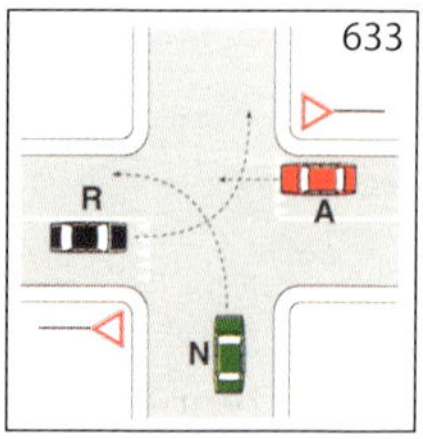

633

La precedenza a destra e a sinistra

La regola generale stabilisce che la precedenza va data ai veicoli che arrivano dalla nostra destra. In qualche caso, tuttavia, la precedenza va data a tutti, da qualsiasi direzione provengano. Riepilogando i casi forse più frequenti, è obbligatorio dare la precedenza a destra e a sinistra: in presenza del segnale di STOP; ai tram, salvo diversa segnalazione; quando ci si immette nel flusso della circolazione (per esempio: quando si esce da un parcheggio o da un passo carrabile); quando si effettua l'inversione del senso di marcia.

4.5 La svolta

La corretta effettuazione della manovra di svolta richiede che si conoscano bene le regole di precedenza. Le ulteriori regole da imparare per effettuare le svolte nel modo corretto, peraltro, non dovrebbero risultare troppo difficili da imparare poiché sono dettate da finalità facilmente comprensibili, prima fra tutte il migliore scorrimento della circolazione.

Quando si vuole svoltare (ma anche, più in generale, cambiare direzione o spostarsi lateralmente, come è necessario durante il sorpasso) bisogna azionare l'indicatore di direzione con sufficiente anticipo, lasciandolo in funzione per l'intera durata della manovra. La velocità andrà regolata opportunamente man mano che ci si avvicina all'incrocio.

Eseguendo la manovra dovremo posizionarci correttamente sulla carreggiata. Per svoltare a destra bisogna tenersi il più vicino possibile al margine destro della strada. Per svoltare a sinistra la regola è più articolata: su strade a doppio senso bisogna avvicinarsi il più possibile al centro della strada; su strade a senso unico, invece, bisogna spostarsi sul margine sinistro della carreggiata, il più vicino possibile al margine stesso. In ambedue i casi, si dovrà lasciare di norma il centro dell'incrocio alla propria destra, salvo diversa segnalazione, e, naturalmente, dare la precedenza ai veicoli provenienti da destra. Quale che sia la regolazione della circolazione (a senso unico o a doppio senso) sulla strada da cui proveniamo, nell'effettuare la svolta a sinistra si ha l'obbligo di non imboccare contromano la nuova strada. Detta così, sembra una regola talmente ovvia da non richiedere di essere ricordata nel quiz d'esame. Forse, però, è davvero opportuno che sia bene impressa nella mente dato che, come noterà chi avrà superato la prova teorica e passerà ad affrontare quella di guida, si tratta di una regola trasgredita con troppa frequenza nella pratica.

4.6 Comportamento agli incroci

Nel programma d'esame sono compresi alcuni quiz dedicati specificamente al comportamento agli incroci. In parte, dopo aver visto le regole su svolta e precedenza, questi quiz risultano un semplice ripasso di informazioni già note ma ci sono, anche, alcune importanti applicazioni particolari del generale obbligo di prudenza, applicazioni sulle quali è bene soffermarsi.

Conducendo un ciclomotore, quando si giunge in prossimità di un incrocio si deve segnalare in tempo utile l'intenzione di svoltare, usare la massima prudenza al fine di evitare incidenti e incolonnarsi con gli altri veicoli in attesa. In prossimità o in corrispondenza degli incroci sono vietate tutte le manovre pericolose come: procedere a zig zag anche se ci sono strisce tratteggiate; modificare improvvisamente la direzione di marcia; effettuare l'inversione di marcia.

4.7 Il cambiamento di corsia

Ogni spostamento introduce una variazione della situazione esistente e, poiché la circolazione ci mette in relazione con gli altri veicoli che condividono l'uso del tratto di strada che stiamo percorrendo, è inevitabile che il cambio di corsia debba essere effettuato rispettando poche ma importanti regole di prudenza, cioè:

- accertarsi prima che la corsia che vogliamo occupare sia libera dietro per un tratto sufficiente. A questo fine, dovremo guardare nello specchietto retrovisore prima di segnalare l'intenzione di cambiare corsia;
- accertarsi che il veicolo che ci precede non abbia segnalato l'inizio della stessa manovra;
- in generale, evitare di creare intralcio a chi percorre la corsia in cui vogliamo spostarci.

4.8 Il sorpasso

Il sorpasso è una manovra perfettamente lecita e, a volte, perfino necessaria per il migliore scorrimento della circolazione. Ciò non toglie che sia un momento che richiede particolare attenzione per vari motivi: ci si sposta due volte dalla traiettoria iniziale; si procede affiancati ad altri veicoli; spesso si aumenta la velocità; nella maggior parte dei casi si ingombra temporaneamente un'altra corsia rispetto a quella in cui stiamo viaggiando ecc.

La decisione di effettuare o meno il sorpasso implica la valutazione della velocità e delle dimensioni di tutti i veicoli interessati. Dobbiamo sapere, infatti, che lo spazio necessario alla manovra di sorpasso varia in relazione alla lunghezza del veicolo da sorpassare e, come si intuisce, dipende dalla velocità dei due veicoli coinvolti (per esempio, aumenta se il veicolo da sorpassare accelera).

Nell'eseguire la manovra di sorpasso bisogna essere certi di poterla avviare e concludere in condizioni di sicurezza, relazionandosi nel modo corretto e prudente con gli altri veicoli in circolazione. Fra l'altro, dunque, il conducente che intende sorpassare deve assicurarsi: che la visibilità sia tale da poter effettuare la manovra senza pericolo; di disporre di uno spazio libero sufficiente; che non vi siano segnali che vietino la manovra; che nessun conducente abbia già iniziato la medesima manovra. Dopo aver svolto questi controlli preliminari si dovrà segnalare la manovra azionando l'indicatore di direzione, quindi affiancare il veicolo sulla sua sinistra lasciando un adeguato margine di sicurezza, infine rientrare a destra senza tagliare la strada al veicolo che abbiamo superato.

Normalmente, il superamento del veicolo che precede avviene sul suo lato sinistro. In alcuni casi, tuttavia, è possibile effettuare il sorpasso anche sulla destra, per esempio quando il conducente da sorpassare ha segnalato che intende svoltare a sinistra, oppure quando si sorpassa un tram in marcia e la larghezza della carreggiata alla sua destra lo permette. Riflettendoci, si comprende che l'eccezione (all'obbligo di sorpasso a sinistra) è ammessa perché si tratta di situazioni in cui sono soddisfatte sia le esigenze di sicurezza, sia quelle di migliore scorrimento della circolazione.

Il conducente del veicolo che viene sorpassato ha a sua volta alcuni obblighi: prima di tutto, come sempre e come per tutti, non costituire pericolo o intralcio alla circolazione; poi l'obbligo di facilitare la manovra di sorpasso, quello di non accelerare né, tanto meno, gareggiare in velocità con il veicolo che sta sorpassando.

Ricavando i quiz dalle regole del Codice della Strada, il programma d'esame richiama i molti casi nei quali è vietato effettuare il sorpasso.

Chi ha ben compreso i criteri generali che lo rendono ammissibile (valutare correttamente la velocità dei veicoli coinvolti, assicurarsi di avere la visibilità e lo spazio necessari ecc.) non dovrebbe avere difficoltà a riconoscere i casi nei quali è vietato in via generale effettuare il sorpasso.

Altrettanto semplice dovrebbe poi risultare riconoscere il divieto posto esplicitamente dalla segnaletica (vedi, per esempio, il segnale 56).

56

E dunque, ricapitolando i casi proposti dal programma d'esame, il sorpasso è vietato:

- quando ci sia l'apposito segnale;
- quando non si dispone di uno spazio libero sufficiente;
- quando per effettuarlo si deve oltrepassare la striscia longitudinale bianca continua, singola o doppia;
- quando il veicolo che precede ha segnalato di voler iniziare il sorpasso;
- quando il veicolo che segue ha già iniziato la manovra di sorpasso o, comunque, ha segnalato l'intenzione di farlo;
- su strade a due corsie e a doppio senso di circolazione quando la visibilità è limitata, come accade nei dossi e nelle curve;
- in prossimità o in corrispondenza dei passaggi a livello senza barriere e senza semaforo;
- a destra di un tram fermo per la salita e discesa dei passeggeri, se non c'è il salvagente;
- quando il veicolo che vorremmo sorpassare è fermo per consentire ai pedoni di attraversare la carreggiata o per dare la precedenza ad altri veicoli.

Nell'elenco precedente si saranno notati i casi in cui la regola che pone il divieto di sorpasso contiene una precisazione (per esempio, che il sorpasso è vietato in curva e sui dossi ma se la strada è a doppio senso di circolazione). Se la circostanza indicata dalla precisazione non si verifica, dunque, il sorpasso è consentito. Questa autorizzazione non cancella l'obbligo generale di essere prudenti e viaggiare su strada in condizioni di sicurezza. Ciò, per esempio, significa che anche in curva e sui dossi occorre tenere conto del raggio di visibilità e della distanza di sicurezza. Per fortuna di tutti, le regole della circolazione stradale sono spesso delle normali applicazioni del buon senso. Per fare un esempio: salvo diversa segnalazione, si può effettuare un sorpasso sul tratto in discesa di un dosso perché la visibilità è limitata soltanto sul tratto ascendente.

4.9 Fermata e sosta

La sospensione della marcia di un veicolo può durare più o meno a lungo. Nel Codice della Strada, i due concetti di "fermata" e di "sosta" si distinguono fra loro proprio per la durata della sospensione della marcia del veicolo: limitata a un tempo breve nel caso della fermata, protratta nel tempo nel caso della sosta. Il "tempo breve" della fermata non è quantificato ma, per definirlo, servono i classici esempi del conducente che accosta il veicolo per chiedere un'informazione a un agente del traffico, o di quello che riparte dopo aver fatto salire (o scendere) un passeggero. La sosta, invece, è quella di chi staziona per un tempo più lungo di quello sufficiente per occasioni come quelle appena ricordate.

Salvo diversa segnalazione, il ciclomotore in sosta sulla strada deve essere lasciato parallelo al marciapiede e col motore spento anche se la sosta è di breve durata. Se presente, è consigliabile utilizzare il cavalletto centrale ed è obbligatorio, quando si parcheggia su una strada in discesa, lasciare il ciclomotore con la ruota anteriore rivolta verso la salita (mai verso la discesa). Dopo aver parcheggiato il ciclomotore, occorrerà sempre verificarne la stabilità sul cavalletto.

La fermata

Per quanto sia di breve durata, non è sempre possibile effettuare la fermata dove vogliamo o dove ci fa più comodo. Al contrario, nel Codice della Strada (e, di conseguenza, nei quiz che incontriamo all'esame) sono elencati diversi casi nei quali non è permesso neppure il temporaneo arresto della marcia anche se fosse tecnicamente possibile farlo. Diverso, e anch'esso regolato dal Codice, è il caso di fermata dovuta a cause di forza maggiore.

Di norma, se la segnaletica non la vieta e se non ci si trova in una delle diverse situazioni che saranno elencate più avanti, la fermata di un veicolo è consentita lungo il margine destro della carreggiata. Effettuando la fermata, dobbiamo sempre rispettare la regola generale secondo la quale non si deve causare intralcio alla circolazione. Posti questi due punti fermi, vediamo ora quando non ci è permesso effettuare la fermata.

La fermata del veicolo è vietata in presenza dell'apposito segnale (vedi figura 85) e in tutti i luoghi dove il veicolo fermo sia di intralcio alla circolazione. In questo caso, per "intralcio" si intende sia l'ostacolo alla facile circolazione degli altri utenti della strada, sia il potenziale pericolo che può derivare dalla fermata in un luogo non idoneo.

85

Dovrebbe risultare facile da capire, perciò, perché sia vietata la fermata nelle curve e sui dossi; in corrispondenza e in prossimità degli incroci; all'entrata e all'uscita delle piste ciclabili; in corrispondenza dei passaggi a livello; sui binari del tram posti al centro della strada; sulle strisce pedonali; e sui marciapiedi, salvo diversa segnalazione (cioè l'apposita segnaletica orizzontale che evidenzia gli spazi occupabili dai veicoli).

La sosta

Dove è vietata la fermata, a maggior ragione sarà vietata la sosta. Oltre che nelle aree successive al segnale 84 e in quelle adiacenti il bordo del marciapiede dipinto con le strisce gialle e nere come in figura 670, sarà poi vietata la sosta in tutte quelle circostanze nelle quali il veicolo parcheggiato per un tempo non breve crei pericolo o intralcio alla circolazione, nonché quando la sosta avvenga in spazi destinati a speciali categorie di veicoli e utenti.

84

670

Elencando, sarà vietata la sosta: negli spazi riservati alla sosta dei veicoli per persone disabili e in corrispondenza degli spazi destinati al passaggio dei disabili stessi; sui marciapiedi, salvo diversa segnalazione; nelle aree destinate alla fermata o alla sosta dei taxi; nelle corsie riservate ai mezzi pubblici; davanti ai cassonetti dei rifiuti urbani; davanti ai passi carrabili; nelle gallerie e sotto i ponti, salvo diversa segnalazione; in corrispondenza di incroci regolati da semaforo; davanti ai distributori di carburante, durante l'orario di apertura.

Sempre nell'ottica di non creare intralcio, è vietato sostare occupando più di uno spazio quando la sosta è consentita utilizzando gli appositi spazi di un parcheggio autorizzato. Al contrario, si avrà l'obbligo di disporre il veicolo all'interno degli appositi spazi delimitati e, in generale, di non ostacolare gli altri utenti della strada presenti nel parcheggio. Per i ciclomotori (per l'esattezza, anche per i ciclomotori, dato che si tratta di regole valide per tutti), è vietato sostare sulle piste per biciclette e sui marciapiedi (in quest'ultimo caso, come abbiamo già ricordato, salvo diversa segnalazione).

Alcuni quiz sono dedicati alla sosta in doppia fila, cioè quella che avviene affiancandosi a un altro veicolo. Si tratta di un tipo di sosta vietato alla maggior parte dei veicoli (compresi i quadricicli leggeri a motore che si possono guidare con la patente AM) perché può ostacolare la circolazione. Tuttavia, la sosta in doppia fila è ammessa se entrambi i veicoli sono a due ruote.

4.10 Uscita dal parcheggio

L'uscita da un parcheggio per immettersi in circolazione su strada è una manovra che richiede attenzione (perché si passa da una zona "protetta" a un'altra con flusso di circolazione) nonché il rispetto di una regola specifica e assai importante: quando si esce da un parcheggio autorizzato, si ha l'obbligo di dare la precedenza ai veicoli in transito coi quali si va a incrociare la nostra traiettoria. Una seconda regola da rispettare è quella che riguarda l'obbligo di segnalare, usando gli indicatori di direzione, la nostra intenzione di immettersi nella corsia di marcia.

CAPITOLO 5

VELOCITÀ E DISTANZA DI SICUREZZA

In relazione alla circolazione stradale, la regola che sta alla base di tutte le altre regole è che non bisogna creare pericolo o intralcio alla circolazione. Nella pratica della guida questo, fra le altre cose, significa che dovremo avere sempre ben presenti le conseguenze della nostra condotta in riferimento sia a noi stessi sia agli altri. Una stessa velocità può essere di tutta sicurezza in un rettilineo che stiamo percorrendo da soli ma piena di rischi se, per esempio, ci stiamo avvicinando a un incrocio. Analogamente, richiedono attenzione, prudenza e padronanza del veicolo tutte le manovre che ci portano a modificare la situazione (perché acceleriamo, ci spostiamo, ci avviciniamo ad altri veicoli ecc.) e, in generale, ci fanno entrare in relazione con gli altri conducenti, con le ovvie e necessarie conseguenze in termini di rispetto delle regole, cioè, sostanzialmente, di coordinamento fra le azioni dei diversi soggetti interessati.

5.1 La gestione della velocità

Spostarsi significa muoversi da un punto a un altro, impiegando una certa quantità di tempo e seguendo un certo percorso. La velocità si calcola con la semplice operazione aritmetica che divide la misura della distanza percorsa per il tempo impiegato.

In generale, la velocità deve essere regolata in modo da non causare disordine o intralcio alla circolazione e non costituire pericolo per la sicurezza delle persone e della circolazione, permettendo sempre di arrestare il veicolo entro i limiti del campo di visibilità del conducente. Una corretta regolazione della velocità consentirà in ogni caso un tempestivo arresto del veicolo e, più in generale, ci permetterà di intervenire con sicurezza in caso di imprevisti. Gareggiare in velocità con un altro ciclomotore è vietato sempre, su qualsiasi tipo di strada e con qualsiasi condizione di traffico. Le sanzioni per questa infrazione sono pesanti e comprendono la confisca del veicolo.

Con l'esperienza, la scelta dell'andatura adatta diventa una decisione istintiva. Anche se non ce ne rendiamo conto, tuttavia, rimane una decisione complessa perché a ogni istante si devono considerare una quantità di fattori umani, tecnici e ambientali. La velocità, infatti, deve essere regolata anche in relazione alle condizioni atmosferiche del momento, in base alle caratteristiche e allo stato di manutenzione della strada, alle condizioni del traffico, all'efficienza dei freni del veicolo e alla visibilità.

Quando si circola su strada, le condizioni che abbiamo attorno a noi possono cambiare anche in modo repentino. In qualche caso il cambiamento è imprevedibile, ma ci sono molte situazioni nelle quali possiamo agire preventivamente per diminuire il livello di rischio.

La velocità dovrà essere regolata in tutte le situazioni che richiedono prudenza (per esempio, in prossimità delle scuole o di altri luoghi frequentati da bambini) e quando, per qualsiasi motivo, la visibilità è limitata, come può accadere sia a causa dell'andamento della strada (per esempio, in curva o in prossimità degli incroci), sia per le condizioni ambientali (per esempio, in caso di nebbia o foschia e nelle ore notturne).

Regolare la velocità significa scegliere l'andatura più adatta alla situazione e spesso, nella pratica, adeguarla a condizioni più impegnative di quelle incontrate fino a quel momento. Per esempio, è obbligatorio ridurre la velocità e all'occorrenza fermarsi quando è difficoltoso l'incrocio con altri veicoli, o quando si rimane abbagliati, o quando i pedoni che si trovano sul percorso danno segni di incertezza. Di esempi, però, se ne potrebbero fare molti altri.

5.2 La distanza di sicurezza

La distanza di sicurezza è definita come lo spazio che separa due veicoli che procedono nella stessa direzione in modo tale che il veicolo che segue sia sempre in condizione di non tamponare quello che precede, consentendo l'arresto tempestivo del veicolo. Il concetto è di carattere generale, cioè vale anche quando si sarebbe portati a sottovalutarne l'importanza. Per esempio, se si viaggia in gruppo con dei ciclomotori, bisogna mantenere lo stesso la distanza di sicurezza, anche all'interno del gruppo.

La distanza di sicurezza dipende da fattori umani (come la prontezza di riflessi del conducente, cioè il suo "tempo di reazione"), da fattori tecnici (efficienza generale del veicolo e delle sue parti più direttamente interessate, soprattutto freni e pneumatici, ma non soltanto essi) e da fattori ambientali (le condizioni del fondo stradale, prima di tutto). Traducendo questi concetti in delle prime indicazioni pratiche, notiamo che la distanza di sicurezza corrisponde allo spazio di arresto, cioè allo spazio necessario per fermare un veicolo in movimento. Lo spazio di arresto si compone di due parti: la prima parte è lo spazio percorso nel cosiddetto tempo di reazione, cioè il tempo che intercorre fra il momento della percezione del pericolo e quello in cui il conducente inizia l'azione frenante; la seconda parte è il cosiddetto spazio di frenatura, cioè la distanza percorsa fra il momento in cui inizia la frenata e il momento in cui il veicolo si ferma.

Date queste definizioni, si conclude facilmente che lo spazio totale di arresto aumenta se il conducente è distratto (perché, appunto, dipende anche dal tempo di reazione del conducente stesso), o se aumenta la velocità del veicolo (perché maggiore è la velocità, maggiore è lo spazio di frenatura). Come si è ricordato all'inizio del presente paragrafo, poi, sullo spazio di arresto incidono alcune condizioni tecniche e ambientali. Per esempio, lo spazio di frenatura di un ciclomotore aumenta se il battistrada dei pneumatici è consumato o se il fondo stradale è bagnato.

Nei quiz d'esame si citano alcuni valori che, forse, risultano un po' astratti se scollegati dall'esperienza concreta. Tuttavia, riflettendoci, servono comunque a dare una prima idea dei valori in gioco. Per esempio, marciando con un ciclomotore a una velocità di 45 km/h (cioè al limite delle prestazioni consentite), in un secondo vengono percorsi circa 13 m e per fermarsi occorrono circa 20 m. È anche importante ricordare che il rapporto fra velocità e spazio di frenatura varia la sua ampiezza a seconda del valore della velocità. Per esempio, per garantire la sicurezza della circolazione ed evitare incidenti è necessario, fra l'altro, ricordare che se la velocità raddoppia, lo spazio di frenatura aumenta quattro volte.

CAPITOLO 6

GLI INCIDENTI STRADALI E L'ASSICURAZIONE

La circolazione dei veicoli è il risultato dell'azione di tre componenti: l'uomo, il veicolo e l'ambiente. Quando anche una sola di queste componenti agisce in modo errato, o non funziona correttamente, o si presenta in una forma più impegnativa del consueto, si creano le condizioni che rendono possibile un incidente. Premesso questo, appare chiaro che l'elenco delle singole cause che possono essere all'origine di un incidente stradale è lunghissimo. Di seguito, assecondando le richieste del programma d'esame ministeriale, accenneremo a quelle principali. In conclusione del capitolo, si forniranno le poche nozioni che completano il programma stesso relativamente a come comportarsi in caso di incidente e agli obblighi concernenti l'assicurazione del ciclomotore.

6.1 Cause degli incidenti stradali

Esaminando le statistiche relative agli incidenti stradali, la prima considerazione che si ricava è che le cause più frequenti degli incidenti stradali sono attribuibili all'imprudenza o all'inosservanza di norme, cioè dipendono dal **comportamento umano**. Riguardo a quest'ultimo, si può affermare che gli incidenti stradali dipendono da tre categorie di difetti: imprudenza, imperizia, ignoranza. Imprudenza, perché se è vero, come è vero, che la pioggia rende scivoloso l'asfalto e perciò meno stabile il veicolo, è ancora più vero che il conducente può scegliere fra l'adozione di una condotta di guida adeguata alla circostanza (rallentare, considerare esattamente lo stato del battistrada e dei freni ecc.) oppure proseguire senza adoperare la necessaria cautela. Imperizia, perché la conduzione di un veicolo richiede il minimo necessario di abilità ed esperienza, due qualità che, per esempio, non ci faranno affrontare le curve a una velocità eccessiva. Infine, ignoranza, perché la disattenzione o la poca preparazione sono la premessa inevitabile di comportamenti errati. Si riferiscono poi all'essere umano anche le cause dell'eventuale **stato psicofisico alterato**.

Stabilito che l'essere umano è il primo responsabile delle conseguenze delle proprie azioni, è comunque indubitabile che gli incidenti si verifichino più di frequente in presenza di particolari **condizioni della strada**. Fra queste, un posto di rilievo spetta senz'altro alle circostanze che diminuiscono l'aderenza delle ruote al manto stradale: dal fondo ghiacciato; alla strada coperta di foglie; dalla presenza di pietrisco sulla carreggiata alla accidentale presenza di olio sull'asfalto, e via dicendo. Strettamente intrecciate a quelle della strada, incrementano la possibilità di incidenti anche quelle **condizioni atmosferiche** che peggiorano la visibilità per il conducente e la stabilità del veicolo.

Fra i fattori di rischio di incidente stradale vanno poi incluse anche tutte le **circostanze strutturali** (gallerie, viadotti ecc.) che rendono la guida più impegnativa, richiedendo l'adozione delle opportune cautele e di una tecnica di guida adatta alle circostanze.

Infine, non è estranea alla sicurezza e alla prevenzione degli incidenti l'effettuazione di una buona e regolare **manutenzione del veicolo**.

6.2 Prevenzione degli incidenti: cautele generali e tecniche di guida

Provando a sintetizzare l'argomento si può affermare che per garantire la sicurezza della circolazione (cioè, per circolare senza arrecare danni alle persone e alle cose) occorre:

- trovarsi in una condizione psicofisica compatibile con le esigenze della guida stessa;
- valutare correttamente le circostanze esterne (stato della strada, condizioni del traffico, eventi atmosferici ecc.);
- essere sufficientemente abili nella guida;
- adeguare la tecnica di guida appropriata alle circostanze in cui ci troviamo;
- tenere un comportamento corretto.

L'ultimo punto elencato è banale solo all'apparenza. Riferendoci alla circolazione su strada, infatti, un comportamento corretto è riconoscibile e, soprattutto, prevedibile. Agendo nel rispetto delle regole, tutti gli utenti della strada sapranno che cosa possono ragionevolmente aspettarsi che accada e potranno, così, coordinare la propria condotta con quella degli altri. Assai giustamente, dunque, i quiz d'esame ci ricordano che sulla strada è vietato effettuare un cambiamento di direzione senza segnalare la manovra con sufficiente anticipo, o gareggiare in velocità, o circolare a velocità troppo bassa senza giustificato motivo (per comprendere meglio quest'ultimo divieto, immaginate la differenza che passa fra circolare a 50 km/h in un centro urbano, e circolare alla stessa velocità in autostrada). Premesso tutto ciò, vediamo quali sono le raccomandazioni da seguire per ridurre al minimo il rischio di incidenti, riferite ai vari aspetti interessati.

Stato psicofisico

Per evitare che si verifichino incidenti stradali, la prima cautela riguarda la persona del conducente, che deve essere in condizioni fisiche compatibili con la guida. Questo significa molte cose: una buona vista; una destrezza sufficiente; non essere troppo stanchi e via dicendo. Il livello dell'attenzione deve essere costantemente adeguato alle necessità della guida evitando quelle situazioni o comportamenti che possano ridurlo al di sotto della soglia di sicurezza (o, riconoscendo che si sta verificando una circostanza che può renderci meno attenti, agendo di conseguenza come, per esempio, riposarsi se si teme un colpo di sonno). Così, fra l'altro, dovremo sapere che l'attenzione di un guidatore diminuisce per l'eccessivo uso di alcool, oppure quando si ha uno stato d'animo alterato o una conversazione animata con il passeggero. Se proprio si deve litigare, insomma, magari è meglio fermarsi e, per così dire, litigare con calma.

Condizioni della strada e condizioni ambientali

L'aderenza delle ruote sull'asfalto è ridotta sul bagnato e dalla presenza sulla strada di foglie, neve, ghiaccio, olio ecc. Purtroppo, specialmente se si è alla guida di un ciclomotore a due ruote, con il fondo stradale bagnato dalla pioggia (o scivoloso per altra causa), è molto facile perdere il controllo e cadere. Di conseguenza, in condizioni di scarsa aderenza dovremo adottare le cautele appropriate: cercare di procedere a velocità quanto più possibile uniforme e moderata, in modo particolare nelle curve; ridurre la velocità quando necessario; non effettuare manovre brusche; manovrare con prudenza il manubrio del ciclomotore; adeguare la distanza di sicurezza, aumentandola rispetto a quella giustificata in condizioni ottimali di strada asciutta e manto stradale in buone condizioni, anche per non essere costretti a frenare in modo improvviso e brusco. Specialmente le curve dovranno essere percorse a velocità ridotta.

Conducendo un ciclomotore, in caso di pioggia bisogna fare particolare attenzione anche perché la visibilità attraverso la visiera del casco peggiora notevolmente. In questa più difficile situazione si dovrà essere molto concentrati, sia perché le buche piene d'acqua sulla strada sono difficili da individuare, sia perché si dovrà stare attenti all'acqua fatta schizzare dai veicoli che precedono.

Il pericolo principale legato alla pioggia è la perdita di aderenza dovuta allo strato d'acqua che, in misura più o meno consistente, si interpone fra pneumatico e manto stradale rendendo scivolosa la strada. La perdita di aderenza cresce ulteriormente in corrispondenza della vernice delle strisce della segnaletica orizzontale che, col fondo stradale bagnato, rendono la strada particolarmente viscida. Strisce o non strisce, lo strato d'acqua che si interpone fra manto stradale e pneumatico dà luogo al fenomeno dell'aquaplaning, per cui l'insufficiente uscita dell'acqua dagli intagli del battistrada fa scivolare le ruote sullo strato di acqua compressa. L'aquaplaning inizia a velocità più bassa se il pneumatico è molto consumato, cioè con la scolpitura dello stesso insufficientemente alta e definita e, di conseguenza, priva di efficienti canali di espulsione laterale dell'acqua.

Come si è detto, le cautele nella condotta di guida devono essere quelle adatte alla circostanza sia nel tipo sia nella misura. Per esempio, sebbene siano tutte situazioni con aderenza scarsa, sarà diversa la velocità che si potrà tenere su fondo bagnato, innevato o ghiacciato. Soltanto in generale, dunque, è corretto affermare genericamente che su strade coperte di **neve o ghiaccio** è opportuno moderare la velocità (particolarmente nelle curve), tenersi a maggior distanza dal veicolo che precede ed evitare tanto le brusche accelerazioni quanto le brusche frenate.

Fermo restando quanto si è scritto fino adesso, occorre dire che pure in condizioni ottimali di aderenza perfetta, tuttavia, alcuni eventi atmosferici incidono sulla stabilità del veicolo e sulla visibilità, rendendo necessaria l'adozione di opportune cautele. In caso di **nebbia** fitta è opportuno procedere a una velocità adeguata alla visibilità e fare riferimento alla segnaletica orizzontale. Se la visibilità è tanto ridotta da rendere necessario fermarsi, è opportuno farlo fuori e non sulla carreggiata. L'arresto sulla carreggiata, tuttavia, è considerato un comportamento lecito, anche se pericoloso, quando avviene per cause di forza maggiore. In caso di forte **vento** laterale è opportuno ridurre la velocità, mantenersi a distanza dagli ostacoli laterali e usare particolare cautela nel percorrere viadotti.

Oltre che per eventi occasionali come pioggia o nebbia, la visibilità diminuisce regolarmente, tutti i giorni, per il semplice tramonto del sole. Le conseguenze del buio riguardano tanto l'utilizzo dei dispositivi necessari, quanto il ricorso ad alcuni accorgimenti tanto banali quanto necessari. Fra questi, risulta particolarmente importante la gestione corretta dell'incrocio coi veicoli che, a causa del buio, stanno impiegando di propri dispositivi di illuminazione. Di notte, incrociando un veicolo con fari a luce abbagliante accesi, occorre cercare di non venire abbagliati distogliendo lo sguardo dal fascio luminoso, quindi bisognerà rallentare adeguatamente. All'occorrenza, sebbene si stia subendo una scorrettezza, ci si dovrà perfino fermare. Anche se tenere accesi gli abbaglianti quando di notte si incrociano altri veicoli è una condotta irregolare, infatti, il nostro primo dovere rimane quello di evitare incidenti. A questo fine, agendo invece correttamente, incrociando altri veicoli procederemo con prudenza usando le luci anabbaglianti.

Circostanze strutturali

La sicurezza delle circolazione dipende anche dal tipo di strutture fisiche che stiamo percorrendo e che, per la loro conformazione e collocazione, producono importanti conseguenze: dalla galleria, coi suoi effetti sulla visibilità; al viadotto esposto al vento; alla strettoia che obbliga i veicoli a incrociarsi scorrendo a distanza laterale anche ridottissima. In presenza di una galleria, di giorno è necessario rallentare l'andatura prima di entrare, moderando la velocità per abituare gli occhi alla penombra. Sempre, invece, si dovrà tenere saldo il manubrio per fronteggiare colpi di vento laterale all'uscita.

Rispetto delle regole di comportamento

Come si può intuire, la prevenzione degli incidenti passa anche attraverso il rispetto delle regole. Qui intendiamo le regole in senso ampio, comprendendo sia le regole di condotta stabilite dal Codice della Strada, sia quelle dettate dal buon senso e dall'ordinaria diligenza. Occorre notare, inoltre, che proprio la grande diffusione dei mezzi di trasporto non esclude e, anzi, accentua la necessità di considerare in ogni momento le conseguenze che può avere il nostro comportamento. È possibile creare in molti modi pericolo o intralcio alla circolazione: fermandosi a parlare in mezzo alla strada seduti sul ciclomotore, viaggiando affiancati, procedendo a zig zag tra i veicoli ecc. Rispettare obblighi e divieti, così come esercitare diritti e doveri, rende il traffico più scorrevole e sicuro e, alla fine, porta vantaggi a tutti.

Riferendoci specificamente alle regole stabilite dal Codice, si è già notato che rispettarle produce comportamenti uniformi e, soprattutto, ragionevolmente prevedibili da parte degli altri utenti della strada, con beneficio per la sicurezza di tutti e la scorrevolezza della circolazione. Premesso questo, risulta comprensibile che siano vietati, o comunque da evitare, tutti i comportamenti che alterano la situazione in un modo che può sorprendere gli altri. Per esempio, quando, giunti in prossimità di un incrocio, ci accorgiamo di aver sbagliato la corsia di preselezione, non effettueremo bruschi cambiamenti di corsia e, al contrario, proseguiremo nella direzione già presa senza arrestarci all'improvviso (tanto meno per chiedere informazioni), per non intralciare i veicoli che seguono ostacolando la circolazione. Ma gli esempi di questo genere, naturalmente, potrebbero essere moltissimi.

La condotta di guida deve essere quella adeguata alle circostanze del momento. In caso di traffico intenso, così, il conducente deve adeguarsi alla velocità del traffico che scorre sulla corsia su cui sta viaggiando, mantenendo come sempre la distanza di sicurezza dal veicolo che lo precede. Anche in caso di traffico intenso, naturalmente, rimangono valide le regole generali. Così, per esempio, bisognerà evitare di suonare il clacson per invitare i veicoli che ci precedono ad accelerare. Come abbiamo già ricordato più volte, infatti, l'uso del clacson è permesso soltanto in caso di necessità e non perché ci siamo stancati di aspettare.

Una parte importante della nostra attenzione dovrà essere riservata all'utenza debole, soprattutto quando si tratta di pedoni anziani o con qualche tipo di difficoltà motoria. Quando un pedone attraversa la strada fuori dalle strisce pedonali è necessario ridurre la velocità ed eventualmente fermarsi tempestivamente. In caso di pericolo immediato, il pedone dovrà essere avvisato con un breve colpo di clacson.

Manutenzione del veicolo

Mantenere il veicolo nelle migliori condizioni favorisce la sicurezza anche perché assicura che la risposta ai comandi sia quella ottimale, desiderata e prevedibile. Anche al fine di evitare il prodursi di incidenti stradali, così, il conducente controllerà spesso l'efficienza del clacson e delle luci; lo spessore del battistrada dei pneumatici; che la pressione dei pneumatici sia quella consigliata dalla casa costruttrice; il corretto funzionamento degli organi dello sterzo (manubrio); lo stato delle pastiglie dei freni a disco e dei dischi; lo stato delle ganasce e dei tamburi nei freni a tamburo e via dicendo.

Una buona manutenzione passa anche dell'osservazione del nostro veicolo. Per esempio, per garantire la sicurezza della circolazione dei veicoli ed evitare incidenti è necessario osservare se il pneumatico si consuma soprattutto ai bordi, perché questo significa che la pressione è troppo bassa. Naturalmente, dopo aver osservato e riconosciuto il problema, bisogna agire. Se ci accorgiamo che i pneumatici sono molto consumati, dunque, li sostituiremo perché rendono meno efficace la frenatura.

Infine, occorre ricordare che esiste anche quella che possiamo definire una manutenzione durante il viaggio. In altre parole, una tecnica di guida corretta previene sollecitazioni esasperate o anomale delle parti del veicolo. Per esempio, per prevenire gli incidenti è necessario evitare di surriscaldare i freni con l'uso prolungato perché i freni surriscaldati perdono di efficienza.

6.3 Che cosa fare in caso di incidente

Quando si verifica un incidente le cose da fare sono molte. La prima è senz'altro non perdere mai la calma, poi ne seguono diverse altre. È importante sottolineare fin da subito che la sequenza nelle quali saranno esposte di seguito dipende unicamente dalla necessità di dare un certo ordine all'esposizione e non al fatto che una sia più importante dell'altra.

Per quanto riguarda la sicurezza generale, dopo aver valutato la situazione occorrerà prevenire altri sinistri stradali, scongiurare altri pericoli e favorire la ripresa della circolazione. A questi fini si deve segnalare, come meglio si può, il pericolo ai veicoli che sopraggiungono per impedirne il passaggio nella zona pericolosa (per esempio, perché si sono verificate perdite di olio sulla strada) e per proteggere un ferito che non si possa spostare dalla strada.

Se l'incidente non ha causato danni alle persone si ha l'obbligo di fermarsi per constatare, in vista del loro risarcimento, i danni alle cose. Le cose danneggiate che è obbligatorio risarcire sono tutte quelle danneggiate e non importa, per esempio, che si tratti di un veicolo che stava circolando oppure di uno in sosta (in questo secondo caso, occorrerà rintracciare il proprietario e, comunque, fare in modo di lasciargli i propri dati). Se occorre, si potranno rimuovere i veicoli che ingombrano la carreggiata. La rimozione va effettuata quando ciò è materialmente possibile e nel caso in cui sia permesso dalla legge e cioè, appunto, solamente quando non ci sono stati feriti o morti. Se possiamo rimuoverlo dal luogo dove si trova, lo spostamento dovrà collocare il ciclomotore almeno sul margine destro della carreggiata. Se non possiamo, bisognerà segnalarne la presenza sulla strada, chiamare il soccorso stradale e rimanere sul posto in attesa.

Per quanto riguarda le persone coinvolte in un incidente, occorre prima di tutto accertarsi del loro stato fisico e valutare la situazione, poi intervenire come possibile in base alle necessità e alle urgenze. Se vi sono feriti (e, in generale, quando vi sono lesioni alle persone), appena possibile si dovranno chiamare i soccorsi e gli organi di polizia, aspettando poi l'arrivo del personale medico e degli agenti. Gli organi di polizia dovranno essere contattati rapidamente, sempre e anche, a maggior ragione, quando l'altro conducente non dimostri di essere assicurato. I numeri telefonici di emergenza da chiamare subito sono il 112 (per i Carabinieri) o il 113 (per la Polizia di Stato). Per quanto riguarda la richiesta di soccorso sanitario, il Servizio Sanitario di Urgenza ed Emergenza è raggiungibile al numero telefonico 118. Nella chiamata, bisogna cercare di descrivere i danni riportati dalle persone ferite.

6.4 L'assicurazione

Come abbiamo appena visto, la circolazione dei ciclomotori è fonte di rischi (in sede civile) per le persone e le cose. Riguardo a queste ultime, se per nostra responsabilità abbiamo causato dei danni, abbiamo l'obbligo di risarcirli. La polizza di assicurazione per la responsabilità civile copre, entro i massimali, la responsabilità civile gravante sul conducente e sul proprietario per i danni provocati a persone e cose dal ciclomotore. In altre parole, pagando periodicamente una quota alla compagnia assicuratrice, questa garantirà il risarcimento del danno al posto nostro.

In relazione al contratto di assicurazione stipulato, l'impresa assicuratrice deve rilasciare al contraente la polizza di assicurazione; il contrassegno di assicurazione; il certificato di assicurazione da esibire a richiesta assieme al certificato di circolazione.

L'assicurazione per i veicoli circolanti è obbligatoria. Quando l'assicurazione per la responsabilità civile del ciclomotore è scaduta di validità, perciò, è proibito usare il veicolo su tutte le strade pubbliche e si può incorrere in una pesante sanzione come il sequestro del veicolo se lo si fa.

CAPITOLO 7

I QUESITI UFFICIALI

In questo Capitolo 7 sono contenuti oltre 2000 quiz, vale a dire tutte le domande comprese nell'elenco ufficiale del ministero delle Infrastrutture e dei Trasporti. Si ricorda che le 30 domande che compongono la prova d'esame vengono selezionate solo da questo elenco.

Di conseguenza esercitarsi sui seguenti quiz è importante per ottenere una buona preparazione, senza dimenticare che lo studio mnemonico non è sufficiente per superare l'esame, ma è necessaria anche una buona conoscenza di tutte le norme sulla circolazione stradale e delle cautele da adottare quando si è alla guida.

1. Il segnale raffigurato preavvisa un tratto di strada con pavimentazione irregolare V F

2. Il segnale raffigurato preavvisa un tratto di strada in cattivo stato V F

3. Il segnale raffigurato è un segnale di pericolo V F

4. Il segnale raffigurato preavvisa una discesa pericolosa V F

5. Il segnale raffigurato preavvisa una serie di curve V F

6. Il segnale raffigurato preavvisa una doppia curva V F

7. In presenza del segnale raffigurato, è necessario prevedere eventuali sbandamenti dei veicoli provenienti dal senso opposto V F

8. In presenza del segnale raffigurato, è necessario rallentare a causa delle condizioni del fondo stradale V F

9. In presenza del segnale raffigurato, è necessario tenere il manubrio con una presa più sicura V F

10. In presenza del segnale raffigurato, è necessario aumentare la velocità V F

11. In presenza del segnale raffigurato, è necessario diminuire la distanza di sicurezza V F

12. In presenza del segnale raffigurato, è necessario fermarsi se provengono veicoli dal senso opposto (V) (F)

13. Il segnale raffigurato è posto, di norma, 150 m prima del dosso (V) (F)

14. Il segnale raffigurato preavvisa un tratto di strada con visibilità limitata (V) (F)

15. Il segnale raffigurato preavvisa una salita, seguita da una discesa, che limita la visibilità (V) (F)

16. Il segnale raffigurato preavvisa un tratto di strada deformata (V) (F)

17. Il segnale raffigurato preavvisa un tratto di strada in cattivo stato (V) (F)

18. Il segnale raffigurato preavvisa lavori in corso (V) (F)

19. In presenza del segnale raffigurato è necessario moderare la velocità (V) (F)

20. In presenza del segnale raffigurato è vietata l'inversione di marcia (V) (F)

21. In presenza del segnale raffigurato sono vietate la sosta e la fermata sia sul tratto in salita che in discesa (V) (F)

22. In presenza del segnale raffigurato è obbligatorio circolare al centro della strada (V) (F)

23. In presenza del segnale raffigurato è necessario prestare attenzione al tratto di strada in cattivo stato (V) (F)

24. In presenza del segnale raffigurato è consentita la sosta sul tratto in salita V F

25. Il segnale raffigurato preavvisa una cunetta V F

26. Il segnale raffigurato preavvisa un tratto di strada pericoloso a causa di una cunetta V F

27. Il segnale raffigurato si trova prima di un tratto di strada in discesa seguito da uno in salita V F

28. Il segnale raffigurato preavvisa una strada deformata V F

29. Il segnale raffigurato preavvisa un restringimento della carreggiata V F

30. Il segnale raffigurato preavvisa un dosso V F

31. In presenza del segnale raffigurato è necessario moderare la velocità per non perdere il controllo del ciclomotore V F

32. In presenza del segnale raffigurato è necessario guidare con particolare attenzione soprattutto in caso di pioggia V F

33. In presenza del segnale raffigurato è necessario aumentare la distanza di sicurezza dal veicolo che precede V F

34. In presenza del segnale raffigurato è necessario sorpassare V F

35. In presenza del segnale raffigurato è necessario sorpassare se provengono veicoli dal senso opposto V F

36. In presenza del segnale raffigurato è necessario aumentare la velocità V F

37. Il segnale raffigurato preavvisa una curva pericolosa a destra V F

38. Il segnale raffigurato preavvisa un tratto di strada con visibilità limitata V F

39. Il segnale raffigurato richiede di moderare la velocità V F

40. Il segnale raffigurato è un divieto di svolta a destra V F

41. Il segnale raffigurato preavvisa un incrocio con obbligo di svolta a destra V F

42. Il segnale raffigurato preavvisa un cambio di corsia V F

43. In presenza del segnale raffigurato è necessario percorrere la curva con più attenzione se la strada è bagnata V F

44. In presenza del segnale raffigurato è vietato sorpassare se la strada ha una corsia per ogni senso di marcia V F

45. In presenza del segnale raffigurato è necessario regolare la velocità in relazione alla visibilità e al raggio della curva V F

46. In presenza del segnale raffigurato si deve circolare il più possibile vicino alla linea che separa i sensi di marcia V F

47. In presenza del segnale raffigurato è permesso percorrere la curva a velocità elevata V F

48. In presenza del segnale raffigurato è permesso effettuare l'inversione di marcia V F

49. Il segnale raffigurato preavvisa una curva pericolosa a sinistra V F

50. Il segnale raffigurato preavvisa un tratto di strada con visibilità limitata V F

51. Il segnale raffigurato preavvisa a 150 m una curva pericolosa V F

52. Il segnale raffigurato preavvisa un ostacolo da aggirare a sinistra V F

53. Il segnale raffigurato è un divieto di svoltare a sinistra V F

54. Il segnale raffigurato preavvisa un incrocio con obbligo di svolta a sinistra V F

55. Il segnale raffigurato preavvisa una doppia curva, la prima a destra V F

56. Il segnale raffigurato preavvisa a 150 m una doppia curva pericolosa V F

57. Il segnale raffigurato richiede di moderare la velocità V F

58. Il segnale raffigurato vieta la svolta a destra (V) (F)

59. Il segnale raffigurato preavvisa una discesa pericolosa (V) (F)

60. Il segnale raffigurato preavvisa un tratto di strada con superficie sdrucciolevole (V) (F)

61. In presenza del segnale raffigurato si deve mantenere la destra (V) (F)

62. In presenza del segnale raffigurato è necessario regolare la velocità in relazione alla visibilità e al raggio delle curve (V) (F)

63. In presenza del segnale raffigurato è vietato sorpassare se la strada ha una corsia per ogni senso di marcia (V) (F)

64. In presenza del segnale raffigurato è consentita l'inversione di marcia (V) (F)

65. In presenza del segnale raffigurato è necessario tenere una velocità moderata solo nella prima curva (V) (F)

66. In presenza del segnale raffigurato è sempre permesso fermarsi o sostare (V) (F)

67. Il segnale raffigurato preavvisa una doppia curva, la prima a sinistra (V) (F)

68. Il segnale raffigurato preavvisa di norma a 150 m una doppia curva pericolosa (V) (F)

69. Il segnale raffigurato richiede di moderare la velocità (V) (F)

70. Il segnale raffigurato preavvisa una strettoia V F

71. Il segnale raffigurato preavvisa un tratto di carreggiata sdrucciolevole V F

72. Il segnale raffigurato è un divieto di svolta a sinistra V F

73. Il segnale raffigurato preavvisa un passaggio a livello con barriere V F

74. Il segnale raffigurato precede una luce rossa fissa o due luci rosse lampeggianti V F

75. Il segnale raffigurato può essere seguito da un segnale acustico per avvertire della chiusura delle barriere V F

76. Il segnale raffigurato preavvisa una strada senza uscita V F

77. Il segnale raffigurato indica una deviazione obbligatoria V F

78. Il segnale raffigurato permette di passare tra una barra e l'altra se le semibarriere sono chiuse V F

79. In presenza del segnale raffigurato è necessario moderare la velocità per essere pronti a fermarsi se le barriere sono chiuse V F

80. In presenza del segnale raffigurato è necessario fermarsi se sono in funzione le due luci rosse lampeggianti V F

81. In presenza del segnale raffigurato è necessario fermarsi se è in funzione il segnale acustico — V F

82. In presenza del segnale raffigurato è possibile passare tra una barra e l'altra se le semibarriere sono chiuse — V F

83. In presenza del segnale raffigurato è permesso sostare in prossimità o in corrispondenza dei binari — V F

84. In presenza del segnale raffigurato è possibile attraversare i binari anche se sbarrati da cavalletti a strisce bianche e rosse — V F

85. Il segnale raffigurato preavvisa un passaggio a livello senza barriere — V F

86. Il segnale raffigurato richiede di usare la massima prudenza — V F

87. Il segnale raffigurato deve essere seguito dal segnale CROCE DI S. ANDREA — V F

88. Il segnale raffigurato preavvisa una fermata del tram — V F

89. Il segnale raffigurato preavvisa un passaggio a livello con barriere — V F

90. Il segnale raffigurato preavvisa la presenza di binari del tram — V F

91. In presenza del segnale raffigurato è necessario rallentare per poter arrestare il veicolo prima dell'attraversamento ferroviario — V F

92. In presenza del segnale raffigurato è necessario assicurarsi che non ci siano treni in arrivo sia da destra che da sinistra V F

93. In presenza del segnale raffigurato non è permesso sostare o fermarsi in prossimità e in corrispondenza dei binari V F

94. In presenza del segnale raffigurato è necessario rallentare solo in caso di nebbia V F

95. In presenza del segnale raffigurato è sempre obbligatorio fermarsi prima dei binari V F

96. In presenza del segnale raffigurato è possibile attraversare i binari anche se sbarrati da cavalletti a strisce bianche e rosse V F

97. Il segnale CROCE DI S. ANDREA è posto in prossimità di un passaggio a livello V F

98. Il segnale CROCE DI S. ANDREA è posto nelle immediate vicinanze del binario V F

99. Il segnale CROCE DI S. ANDREA è posto sulla strada dopo il segnale PASSAGGIO A LIVELLO SENZA BARRIERE V F

100. Il segnale CROCE DI S. ANDREA preavvisa una sede ferroviaria con più binari V F

101. Il segnale CROCE DI S. ANDREA ha due luci rosse che si accendono alternativamente se il passaggio a livello è con semibarriere V F

102. Il segnale CROCE DI S. ANDREA è integrato con una luce verde e una rossa V F

103. Il segnale DOPPIA CROCE DI S. ANDREA impone di fermarsi alla striscia di arresto se è in arrivo il treno V F

104. Il segnale DOPPIA CROCE DI S. ANDREA segnala che la linea ferroviaria ha più di un binario V F

105. Il segnale DOPPIA CROCE DI S. ANDREA invita a fare attenzione perché potrebbe arrivare un altro treno su un altro binario V F

106. Il segnale DOPPIA CROCE DI S. ANDREA è posto a 150 metri dal passaggio a livello V F

107. Il segnale DOPPIA CROCE DI S. ANDREA indica che la linea ferroviaria ha soltanto un binario V F

108. Il segnale DOPPIA CROCE DI S. ANDREA può essere posto subito prima di un attraversamento ferroviario con semibarriere V F

109. I pannelli raffigurati sono posti prima di qualsiasi tipo di passaggio a livello V F

110. I pannelli raffigurati sono posti, rispettivamente, a circa 150, 100 e 50 metri dall'attraversamento ferroviario V F

111. I pannelli raffigurati servono ad indicare il progressivo avvicinarsi al passaggio a livello V F

112. I pannelli raffigurati si possono trovare solo se il passaggio a livello è con barriere o semibarriere (V) (F)

113. I pannelli raffigurati indicano lavori in corso (V) (F)

114. I pannelli raffigurati hanno tante strisce rosse quanti sono i binari del passaggio a livello (V) (F)

115. In presenza del segnale raffigurato si deve tenere conto della riduzione di spazio dovuta alla circolazione dei tram (V) (F)

116. In presenza del segnale raffigurato si deve fare attenzione agli eventuali pedoni presenti alla fermata del tram (V) (F)

117. In presenza del segnale raffigurato non si deve ostacolare la marcia del tram (V) (F)

118. In presenza del segnale raffigurato è sempre vietato il sorpasso dei tram (V) (F)

119. In presenza del segnale raffigurato è vietata la marcia sopra i binari del tram (V) (F)

120. In presenza del segnale raffigurato, è sempre possibile sorpassare a destra un tram fermo per la salita o discesa dei passeggeri (V) (F)

121. Il segnale raffigurato preavvisa un attraversamento pedonale (V) (F)

122. Il segnale raffigurato comporta di fermarsi e dare la precedenza ai pedoni che attraversano sulle strisce V F

123. Il segnale raffigurato non permette di sorpassare un veicolo fermatosi per far attraversare i pedoni V F

124. Il segnale raffigurato preavvisa un viale pedonale V F

125. Il segnale raffigurato impone di usare i segnali acustici per avvertire i pedoni V F

126. Il segnale raffigurato permette la fermata dei veicoli sulle strisce purché rimanga spazio sufficiente per i pedoni V F

127. In presenza del segnale raffigurato non è consentito sorpassare i veicoli che si fermano per far attraversare i pedoni V F

128. In presenza del segnale raffigurato è necessario rallentare per essere pronti a fermarsi per dare la precedenza ai pedoni V F

129. In presenza del segnale raffigurato è necessario non sostare o fermarsi sopra le strisce pedonali V F

130. In presenza del segnale raffigurato è necessario suonare se vi sono pedoni che attraversano sulle strisce V F

131. In presenza del segnale raffigurato è necessario rallentare solo se vi sono bambini che attraversano sulle strisce V F

132. In presenza del segnale raffigurato è necessario tenere presente che i pedoni debbono dare la precedenza ai veicoli V F

133. Il segnale raffigurato preavvisa un attraversamento ciclabile V F

134. Il segnale raffigurato di norma è posto 150 metri prima di un attraversamento ciclabile V F

135. Il segnale raffigurato comporta di regolare la velocità in modo da non costituire pericolo per la sicurezza dei ciclisti V F

136. Il segnale raffigurato è posto dopo ogni attraversamento ciclabile V F

137. Il segnale raffigurato vieta il transito ai ciclisti V F

138. Il segnale raffigurato preavvisa l'inizio di una pista ciclabile V F

139. In presenza del segnale raffigurato è necessario regolare la velocità in modo da non costituire pericolo per la sicurezza dei ciclisti V F

140. In presenza del segnale raffigurato è necessario rallentare per essere pronti a fermarsi per dare la precedenza ai ciclisti V F

141. In presenza del segnale raffigurato è necessario non sorpassare veicoli che si sono fermati per far attraversare la strada ai ciclisti V F

142. In presenza del segnale raffigurato è necessario suonare se vi sono ciclisti che stanno per iniziare l'attraversamento delle strisce V F

143. In presenza del segnale raffigurato è necessario tenere presente che i ciclisti devono dare la precedenza ai veicoli V F

144. In presenza del segnale raffigurato è necessario dare la precedenza solo ai ciclisti che attraversano da destra V F

145. Il segnale raffigurato è posto prima di una discesa pericolosa V F

146. Il segnale raffigurato richiede di tenere una maggiore distanza di sicurezza dal veicolo che precede V F

147. Il segnale raffigurato comporta di moderare la velocità V F

148. Il segnale raffigurato preavvisa un tratto di strada pericoloso per il fondo dissestato V F

149. Il segnale raffigurato indica l'entità della pendenza di una salita ripida V F

150. Il segnale raffigurato preavvisa una salita pericolosa V F

151. In presenza del segnale raffigurato è necessario moderare la velocità V F

152. In presenza del segnale raffigurato è necessario evitare l'uso prolungato dei freni per non surriscaldarli V F

153. In presenza del segnale raffigurato è necessario aumentare la distanza di sicurezza dal veicolo che precede (V) (F)

154. In presenza del segnale raffigurato è necessario usare molta prudenza con strada bagnata (V) (F)

155. In presenza del segnale raffigurato è necessario tenere presente che diminuisce lo spazio di frenatura (V) (F)

156. In presenza del segnale raffigurato è necessario ridurre la distanza di sicurezza dal veicolo che precede (V) (F)

157. Il segnale raffigurato è posto prima di una salita ripida (V) (F)

158. Il segnale raffigurato preavvisa una salita che comporta un pericolo (V) (F)

159. Il segnale raffigurato indica la pendenza di una salita ripida (V) (F)

160. Il segnale raffigurato preavvisa un tratto di strada dove aumenta lo spazio di frenatura del ciclomotore (V) (F)

161. Il segnale raffigurato preavvisa un tratto di strada pericoloso per curve strette (V) (F)

162. Il segnale raffigurato preavvisa una discesa la cui pendenza è indicata sul segnale (V) (F)

163. Il segnale raffigurato preavvisa un restringimento della strada (V) (F)

164. Il segnale raffigurato preavvisa probabili difficoltà di incrocio con veicoli provenienti dal senso opposto V F

165. Il segnale raffigurato comporta di moderare la velocità V F

166. Il segnale raffigurato preavvisa che i veicoli provenienti dall'altro senso devono dare la precedenza V F

167. Il segnale raffigurato preavvisa un allargamento della strada V F

168. Il segnale raffigurato preavvisa una galleria V F

169. Il segnale raffigurato preavvisa che la strada si restringe pericolosamente a sinistra V F

170. Il segnale raffigurato preavvisa probabile difficoltà di incrocio con veicoli provenienti dal senso opposto V F

171. Il segnale raffigurato impone di moderare la velocità e, se occorre, di fermarsi V F

172. Il segnale raffigurato preavvisa una confluenza da sinistra V F

173. Il segnale raffigurato preavvisa un cavalcavia V F

174. Il segnale raffigurato preavvisa un restringimento della carreggiata sul lato destro V F

175. Il segnale raffigurato preavvisa che la strada si restringe pericolosamente V F

176. Il segnale raffigurato preavvisa il restringimento della carreggiata dovuto a muretti o altro sul lato destro V F

177. Il segnale raffigurato può trovarsi su una carreggiata a doppio senso di circolazione V F

178. Il segnale raffigurato preavvisa la fine del doppio senso di circolazione V F

179. Il segnale raffigurato preavvisa sempre un senso unico alternato V F

180. Il segnale raffigurato preavvisa l'inizio di un senso unico V F

181. Il segnale raffigurato, con gli opportuni pannelli integrativi, può preavvisare una strada che può diventare particolarmente scivolosa V F

182. Il segnale raffigurato, con gli opportuni pannelli integrativi, obbliga il conducente a rallentare se la strada è in cattive condizioni V F

183. Il segnale raffigurato, con gli opportuni pannelli integrativi, impone di procedere a velocità moderata e di evitare manovre brusche V F

184. Il segnale raffigurato, con gli opportuni pannelli integrativi, preavvisa una strettoia V F

185. Il segnale raffigurato, con gli opportuni pannelli integrativi, preavvisa che su quella strada per fermarsi occorre meno spazio V F

186. Il segnale raffigurato, con gli opportuni pannelli integrativi, invita a ridurre la distanza di sicurezza V F

187. In presenza del segnale raffigurato, opportunamente integrato, è necessario regolare la velocità in relazione alle particolari condizioni della strada V F

188. In presenza del segnale raffigurato, opportunamente integrato, è necessario, in caso di pioggia, rallentare ed evitare frenate brusche V F

189. In presenza del segnale raffigurato, opportunamente integrato, è necessario, in caso di pioggia, rallentare ed evitare sterzate brusche V F

190. In presenza del segnale raffigurato, opportunamente integrato, è necessario tenere presente che in caso di pioggia lo spazio di frenatura è minore V F

191. In presenza del segnale raffigurato, opportunamente integrato, è necessario, in caso di pioggia, diminuire la distanza di sicurezza dal veicolo che precede V F

192. In presenza del segnale raffigurato, opportunamente integrato, è necessario, in caso di pioggia, accelerare bruscamente V F

193. Il segnale raffigurato preavvisa luoghi frequentati da bambini V F

194. Il segnale raffigurato è posto nelle vicinanze di una scuola frequentata da bambini V F

195. Il segnale raffigurato impone di fare attenzione per la possibile presenza di bambini V F

196. Il segnale raffigurato vieta l'inversione di marcia (V) (F)

197. Il segnale raffigurato indica la fine del viale riservato ai bambini (V) (F)

198. Il segnale raffigurato vieta il passaggio ai veicoli a motore durante l'orario di uscita dei bambini dalla scuola (V) (F)

199. In presenza del segnale raffigurato è necessario rallentare e fare attenzione anche ai bambini che si trovano sui marciapiedi (V) (F)

200. In presenza del segnale raffigurato è necessario fare particolare attenzione ai movimenti improvvisi dei bambini (V) (F)

201. In presenza del segnale raffigurato è necessario non sorpassare veicoli che si sono fermati per fare attraversare la strada ai bambini (V) (F)

202. In presenza del segnale raffigurato è necessario fare attenzione ai bambini sulla carreggiata e non a quelli sul marciapiede (V) (F)

203. In presenza del segnale raffigurato è necessario tenere presente che è vietato effettuare la sosta (V) (F)

204. In presenza del segnale raffigurato è necessario non passare durante l'orario di uscita dei bambini da scuola (V) (F)

205. Il segnale raffigurato preavvisa che una strada a senso unico diventa a doppio senso di marcia (V) (F)

206. Il segnale raffigurato preavvisa che si possono incontrare veicoli che provengono dal senso opposto V F

207. Il segnale raffigurato avvisa che termina il senso unico di circolazione V F

208. Il segnale raffigurato preavvisa che la circolazione diventa a senso unico V F

209. Il segnale raffigurato impone di dare la precedenza ai veicoli che provengono dal senso opposto V F

210. Il segnale raffigurato indica che bisogna ritornare indietro V F

211. Il segnale raffigurato preavvisa un tratto di strada dove è possibile slittare V F

212. Il segnale raffigurato consiglia di procedere con cautela in presenza di pedoni V F

213. Il segnale raffigurato preavvisa il pericolo di trovare sassi sulla strada V F

214. Il segnale raffigurato obbliga a circolare al centro della strada V F

215. Il segnale raffigurato consiglia di accelerare per aumentare l'aderenza dei pneumatici sull'asfalto V F

216. Il segnale raffigurato preavvisa un tratto di strada dove esiste il pericolo di caduta di massi V F

217. Il segnale raffigurato preavvisa il pericolo di caduta di massi dalla parete rocciosa V F

218. Il segnale raffigurato preavvisa un tratto di strada dove potrebbero essere presenti pietre V F

219. Il segnale raffigurato consiglia di rallentare per evitare l'urto con massi caduti sulla strada V F

220. Il segnale raffigurato preavvisa un tratto di strada scivolosa V F

221. Il segnale raffigurato segnala l'opportunità di lampeggiare con i fari V F

222. Il segnale raffigurato preavvisa un tratto di strada non asfaltato V F

223. Il segnale raffigurato preavvisa un semaforo V F

224. Il segnale raffigurato può avere una luce gialla lampeggiante V F

225. Il segnale raffigurato indica che bisogna rallentare per potersi fermare in caso di necessità V F

226. Il segnale raffigurato preavvisa un attraversamento ferroviario senza barriere V F

227. Il segnale raffigurato può preavvisare un passaggio a livello con semibarriere V F

228. Il segnale raffigurato preavvisa la presenza di un segnale di STOP V F

229. Il segnale raffigurato preavvisa un tratto di strada soggetto a forti raffiche di vento laterale V F

230. Il segnale raffigurato preavvisa zone soggette a forti raffiche di vento improvvise V F

231. Il segnale raffigurato raccomanda di procedere con prudenza tenendo ben saldo il manubrio V F

232. Il segnale raffigurato preavvisa la presenza di aeroplani a bassa quota V F

233. Il segnale raffigurato preavvisa un tratto di strada vicino ad un aeroporto V F

234. Il segnale raffigurato preavvisa l'ingresso di una galleria V F

235. Il segnale raffigurato, in caso di forte vento, comporta un pericolo maggiore per i veicoli che passano su viadotti V F

236. Il segnale raffigurato, in caso di forte vento, comporta il pericolo di sbandamento dei veicoli V F

237. Il segnale raffigurato, in caso di forte vento, comporta un pericolo maggiore all'uscita delle gallerie V F

238. Il segnale raffigurato, in caso di forte vento, comporta l'obbligo di accostarsi maggiormente al veicolo che si sorpassa V F

239. Il segnale raffigurato, in caso di forte vento, comporta il divieto di sorpasso per tutti i veicoli V F

240. Il segnale raffigurato, in caso di forte vento, comporta l'obbligo, per tutti i veicoli, di fermarsi V F

241. Il segnale raffigurato può preavvisare un tratto di strada cedevole lateralmente V F

242. Il segnale raffigurato può preavvisare pericolo di caduta nella cunetta laterale V F

243. Il segnale raffigurato può preavvisare un tratto di strada con banchina pericolosa V F

244. Il segnale raffigurato preavvisa il divieto di percorrere quella strada V F

245. Il segnale raffigurato preavvisa un'area di sosta V F

246. Il segnale raffigurato preavvisa la presenza di pietrisco sulla strada V F

247. Il segnale raffigurato preavvisa lavori in corso V F

248. Il segnale raffigurato preavvisa cantieri di lavoro V F

249. Il segnale raffigurato preavvisa l'eventuale presenza di operai sulla strada V F

250. Il segnale raffigurato impone di fermarsi in corrispondenza del cantiere V F

251. Il segnale raffigurato preavvisa l'obbligo di dare la precedenza ai veicoli che provengono in senso opposto V F

252. Il segnale raffigurato obbliga a invertire il senso di marcia nelle ore di lavoro degli operai V F

253. Il segnale raffigurato vieta la circolazione nei due sensi V F

254. Il segnale raffigurato vieta il transito a tutti i veicoli V F

255. Il segnale raffigurato vieta la circolazione anche ai ciclomotori V F

256. Il segnale raffigurato non permette l'accesso, ma solo l'uscita da una strada V F

257. Il segnale raffigurato indica che la circolazione è a senso unico V F

258. Il segnale raffigurato permette il transito dei quadricicli a motore V F

259. Il segnale raffigurato vieta di entrare in una strada accessibile invece dall'altra parte V F

260. Il segnale raffigurato vale anche per i tricicli e i quadricicli a motore V F

261. Il segnale raffigurato vieta ai veicoli a motore e alle biciclette di entrare nella strada dal lato dove è posto V F

262. Il segnale raffigurato permette l'accesso ai ciclomotori V F

263. Il segnale raffigurato è posto su una strada a doppio senso di circolazione V F

264. Il segnale raffigurato vieta il sorpasso V F

265. Il segnale raffigurato permette ad un'autovettura di sorpassare un ciclomotore a due ruote V F

266. Il segnale raffigurato permette ai quadricicli a motore il sorpasso di motocicli V F

267. Il segnale raffigurato permette di sorpassare ciclomotori a due ruote V F

268. Il segnale raffigurato vieta di sorpassare qualsiasi veicolo V F

269. Il segnale raffigurato indica che la corsia di destra è riservata ai veicoli lenti V F

270. Il segnale raffigurato permette ad un ciclomotore di sorpassare un'autovettura V F

271. Il segnale raffigurato vieta ai veicoli di superare la velocità indicata V F

272. Il segnale raffigurato obbliga a rispettare un limite massimo di velocità V F

273. Il segnale raffigurato indica la velocità massima alla quale i veicoli possono procedere V F

274. Il segnale raffigurato indica un limite di velocità valido solo per i veicoli a due ruote V F

275. Il segnale raffigurato obbliga a rispettare il limite minimo di velocità indicato V F

276. Il segnale raffigurato prescrive il divieto di sorpassare qualsiasi veicolo V F

277. Il segnale raffigurato vieta le segnalazioni acustiche V F

278. Il segnale raffigurato permette l'uso di avvisatori acustici in caso di pericolo immediato V F

279. Il segnale raffigurato indica l'inizio di una zona in cui è vietato suonare il clacson V F

280. Il segnale raffigurato permette l'uso del clacson per richiamare l'attenzione in qualsiasi circostanza V F

281. Il segnale raffigurato deve essere rispettato soltanto nelle ore notturne V F

282. Il segnale raffigurato prescrive di usare il clacson incrociando altri veicoli V F

283. Il segnale raffigurato non permette ai pedoni di percorrere quella strada V F

284. Il segnale raffigurato permette il transito ai ciclomotori V F

285. Il segnale raffigurato permette il transito ai quadricicli a motore V F

286. Il segnale raffigurato vale dalle ore 8 alle ore 20 V F

287. Il segnale raffigurato obbliga i pedoni a circolare sul margine sinistro della strada V F

288. Il segnale raffigurato obbliga a dare la precedenza ai pedoni V F

289. Il segnale raffigurato vieta il transito ai motocicli V F

290. Il segnale raffigurato permette il transito ai quadricicli a motore V F

291. Il segnale raffigurato permette il transito ai ciclomotori V F

292. Il segnale raffigurato vieta il transito a tutti i veicoli a due ruote V F

293. Il segnale raffigurato permette il transito ai motociclisti con il casco V F

294. Il segnale raffigurato vieta il transito ai ciclisti V F

295. Il segnale raffigurato permette il transito ai ciclomotori V F

296. Il segnale raffigurato permette il transito ai pedoni V F

297. Il segnale raffigurato vieta il transito ai ciclisti V F

298. Il segnale raffigurato permette il transito delle biciclette nelle ore notturne V F

299. Il segnale raffigurato vieta il transito ai motocicli V F

300. Il segnale raffigurato vieta il transito ai ciclomotori V F

301. Il segnale raffigurato vieta il transito a tutti gli autoveicoli — V F

302. Il segnale raffigurato permette il transito ai ciclomotori a due ruote — V F

303. Il segnale raffigurato permette il transito ai motocicli — V F

304. Il segnale raffigurato indica il divieto di sosta per le autovetture — V F

305. Il segnale raffigurato indica il divieto di transito per le sole autovetture — V F

306. Il segnale raffigurato indica una strada riservata ai pedoni — V F

307. Il segnale raffigurato indica la fine delle prescrizioni precedentemente imposte — V F

308. Il segnale raffigurato indica la fine dei divieti precedentemente imposti — V F

309. Il segnale raffigurato indica il punto dal quale le prescrizioni precedentemente indicate non sono più valide — V F

310. Il segnale raffigurato riguarda soltanto i veicoli in servizio pubblico — V F

311. Il segnale raffigurato indica la fine di un centro abitato — V F

312. Il segnale raffigurato indica la fine di un tratto di strada sdrucciolevole — V F

313. Il segnale raffigurato indica la fine di una prescrizione V F

314. Il segnale raffigurato indica la fine del limite massimo di velocità V F

315. Il segnale raffigurato indica la fine del relativo divieto V F

316. Il segnale raffigurato indica il limite di velocità per tutti i veicoli V F

317. Il segnale raffigurato indica la fine dell'obbligo di mantenere una distanza di sicurezza di almeno 50 m V F

318. Il segnale raffigurato prescrive ai veicoli che non superano la velocità di 50 km/h di marciare sulla corsia di destra V F

319. Il segnale raffigurato indica la fine del divieto di sorpasso precedentemente imposto V F

320. Il segnale raffigurato non permette il sorpasso se deve essere oltrepassata la striscia continua V F

321. Il segnale raffigurato indica il punto in cui termina il divieto di sorpasso V F

322. Il segnale raffigurato indica la fine del divieto di sorpasso tra le sole autovetture V F

323. Il segnale raffigurato indica la fine del divieto di transito per tutti gli autoveicoli V F

324. Il segnale raffigurato indica la fine del limite massimo di velocità V F

325. In presenza del segnale raffigurato, si possono sorpassare i ciclomotori a due ruote V F

326. In presenza del segnale raffigurato, si possono sorpassare i motocicli V F

327. In presenza del segnale raffigurato, si possono sorpassare le biciclette V F

328. In presenza del segnale raffigurato, si possono sorpassare tutti gli autoveicoli a motore elettrico V F

329. In presenza del segnale raffigurato, si possono sorpassare solo i veicoli a motore che non sono in grado di superare la velocità di 40 km/h V F

330. In presenza del segnale raffigurato, si possono sorpassare i quadricicli a motore che procedono molto lentamente V F

331. Il segnale raffigurato indica luoghi dove è vietata la sosta ma non la fermata V F

332. Il segnale raffigurato, sulle strade urbane, vieta la sosta dalle ore 8 alle ore 20 salvo diversa indicazione V F

333. Il segnale raffigurato cessa di validità dopo il primo incrocio, se non ripetuto V F

334. Il segnale raffigurato, se posto sul lato sinistro di una strada a senso unico, vieta la sosta anche sul lato destro V F

335. Il segnale raffigurato permette la sosta soltanto ai veicoli a due ruote V F

336. Il segnale raffigurato permette la sosta ai residenti V F

337. Il segnale raffigurato di norma vieta la sosta sia di giorno che di notte, anche nei centri abitati V F

338. Il segnale raffigurato vieta la fermata anche dei ciclomotori V F

339. Il segnale raffigurato vieta sia la fermata che la sosta 24 ore su 24 salvo diversa indicazione V F

340. Il segnale raffigurato vieta la fermata, ma permette la sosta V F

341. Il segnale raffigurato vale solo nei giorni feriali, salvo diversa indicazione V F

342. Il segnale raffigurato permette la fermata del veicolo per la salita e la discesa del passeggero V F

343. Il segnale raffigurato è un segnale di DIVIETO DI SOSTA TEMPORANEO V F

344. Il segnale raffigurato vieta la sosta nei periodi in cui viene effettuata la pulizia meccanica della strada V F

345. Il segnale raffigurato nei centri urbani segnala il divieto di sosta limitato ai giorni e alle ore indicate V F

346. Il segnale raffigurato segnala che nelle ore indicate vale il DIVIETO DI SOSTA per i veicoli rappresentati in figura V F

347. Il segnale raffigurato indica che nei giorni e nelle ore indicate è vietata la sosta ai mezzi di pulizia V F

348. Il segnale raffigurato indica presenza di un deposito con probabile uscita di mezzi per pulizia meccanica delle strade V F

349. Il segnale raffigurato permette la sosta ai veicoli al servizio di persone invalide munite dell'apposito contrassegno V F

350. Il segnale raffigurato permette il parcheggio ad una particolare categoria di veicoli V F

351. Il segnale raffigurato non permette la sosta a veicoli diversi da quelli indicati nel pannello V F

352. Il segnale raffigurato indica una corsia riservata ai veicoli al servizio di persone invalide V F

353. Il segnale raffigurato è un divieto di sosta per i veicoli al servizio di invalidi, ma si può parcheggiare V F

354. Il segnale raffigurato preavvisa una zona vietata al transito perché attrezzata per persone invalide V F

355. Il segnale raffigurato permette la sosta dalle ore 9 alle 17 V F

356. Il segnale raffigurato vieta la sosta dalle ore 17 alle 20 V F

357. Il segnale raffigurato permette la sosta in alcune ore e la vieta in altre V F

358. Il segnale raffigurato, nei centri abitati, permette la sosta dalle ore 20 alle 8 V F

359. Il segnale raffigurato vieta la fermata del veicolo tra le ore 17 e le 20 V F

360. Il segnale raffigurato permette il parcheggio dalle ore 7 alle 9 V F

361. Il segnale raffigurato vieta la sosta davanti al luogo dove è posto V F

362. Il segnale raffigurato è posto all'uscita di un passo carrabile V F

363. Il segnale raffigurato permette la fermata purché il veicolo non sia di intralcio V F

364. Il segnale raffigurato vale solo di giorno V F

365. Il segnale raffigurato vale solo di notte V F

366. Il segnale raffigurato permette la sosta a particolari categorie di veicoli V F

367. Il segnale raffigurato indica un parcheggio autorizzato V F

368. Il segnale raffigurato indica un'area di parcheggio e può essere integrato con pannello che indica le categorie di veicoli esclusi V F

369. Il segnale raffigurato indica un'area di parcheggio e può essere integrato con un pannello che ne indica la limitazione nel tempo V F

370. Il segnale raffigurato indica un'area di sosta con parchimetro V F

371. Il segnale raffigurato indica sosta libera, ma divieto di fermata V F

372. Il segnale raffigurato indica un divieto di parcheggio V F

373. Il segnale raffigurato preavvisa che non è permesso proseguire diritto V F

374. Il segnale raffigurato preavvisa che non è permesso svoltare a destra V F

375. Il segnale raffigurato preavvisa l'obbligo di svoltare a sinistra V F

376. Il segnale raffigurato preavvisa un senso unico V F

377. Il segnale raffigurato è posto all'inizio di una strada in pendenza V F

378. Il segnale raffigurato indica l'obbligo di cambiare corsia V F

379. Il segnale raffigurato è posto prima di una piazza con circolazione rotatoria V F

380. Il segnale raffigurato indica un incrocio con circolazione rotatoria V F

381. Il segnale raffigurato obbliga i conducenti a circolare secondo il verso indicato dalle frecce V F

382. Il segnale raffigurato prescrive un obbligo di ROTATORIA solo per le autovetture V F

383. Il segnale raffigurato indica l'obbligo di tornare indietro V F

384. Il segnale raffigurato non vale per i ciclomotori V F

385. Il segnale raffigurato indica il limite di velocità al di sotto del quale è vietato scendere V F

386. Il segnale raffigurato impone di circolare ad una velocità di almeno 30 km/h V F

387. Il segnale raffigurato obbliga i veicoli a mantenere almeno la velocità minima indicata V F

388. Il segnale raffigurato indica una pista riservata ai veicoli in grado di superare la velocità di 30 km/h V F

389. Il segnale raffigurato vieta di superare la velocità indicata V F

390. Il segnale raffigurato permette di circolare alla velocità costante di 25 km/h V F

391. Il segnale raffigurato obbliga ad arrestarsi al posto di blocco della polizia V F

392. Il segnale raffigurato indica l'obbligo di arresto ad un posto di blocco stradale istituito dagli organi di polizia V F

393. Il segnale raffigurato segnala un posto di blocco stradale istituito da organi di polizia al quale è obbligatorio fermarsi V F

394. Il segnale raffigurato prescrive il divieto di transito ai veicoli della polizia V F

395. Il segnale raffigurato segnala una stazione autostradale alla quale è obbligatorio fermarsi V F

396. Il segnale raffigurato impone di fermarsi e dare precedenza ai mezzi della polizia V F

397. Il segnale raffigurato, posto prima di un incrocio, obbliga a proseguire diritto V F

398. Il segnale raffigurato, all'incrocio, non permette la svolta a destra o a sinistra (V) (F)

399. Il segnale raffigurato è un segnale di direzione obbligatoria (V) (F)

400. Il segnale raffigurato permette di svoltare a destra o a sinistra (V) (F)

401. Il segnale raffigurato indica la fine del doppio senso di circolazione (V) (F)

402. Il segnale raffigurato indica l'inizio del senso unico (V) (F)

403. Il segnale raffigurato non permette di svoltare a destra (V) (F)

404. Il segnale raffigurato, all'incrocio, obbliga a svoltare a sinistra (V) (F)

405. Il segnale raffigurato, all'incrocio, non permette di proseguire diritto (V) (F)

406. Il segnale raffigurato permette di andare diritto al prossimo incrocio (V) (F)

407. Il segnale raffigurato permette di svoltare a destra al prossimo incrocio (V) (F)

408. Il segnale raffigurato indica che si incrocia una strada a senso unico (V) (F)

409. Il segnale raffigurato non permette di svoltare a sinistra (V) (F)

410. Il segnale raffigurato, all'incrocio, non permette di proseguire diritto V F

411. Il segnale raffigurato indica l'unica direzione consentita V F

412. Il segnale raffigurato indica che è pericoloso svoltare a destra V F

413. Il segnale raffigurato indica di proseguire diritto V F

414. Il segnale raffigurato indica che si incrocia una strada a senso unico V F

415. Il segnale raffigurato preavvisa l'obbligo di svoltare a destra V F

416. Il segnale raffigurato preavvisa che non è permesso proseguire diritto V F

417. Il segnale raffigurato preavvisa che non è permesso svoltare a sinistra V F

418. Il segnale raffigurato obbliga a svoltare subito a destra V F

419. Il segnale raffigurato non permette la svolta a destra al prossimo incrocio V F

420. Il segnale raffigurato indica una curva pericolosa a destra V F

421. Il segnale raffigurato obbliga a svoltare a destra o a sinistra al prossimo incrocio V F

422. Il segnale raffigurato indica che non è permesso proseguire diritto al prossimo incrocio V F

423. Il segnale raffigurato indica le uniche direzioni permesse V F

424. Il segnale raffigurato indica che è permesso sorpassare sia a destra che a sinistra V F

425. Il segnale raffigurato obbliga a disporsi su due file V F

426. Il segnale raffigurato indica la possibilità di passare sia a destra che a sinistra di un ostacolo V F

427. Il segnale raffigurato obbliga a proseguire diritto o svoltare a destra al prossimo incrocio V F

428. Il segnale raffigurato permette solo di proseguire diritto o svoltare a destra V F

429. Il segnale raffigurato indica le uniche direzioni permesse V F

430. Il segnale raffigurato indica che è permesso soltanto svoltare a destra V F

431. Il segnale raffigurato indica l'inizio di una corsia riservata ai veicoli lenti V F

432. Il segnale raffigurato preavvisa un semaforo V F

433. Il segnale raffigurato permette solo di proseguire diritto o di svoltare a sinistra V F

434. Il segnale raffigurato non permette la svolta a destra V F

435. Il segnale raffigurato indica che è permesso procedere diritto o a sinistra V F

436. Il segnale raffigurato permette di proseguire solo diritto V F

437. Il segnale raffigurato indica che è permesso soltanto svoltare a sinistra V F

438. Il segnale raffigurato permette di sorpassare a sinistra lo spartitraffico V F

439. Il segnale raffigurato obbliga i conducenti a passare a sinistra di un ostacolo V F

440. Il segnale raffigurato obbliga i conducenti a passare a sinistra di un cantiere stradale V F

441. Il segnale raffigurato obbliga i conducenti a passare a sinistra di uno spartitraffico V F

442. Il segnale raffigurato indica una discesa pericolosa a sinistra V F

443. Il segnale raffigurato obbliga i conducenti a svoltare a sinistra V F

444. Il segnale raffigurato indica che è obbligatorio svoltare a destra V F

445. Il segnale raffigurato obbliga i conducenti a passare a destra di un ostacolo V F

446. Il segnale raffigurato, posto in presenza di un'isola di traffico, obbliga i conducenti a passare a destra V F

447. Il segnale raffigurato, posto in presenza di un cantiere stradale, obbliga i conducenti a passare a destra V F

448. Il segnale raffigurato obbliga i conducenti a svoltare a destra V F

449. Il segnale raffigurato preavvisa l'obbligo di svoltare a destra V F

450. Il segnale raffigurato indica che è obbligatorio svoltare a sinistra V F

451. Il segnale raffigurato è posto direttamente sull'ostacolo V F

452. Il segnale raffigurato indica che si può passare a destra e a sinistra di uno spartitraffico V F

453. Il segnale raffigurato permette il passaggio da entrambi i lati dell'ostacolo V F

454. Il segnale raffigurato obbliga a svoltare a sinistra o a destra al prossimo incrocio V F

455. Il segnale raffigurato vieta di proseguire in quella strada V F

456. Il segnale raffigurato indica circolazione rotatoria consentita nei due sensi V F

457. Il segnale raffigurato indica la fine del limite minimo di velocità V F

458. Il segnale raffigurato permette di circolare a velocità inferiore a quella indicata V F

459. Il segnale raffigurato permette di circolare anche a velocità superiore a quella indicata V F

460. Il segnale raffigurato indica la fine del limite massimo di velocità V F

461. Il segnale raffigurato indica la fine dell'obbligo di tenere la distanza di almeno 30 m dal veicolo che precede V F

462. Il segnale raffigurato vieta di circolare alla velocità di 40 km/h V F

463. Il segnale raffigurato indica un percorso riservato ai pedoni V F

464. Il segnale raffigurato indica l'inizio di un viale pedonale V F

465. Il segnale raffigurato non permette il transito ai veicoli V F

466. Il segnale raffigurato permette il transito dei ciclomotori ma con particolare attenzione ai pedoni V F

467. Il segnale raffigurato è un divieto di transito ai pedoni V F

468. Il segnale raffigurato obbliga a dare la precedenza ai pedoni V F

469. Il segnale raffigurato indica la fine del percorso riservato ai pedoni V F

470. Il segnale raffigurato indica la fine del viale pedonale V F

471. Il segnale raffigurato indica la fine del percorso pedonale V F

472. Il segnale raffigurato indica la fine di una pista ciclabile V F

473. Il segnale raffigurato è un divieto di transito ai pedoni V F

474. Il segnale raffigurato indica l'inizio del percorso riservato ai pedoni V F

475. Il segnale raffigurato indica un percorso vietato ai ciclomotori e ai motocicli V F

476. Il segnale raffigurato indica una corsia riservata alle biciclette V F

477. Il segnale raffigurato indica un percorso riservato ai ciclisti V F

478. Il segnale raffigurato vieta il transito alle biciclette V F

479. Il segnale raffigurato indica un percorso pedonale V F

480. Il segnale raffigurato indica una pista riservata alle biciclette e ai ciclomotori V F

481. Il segnale raffigurato indica la fine della pista ciclabile V F

482. Il segnale raffigurato indica la fine di un percorso riservato ai ciclisti V F

483. Il segnale raffigurato indica la fine di una pista riservata alle biciclette V F

484. Il segnale raffigurato indica la vicinanza di un'officina per veicoli a due ruote V F

485. Il segnale raffigurato vieta il transito alle biciclette V F

486. Il segnale raffigurato vieta il transito ai ciclomotori V F

487. Il segnale raffigurato indica una corsia riservata alle biciclette affiancata ad un percorso pedonale V F

488. Il segnale raffigurato può indicare il proseguimento delle piste affiancate riservate ai pedoni e ai ciclisti V F

489. Il segnale raffigurato non permette la circolazione dei ciclomotori V F

490. Il segnale raffigurato indica la fine delle piste riservate ai pedoni e alle biciclette V F

491. Il segnale raffigurato indica l'obbligo di condurre a mano la bicicletta V F

492. Il segnale raffigurato indica l'obbligo di parcheggiare la bicicletta e proseguire a piedi V F

493. Il segnale raffigurato indica un percorso per pedoni e ciclisti V F

494. Il segnale raffigurato può indicare il proseguimento di un percorso riservato ai pedoni ed ai ciclisti V F

495. Il segnale raffigurato non permette la circolazione dei ciclomotori V F

496. Il segnale raffigurato indica una pista ciclabile a fianco del marciapiede V F

497. Il segnale raffigurato indica un'area esclusa al passaggio di ciclisti e pedoni V F

498. Il segnale raffigurato indica un'area transitabile con ciclomotori condotti a mano V F

499. Il segnale raffigurato indica la fine della pista ciclabile affiancata al marciapiede V F

500. Il segnale raffigurato indica la fine della pista ciclabile affiancata ad un percorso riservato ai pedoni V F

501. Il segnale raffigurato indica la fine del percorso pedonale affiancato ad una pista ciclabile V F

502. Il segnale raffigurato vieta il transito ai ciclomotori V F

503. Il segnale raffigurato indica la fine dell'obbligo di passare con biciclette condotte a mano V F

504. Il segnale raffigurato vieta l'accesso ai pedoni e alle biciclette V F

505. Il segnale raffigurato indica la fine del percorso pedonale e ciclabile V F

506. Il segnale raffigurato indica la fine di un percorso riservato ai pedoni e ai ciclisti V F

507. Il segnale raffigurato indica la fine di un percorso riservato V F

508. Il segnale raffigurato vieta il transito ai pedoni V F

509. Il segnale raffigurato vieta il transito ai ciclisti V F

510. Il segnale raffigurato vieta il transito ai ciclomotori V F

511. Il segnale raffigurato non permette il transito ai veicoli V F

512. Il segnale raffigurato non permette il transito ai ciclomotori V F

513. Il segnale raffigurato indica un percorso riservato ai quadrupedi da sella V F

514. Il segnale raffigurato segnala un pericolo di attraversamento di cavalli V F

515. Il segnale raffigurato vieta il transito di persone a cavallo V F

516. Il segnale raffigurato è un divieto di transito per cavalli V F

517. Il segnale raffigurato preavvisa l'incrocio con una strada di minore importanza V F

518. Il segnale raffigurato invita ad usare prudenza V F

519. Il segnale raffigurato segnala un incrocio in cui si ha la precedenza sui veicoli provenienti da sinistra V F

520. Il segnale raffigurato segnala sulla sinistra una strada senza uscita V F

521. Il segnale raffigurato vieta la svolta a sinistra V F

522. Il segnale raffigurato consente la fermata in corrispondenza dell'incrocio V F

523. Il segnale raffigurato preavvisa un incrocio in cui si deve dare la precedenza a destra V F

524. Il segnale raffigurato invita a procedere a velocità particolarmente moderata V F

525. Il segnale raffigurato preavvisa un incrocio con precedenza a destra V F

526. Il segnale raffigurato può preavvisare un passaggio a livello custodito con barriere V F

527. Il segnale raffigurato può precedere il segnale DARE PRECEDENZA V F

528. Il segnale raffigurato può precedere il segnale di STOP V F

529. Il segnale raffigurato preavvisa un incrocio con una strada di minore importanza V F

530. Il segnale raffigurato preavvisa un incrocio in cui si ha diritto di precedenza V F

531. Il segnale raffigurato al prossimo incrocio ci dà la precedenza sui veicoli provenienti sia da destra che da sinistra V F

532. Il segnale raffigurato non permette la svolta a sinistra al prossimo incrocio V F

533. Il segnale raffigurato indica un incrocio in cui si deve dare precedenza a sinistra V F

534. Il segnale raffigurato preavvisa un incrocio nel quale bisogna dare la precedenza V F

535. Il segnale raffigurato preavvisa una confluenza sul lato destro V F

536. Il segnale raffigurato invita ad accertarsi che i veicoli che si immettono diano la precedenza V F

537. Il segnale raffigurato indica che abbiamo precedenza sui veicoli che si immettono da destra V F

538. Il segnale raffigurato impone di dare precedenza ai veicoli provenienti da destra V F

539. Il segnale raffigurato precede il segnale DARE PRECEDENZA V F

540. Il segnale raffigurato permette la svolta a destra al prossimo incrocio V F

541. Il segnale raffigurato obbliga a fermarsi in corrispondenza della striscia trasversale di arresto e a dare la precedenza V F

542. Il segnale raffigurato impone di arrestarsi e dare la precedenza senza occupare l'incrocio V F

543. Il segnale raffigurato obbliga ad arrestarsi all'incrocio e a dare la precedenza a destra e a sinistra V F

544. Il segnale raffigurato obbliga ad arrestarsi soltanto in caso di incrocio con altri veicoli V F

545. Il segnale raffigurato obbliga ad arrestarsi per dare la precedenza solo ai veicoli provenienti da destra V F

546. Il segnale raffigurato obbliga ad arrestarsi all'incrocio anche se il semaforo emette luce verde V F

547. Il segnale raffigurato impone di arrestarsi all'incrocio e dare precedenza sia a destra che a sinistra V F

548. Il segnale raffigurato è utilizzato, di norma, negli incroci con scarsa visibilità V F

549. Il segnale raffigurato è utilizzato, di norma, negli incroci di particolare pericolosità V F

550. Il segnale raffigurato obbliga ad arrestarsi soltanto in caso di incrocio con altri veicoli V F

551. Il segnale raffigurato obbliga ad arrestarsi per dare la precedenza solo ai veicoli provenienti da destra V F

552. Il segnale raffigurato obbliga ad arrestarsi all'incrocio anche se il vigile indica di proseguire V F

553. Il segnale raffigurato, nelle strettoie, obbliga a dare precedenza ai veicoli provenienti dal senso opposto V F

554. Il segnale raffigurato obbliga a dare la precedenza ai veicoli provenienti di fronte V F

555. Il segnale raffigurato obbliga a dare la precedenza ai veicoli provenienti dal senso contrario V F

556. Il segnale raffigurato indica il diritto di precedenza sui veicoli provenienti dal senso opposto V F

557. Il segnale raffigurato consiglia di effettuare l'inversione di marcia V F

558. Il segnale raffigurato indica l'inizio del doppio senso di circolazione V F

559. Il segnale raffigurato è un segnale di preavviso dell'obbligo di fermarsi e dare precedenza V F

560. Il segnale raffigurato preavvisa un segnale di STOP V F

561. Il segnale raffigurato indica che al prossimo incrocio dovremo arrestarci e dare la precedenza a destra ed a sinistra V F

562. Il segnale raffigurato obbliga solo a rallentare senza fermarsi all'incrocio (V) (F)

563. Il segnale raffigurato si trova solo nelle strade urbane (V) (F)

564. Il segnale raffigurato preavvisa la presenza di un passaggio a livello (V) (F)

565. Il segnale raffigurato ci invita a maggiore prudenza perché non abbiamo più diritto di precedenza (V) (F)

566. Il segnale raffigurato indica di dare precedenza ai veicoli provenienti da destra (V) (F)

567. Il segnale raffigurato indica la fine del diritto di precedenza (V) (F)

568. Il segnale raffigurato indica strada con diritto di precedenza (V) (F)

569. Il segnale raffigurato impone l'arresto all'incrocio (V) (F)

570. Il segnale raffigurato preavvisa l'obbligo di svolta a destra (V) (F)

571. Il segnale raffigurato indica l'inizio di una strada in cui i veicoli hanno diritto di precedenza (V) (F)

572. Il segnale raffigurato indica un tratto di strada con diritto di precedenza V F

573. Il segnale raffigurato invita ad assicurarsi che i veicoli provenienti dalle strade laterali diano la precedenza V F

574. Il segnale raffigurato impone di fermarsi all'incrocio V F

575. Il segnale raffigurato impone di dare la precedenza a destra V F

576. Il segnale raffigurato permette il sorpasso in corrispondenza dell'incrocio V F

577. In presenza del segnale raffigurato dobbiamo assicurarci che i veicoli provenienti dal senso contrario ci diano la precedenza V F

578. In presenza del segnale raffigurato i veicoli provenienti dal senso opposto devono darci la precedenza: occorre però prudenza V F

579. In presenza del segnale raffigurato possiamo percorrere la strettoia per primi, assicurandoci che ci venga data precedenza V F

580. In presenza del segnale raffigurato si deve dare la precedenza ai veicoli che provengono dal senso opposto V F

581. In presenza del segnale raffigurato possiamo procedere senza cautela, dato che abbiamo il diritto di precedenza V F

582. In presenza del segnale raffigurato è possibile effettuare il sorpasso Ⓥ Ⓕ

583. Il segnale raffigurato prescrive di dare precedenza ai veicoli provenienti sia da destra che da sinistra Ⓥ Ⓕ

584. Il segnale raffigurato comporta di rallentare e di dare la precedenza a destra e a sinistra Ⓥ Ⓕ

585. Il segnale raffigurato impone di rallentare e se necessario fermarsi Ⓥ Ⓕ

586. Il segnale raffigurato è impiegato su strade che hanno il diritto di precedenza Ⓥ Ⓕ

587. Il segnale raffigurato preavvisa un segnale di STOP Ⓥ Ⓕ

588. Il segnale raffigurato obbliga sempre a fermarsi prima di occupare l'incrocio Ⓥ Ⓕ

589. Ciascuno dei pannelli integrativi raffigurati indica la distanza tra il segnale di pericolo sotto cui è posto ed il punto d'inizio del pericolo Ⓥ Ⓕ

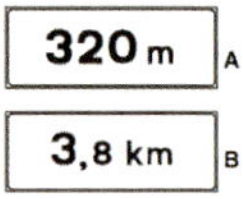

590. Ciascuno dei pannelli integrativi raffigurati indica la distanza dal punto di inizio del pericolo Ⓥ Ⓕ

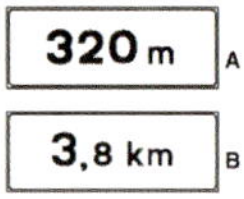

591. Ciascuno dei pannelli integrativi raffigurati indica la distanza alla quale inizia il pericolo indicato nel segnale sovrastante Ⓥ Ⓕ

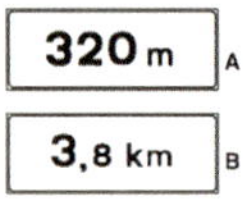

592. Ciascuno dei pannelli integrativi raffigurati indica la lunghezza del tratto di strada pericoloso Ⓥ Ⓕ

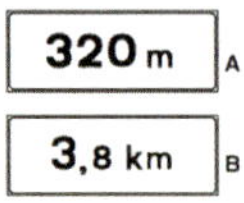

593. Ciascuno dei pannelli integrativi raffigurati indica la mancanza di segnaletica orizzontale (V) (F)

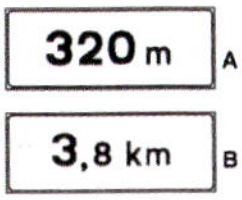

594. Ciascuno dei pannelli integrativi raffigurati indica il punto dove finisce il pericolo raffigurato dal segnale (V) (F)

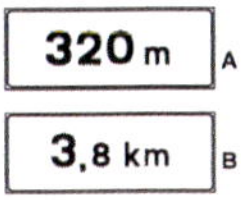

595. Ciascuno dei pannelli integrativi raffigurati indica la lunghezza del tratto stradale nel quale si applica la prescrizione (V) (F)

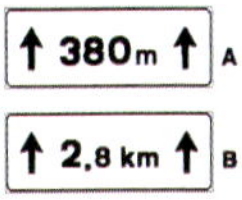

596. Ciascuno dei pannelli integrativi raffigurati integra l'indicazione di pericolo del segnale sotto cui è posto (V) (F)

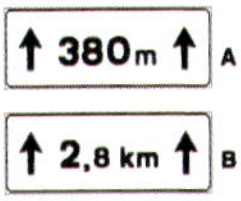

597. Ciascuno dei pannelli integrativi raffigurati indica l'inizio della prescrizione specificata dal segnale, precisandone l'estensione (V) (F)

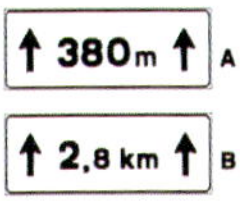

598. Ciascuno dei pannelli integrativi raffigurati, posto sotto un segnale di pericolo, indica la distanza dall'inizio del pericolo (V) (F)

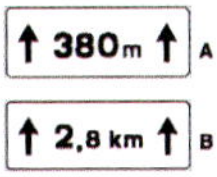

599. Ciascuno dei pannelli integrativi raffigurati esprime in metri o chilometri la distanza dal punto indicato dal segnale (V) (F)

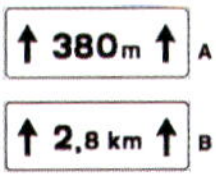

600. Ciascuno dei pannelli integrativi raffigurati indica la distanza di sicurezza da mantenere tra due veicoli (V) (F)

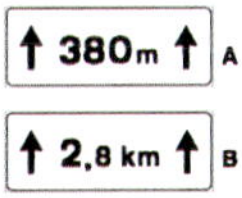

601. Il pannello integrativo mostrato in figura B, posto sotto il segnale DIVIETO DI SOSTA, indica la fascia oraria di validità del divieto (V) (F)

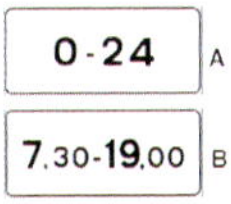

602. Il pannello integrativo mostrato in figura B, posto sotto il segnale DIVIETO DI TRANSITO, indica la fascia oraria in cui vale il divieto (V) (F)

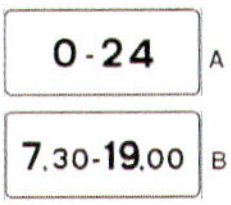

603. Il pannello integrativo mostrato in figura B, indica le ore durante le quali vale la prescrizione V F

0-24 A
7,30-19,00 B

604. Ciascuno dei pannelli integrativi raffigurati vale solo nei giorni feriali V F

0-24 A
7,30-19,00 B

605. Il pannello integrativo mostrato in figura A, indica la lunghezza del tratto di strada nel quale vale il divieto V F

0-24 A
7,30-19,00 B

606. Il pannello integrativo mostrato in figura A, indica i giorni del mese in cui è valido il segnale sotto cui è posto V F

0-24 A
7,30-19,00 B

607. Il pannello integrativo raffigurato indica che il segnale posto sopra vale nei giorni festivi e durante le ore indicate V F

† 8,00-20,00

608. Il pannello integrativo raffigurato posto sotto il DIVIETO DI SOSTA indica che esso vale solo nei giorni festivi e nelle ore indicate V F

† 8,00-20,00

609. Il pannello integrativo raffigurato posto sotto il DIVIETO DI TRANSITO vieta il transito nei soli giorni festivi e nelle ore indicate V F

† 8,00-20,00

610. Il pannello integrativo raffigurato indica le ore di validità del segnale in ogni giorno V F

† 8,00-20,00

611. Il pannello integrativo raffigurato indica l'orario delle funzioni religiose nei giorni festivi V F

† 8,00-20,00

612. Il pannello integrativo raffigurato indica la fascia oraria di validità del segnale nei giorni feriali V F

† 8,00-20,00

613. Il pannello integrativo raffigurato indica da che ora a che ora vale la prescrizione nei giorni lavorativi V F

⚒ 8,00-20,00

614. Il pannello integrativo raffigurato, posto sotto il segnale DIVIETO DI SOSTA, indica che la sosta è consentita nei giorni festivi V F

615. Il pannello integrativo raffigurato, posto sotto il segnale PARCHEGGIO, ne indica l'orario e la limitazione ai giorni feriali V F

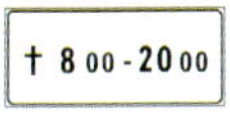

616. Il pannello integrativo raffigurato indica l'orario lavorativo di un cantiere stradale V F

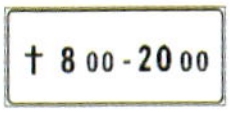

617. Il pannello integrativo raffigurato indica la fascia oraria di validità del segnale nei giorni festivi V F

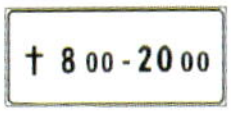

618. Il pannello integrativo raffigurato preavvisa la presenza di un'officina V F

619. Ciascuno dei pannelli integrativi raffigurati indica il punto di inizio della prescrizione imposta dal segnale V F

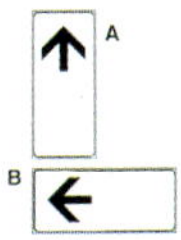

620. Ciascuno dei pannelli integrativi raffigurati, posto sotto il segnale DIVIETO DI SOSTA, indica che il divieto ha inizio in quel punto V F

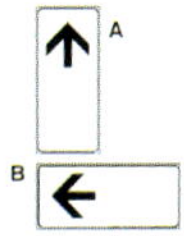

621. Ciascuno dei pannelli integrativi raffigurati, posto sotto il segnale CADUTA MASSI, indica il punto d'inizio del pericolo V F

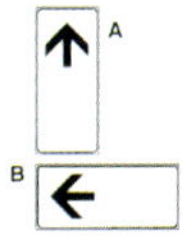

622. Ciascuno dei pannelli integrativi raffigurati, posto sul bordo della strada, indica di proseguire diritto V F

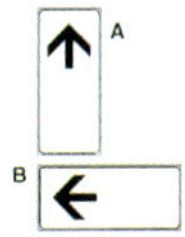

623. Ciascuno dei pannelli integrativi raffigurati indica la direzione obbligatoria V F

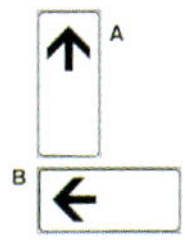

624. Ciascuno dei pannelli integrativi raffigurati indica l'inizio del senso unico V F

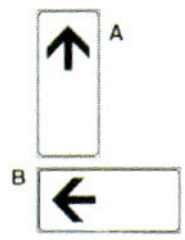

625. Ciascuno dei pannelli integrativi raffigurati, posto sotto il segnale DIVIETO DI SOSTA, indica la continuazione del divieto V F

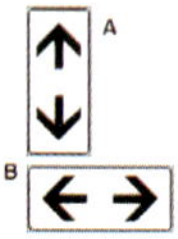

626. Ciascuno dei pannelli integrativi raffigurati, posto sotto il segnale DIVIETO DI SORPASSO, indica la continuazione del divieto V F

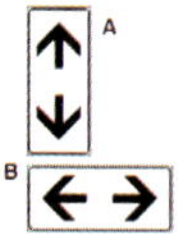

627. Ciascuno dei pannelli integrativi raffigurati, posto sotto un segnale di pericolo, ne indica la continuazione V F

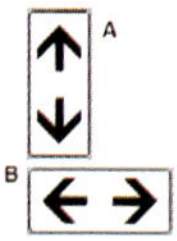

628. Ciascuno dei pannelli integrativi raffigurati indica le direzioni permesse V F

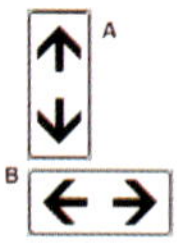

629. Ciascuno dei pannelli integrativi raffigurati indica la fine del senso unico e l'inizio del doppio senso di circolazione V F

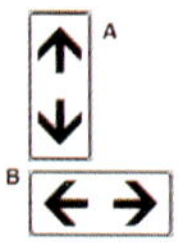

630. Ciascuno dei pannelli integrativi raffigurati indica la corsia riservata agli autobus V F

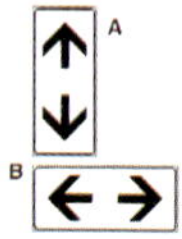

631. Ciascuno dei pannelli integrativi raffigurati, posto ad integrazione del segnale DIVIETO DI SOSTA, indica il punto dove termina il divieto V F

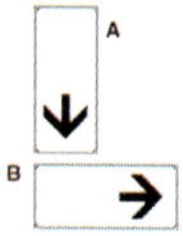

632. Ciascuno dei pannelli integrativi raffigurati, posto sotto il segnale LAVORI, indica la fine del cantiere stradale V F

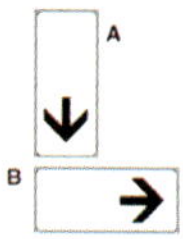

633. Ciascuno dei pannelli integrativi raffigurati, posto sotto il segnale STRADA SDRUCCIOLEVOLE, indica il punto dove termina il pericolo V F

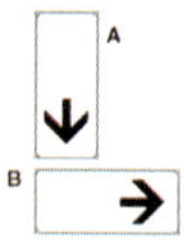

634. Ciascuno dei pannelli integrativi raffigurati indica una corsia riservata V F

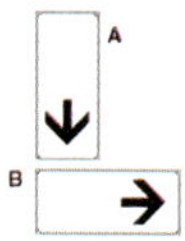

635. Ciascuno dei pannelli integrativi raffigurati, posto sotto il segnale DIVIETO DI TRANSITO, indica la corsia consigliata V F

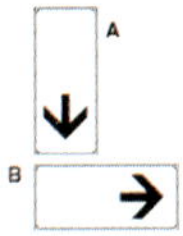

636. Ciascuno dei pannelli integrativi raffigurati indica l'unica direzione consentita V F

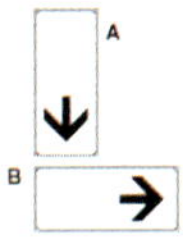

637. Il pannello integrativo raffigurato indica il rallentamento della circolazione a causa di un incidente V F

638. Il pannello integrativo raffigurato consiglia, dove possibile, la scelta di un percorso alternativo V F

639. Il pannello integrativo raffigurato segnala un incidente stradale e la necessità di moderare la velocità V F

640. Il pannello integrativo raffigurato indica una strada di notevole pericolosità V F

641. Il pannello integrativo raffigurato indica il pericolo di scontro con veicoli provenienti da destra V F

642. Il pannello integrativo raffigurato preavvisa un tratto di strada con elevata probabilità di provocare incidenti V F

643. Il pannello integrativo raffigurato può indicare che il tratto di strada si può allagare V F

644. Il pannello integrativo raffigurato può indicare che, in caso di violenti acquazzoni, la strada si può allagare V F

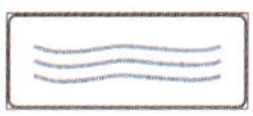

645. Il pannello integrativo raffigurato può indicare il pericolo di allagamento della strada per mareggiate V F

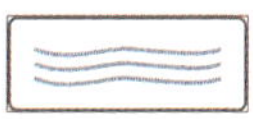

646. Il pannello integrativo raffigurato può indicare una località marina

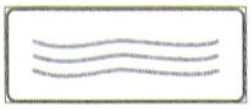

647. Il pannello integrativo raffigurato può indicare, nelle località di montagna, la presenza di laghi naturali

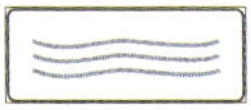

648. Il pannello integrativo raffigurato può indicare un tratto di strada con neve

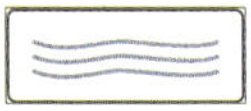

649. Il pannello integrativo raffigurato invita, in caso di pioggia, ad aumentare la distanza di sicurezza

650. Il pannello integrativo raffigurato segnala un tratto di strada scivoloso in caso di pioggia

651. Il pannello integrativo raffigurato invita a moderare la velocità in caso di pioggia perché la strada diventa scivolosa

652. Il pannello integrativo raffigurato indica un tratto di strada dove spesso piove con intensità

653. Il pannello integrativo raffigurato segnala un tratto di strada pericoloso per la presenza di venti laterali

654. Il pannello integrativo raffigurato sulle strade di montagna indica una zona dove spesso scoppiano temporali

655. Il segnale raffigurato indica corsia di destra chiusa per lavori in corso

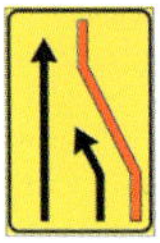

656. Il segnale raffigurato indica riduzione da due a una corsia di marcia

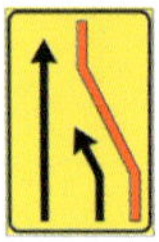

657. Il segnale raffigurato è posto in prossimità di un cantiere stradale

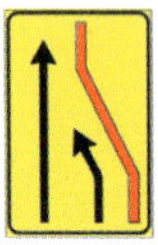

658. Il segnale raffigurato obbliga ad effettuare l'inversione di marcia V F

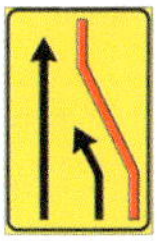

659. Il segnale raffigurato obbliga a dare la precedenza ai veicoli provenienti dalla corsia di destra V F

660. Il segnale raffigurato preavvisa un cambio di carreggiata V F

661. Le barriere del tipo in figura delimitano un'area in cui si stanno svolgendo lavori V F

662. Le barriere del tipo in figura delimitano l'area interessata da lavori stradali V F

663. I cavalletti del tipo in figura, nei passaggi a livello, sostituiscono le barriere se queste sono guaste V F

664. Le barriere del tipo in figura vietano la sosta lungo i margini delle strade dove sono poste V F

665. Le barriere del tipo in figura segnalano una curva pericolosa V F

666. Le barriere del tipo in figura segnalano una strada con pavimentazione deformata V F

667. Il delineatore raffigurato, se bianco e rosso, indica una deviazione temporanea con curva a sinistra V F

668. Il delineatore raffigurato è usato per segnalare l'andamento di particolari curve V F

669. Il delineatore raffigurato invita il conducente ad affrontare la curva con particolare attenzione V F

670. Il delineatore raffigurato delimita un cantiere stradale V F

671. Il delineatore raffigurato indica gli ostacoli sporgenti sulla carreggiata V F

672. Il delineatore raffigurato, se a fondo giallo, segnala una deviazione brusca in prossimità di cantieri stradali V F

673. Il segnale raffigurato indica la fine di un doppio senso di circolazione V F

674. Il segnale raffigurato indica che la strada può essere percorsa solo nel senso indicato dal segnale V F

675. Il segnale raffigurato indica l'inizio di una strada a senso unico V F

676. Il segnale raffigurato indica che si ha la precedenza rispetto a chi viene in senso contrario V F

677. Il segnale raffigurato indica il divieto di svoltare a destra o a sinistra V F

678. Il segnale raffigurato indica un senso unico alternato V F

679. Ciascuno dei segnali raffigurati indica che la circolazione nel tratto di strada in cui è posto il segnale è a senso unico V F

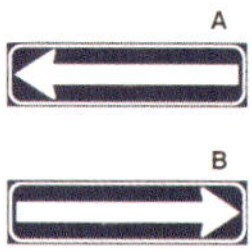

680. Ciascuno dei segnali raffigurati indica che non è permesso marciare in senso opposto al segnale nel tratto di strada in cui è posto V F

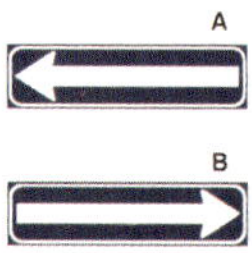

681. Ciascuno dei segnali raffigurati indica l'obbligo di percorrere il tratto di strada inù cui è posto, secondo il senso della freccia V F

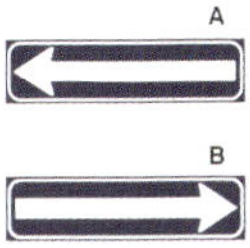

682. Il segnale mostrato in figura A indica che è obbligatorio svoltare a sinistra V F

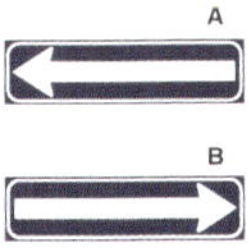

683. Ciascuno dei segnali raffigurati indica l'obbligo di svoltare nel senso della freccia V F

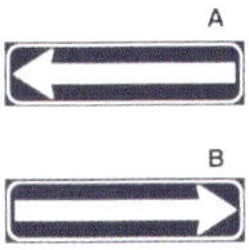

684. I segnali raffigurati, disposti in coppia, indicano che non si può girare né a destra né a sinistra dopo di loro V F

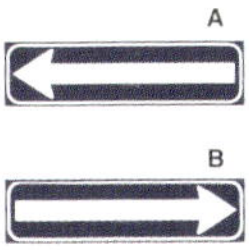

685. Il segnale raffigurato è installato sui veicoli per lavori stradali, fermi o in movimento V F

686. Il segnale raffigurato indica il lato dal quale il veicolo su cui è applicato deve essere sorpassato V F

687. Il segnale raffigurato è posto su macchinari per la manutenzione stradale in sosta sulla carreggiata V F

688. Il segnale raffigurato indica circolazione rotatoria V F

689. Il segnale raffigurato indica l'obbligo di svolta a destra V F

690. Il segnale raffigurato obbliga a sorpassare l'ostacolo sulla sinistra V F

691. Il segnale raffigurato indica l'inizio di una zona riservata alla circolazione dei pedoni, delle biciclette e dei veicoli di emergenza (V) (F)

692. Il segnale raffigurato, nel pannello integrativo, contiene particolari limitazioni o eccezioni (V) (F)

693. Il segnale raffigurato, nel pannello integrativo, contiene eccezioni per la circolazione di veicoli per il carico e lo scarico merci (V) (F)

694. Il segnale raffigurato indica una zona residenziale fuori dai centri urbani (V) (F)

695. Il segnale raffigurato indica una pista ciclabile (V) (F)

696. Il segnale raffigurato permette il transito dei ciclomotori (V) (F)

697. Il segnale raffigurato indica l'inizio di una zona a traffico limitato (V) (F)

698. Il segnale raffigurato indica l'inizio dell'area in cui la circolazione può essere limitata (V) (F)

699. Il segnale raffigurato indica l'inizio dell'area dove possono circolare solo particolari categorie di veicoli — V F

700. Il segnale raffigurato preavvisa una zona pedonale — V F

701. Il segnale raffigurato indica una pista ciclabile — V F

702. Il segnale raffigurato comporta il divieto di inversione di marcia — V F

703. Il segnale raffigurato indica un attraversamento pedonale non regolato da semaforo — V F

704. Il segnale raffigurato si trova in corrispondenza di un attraversamento pedonale — V F

705. Il segnale raffigurato comporta di moderare la velocità e di fermarsi se necessario — V F

706. Il segnale raffigurato preavvisa un viale pedonale — V F

707. Il segnale raffigurato impone di usare i segnali acustici per avvertire i pedoni — V F

708. Il segnale raffigurato vieta il transito ai pedoni V F

709. Il segnale raffigurato indica l'inizio di una strada riservata alla circolazione dei veicoli a motore V F

710. Il segnale raffigurato viene posto all'inizio di una strada riservata alla circolazione dei veicoli a motore V F

711. Il segnale raffigurato indica una corsia riservata alle autovetture V F

712. Il segnale raffigurato non permette il transito dei quadricicli a motore V F

713. Il segnale raffigurato obbliga i veicoli a motore a disporsi in un'unica fila V F

714. Il segnale raffigurato indica che una pista ciclabile attraversa la carreggiata V F

715. Il segnale raffigurato è abbinato alle strisce di attraversamento ciclabile V F

716. Il segnale raffigurato invita ad usare prudenza perché possiamo trovare ciclisti che attraversano la carreggiata V F

717. Il segnale raffigurato indica l'inizio di una pista ciclabile V F

718. Il segnale raffigurato indica una zona esclusa al transito di veicoli a motore V F

719. Il segnale raffigurato indica una pista ciclabile vicina al marciapiede V F

720. Il segnale raffigurato indica come devono essere utilizzate le corsie costituenti la carreggiata V F

721. Il segnale raffigurato riserva la corsia di destra agli autobus dei servizi pubblici urbani V F

722. Il segnale raffigurato indica che le corsie di sinistra sono destinate al transito normale V F

723. Il segnale raffigurato permette ai taxi di percorrere la corsia di destra V F

724. Il segnale raffigurato delimita, con la striscia gialla, una pista ciclabile V F

725. Il segnale raffigurato prescrive sempre la marcia per file parallele V F

726. In un incrocio regolato dal semaforo, la luce rossa accesa vieta il passaggio ai veicoli verso la quale è rivolta V F

727. In un incrocio regolato dal semaforo, la luce rossa accesa obbliga a fermarsi prima della striscia trasversale d'arresto V F

728. In un incrocio regolato dal semaforo, la luce rossa accesa prescrive di arrestarsi all'incrocio V F

729. In un incrocio regolato dal semaforo, la luce rossa accesa permette di svoltare a destra con prudenza V F

730. In un incrocio regolato dal semaforo, la luce rossa accesa permette di ripartire quando appare il giallo per la strada che si incrocia V F

731. In un incrocio regolato dal semaforo, la luce rossa accesa permette l'attraversamento purché l'incrocio sia libero V F

732. Quando il semaforo emette luce verde nella nostra direzione possiamo svoltare a sinistra, ma dando la precedenza ai veicoli provenienti di fronte V F

733. Quando il semaforo emette luce verde nella nostra direzione, svoltando a destra dobbiamo dare la precedenza ai pedoni che attraversano V F

734. Quando il semaforo emette luce verde nella nostra direzione possiamo attraversare l'incrocio, usando comunque prudenza V F

735. Quando il semaforo emette luce verde nella nostra direzione possiamo svoltare a sinistra solo quando compare il giallo V F

736. Quando il semaforo emette luce verde nella nostra direzione possiamo svoltare solo se la strada è divisa in corsie V F

737. Quando il semaforo emette luce verde nella nostra direzione è obbligatorio fermarsi V F

738. Nei semafori raffigurati le frecce accese indicano, se verdi, le direzioni verso le quali si può proseguire V F

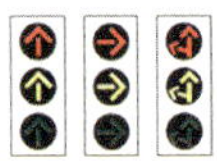

739. Nei semafori raffigurati le frecce accese indicano, se rosse, che non possiamo proseguire in quelle direzioni V F

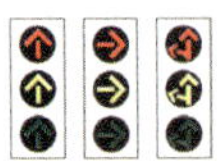

740. Nei semafori raffigurati le frecce accese indicano, se gialle fisse, di sgomberare l'incrocio o di fermarsi in condizioni di sicurezza

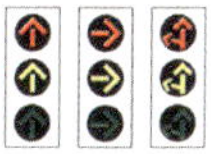

741. Nei semafori raffigurati le frecce accese indicano, se gialle lampeggianti, di fermarci in ogni caso

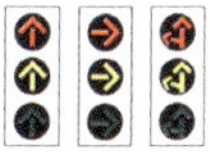

742. Nei semafori raffigurati le frecce accese indicano, se verdi e rivolte verso l'alto, che si può proseguire in tutte le direzioni

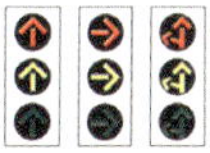

743. Nei semafori raffigurati le frecce accese indicano, se rosse, di svoltare a destra ma con prudenza

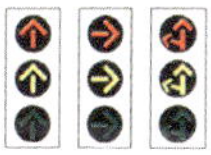

744. È possibile trovare una luce circolare gialla lampeggiante nei semafori, quando il verde e il rosso sono spenti

745. È possibile trovare una luce circolare gialla lampeggiante nei semafori, per prescrivere di usare prudenza e diminuire la velocità

746. È possibile trovare una luce circolare gialla lampeggiante in punti pericolosi della strada, che invita a rallentare

747. È possibile trovare una luce circolare gialla lampeggiante nei semafori, per indicare di fermarsi sempre all'incrocio

748. È possibile trovare una luce circolare gialla lampeggiante nei semafori insieme al rosso per indicare pericolo

749. È possibile trovare una luce circolare gialla lampeggiante nei semafori, che segnala di liberare velocemente l'incrocio

750. Incontrando il semaforo a tre luci di figura, è permesso il passaggio quando si accende il giallo, se non ci si può fermare in condizioni di sicurezza prima dell'incrocio

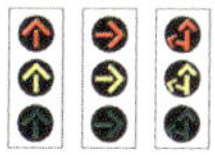

751. Incontrando il semaforo a tre luci di figura, è permesso il passaggio quando è acceso il giallo lampeggiante, usando però la massima prudenza e rallentando

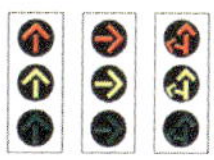

752. Incontrando il semaforo a tre luci di figura, è permesso il passaggio quando il semaforo è spento, usando la massima prudenza V F

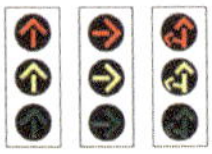

753. Incontrando il semaforo a tre luci di figura, è permesso il passaggio quando è accesa la luce rossa, ma nessun veicolo sta attraversando l'incrocio V F

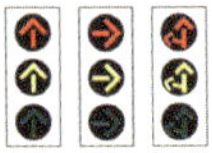

754. Incontrando il semaforo a tre luci di figura, è permesso il passaggio quando si accende la luce rossa per tutte le direzioni V F

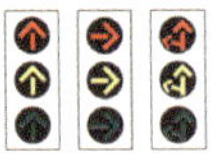

755. Incontrando il semaforo a tre luci di figura, è permesso il passaggio quando, pur essendo acceso la luce rossa, non sopraggiungano altri veicoli V F

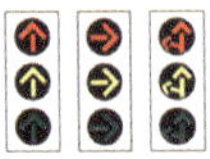

756. Il dispositivo raffigurato si può trovare subito prima di passaggi a livello con semibarriere V F

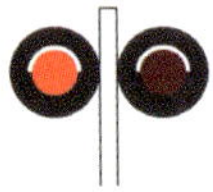

757. Il dispositivo raffigurato quando è in funzione vieta il passaggio di veicoli e pedoni V F

758. Il dispositivo raffigurato entra in funzione poco prima dell'arrivo del treno e continua fino alla fine del suo passaggio V F

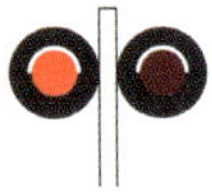

759. Il dispositivo raffigurato quando lampeggia alternativamente invita ad attraversare rapidamente il passaggio a livello V F

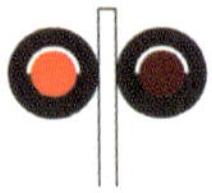

760. Il dispositivo raffigurato se è in funzione, permette l'attraversamento rapido dei veicoli ad un passaggio a livello V F

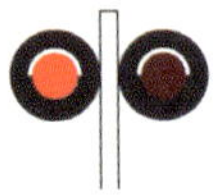

761. Il dispositivo raffigurato si può trovare in prossimità di un passaggio a livello con barriere V F

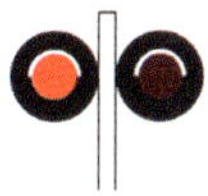

762. Le strisce bianche longitudinali tratteggiate possono essere superate, sempre che siano rispettate tutte le altre norme di circolazione V F

763. Le strisce bianche longitudinali tratteggiate consentono, in caso di sorpasso, l'occupazione momentanea dell'opposta corsia di marcia V F

764. Le strisce bianche longitudinali tratteggiate consentono l'inversione di marcia, purché in condizioni di sicurezza V F

765. Le strisce bianche longitudinali tratteggiate consentono di marciarvi a cavallo V F

766. Le strisce bianche longitudinali tratteggiate delimitano le piste ciclabili V F

767. Le strisce bianche longitudinali tratteggiate sono poste a separazione delle strade a quattro corsie, due per ogni senso di marcia V F

768. Le strisce lungo l'asse della carreggiata possono essere oltrepassate se tratteggiate V F

769. Le strisce lungo l'asse della carreggiata non debbono essere oltrepassate se continue V F

770. Le strisce continue lungo l'asse della carreggiata consentono il sorpasso senza oltrepassarle, purché non vi siano altri motivi che lo vietino V F

771. Le strisce lungo l'asse della carreggiata non possono essere oltrepassate se continue, ma si può procedere a cavallo di esse V F

772. Le strisce lungo l'asse della carreggiata possono essere bianche o azzurre V F

773. Le strisce lungo l'asse della carreggiata continue, permettono la svolta a sinistra V F

774. Le strisce lungo l'asse della carreggiata possono essere integrate o sostituite con una serie di chiodi o catadiottri, se tratteggiate V F

775. La doppia striscia longitudinale continua raffigurata non può essere superata V F

776. La doppia striscia longitudinale continua raffigurata permette il sorpasso, se consentito, senza oltrepassarla V F

777. La doppia striscia longitudinale continua raffigurata non permette l'inversione del senso di marcia V F

778. La doppia striscia longitudinale continua raffigurata non può essere oltrepassata per svoltare a sinistra V F

779. La doppia striscia longitudinale continua raffigurata delimita le corsie nelle strade a senso unico V F

780. La doppia striscia longitudinale continua raffigurata può essere superata, sempre che siano rispettate tutte le altre norme di circolazione V F

781. Le frecce direzionali raffigurate, segnate sulla carreggiata, invitano i conducenti a occupare la corsia con freccia rivolta verso la direzione da seguire V F

782. Le frecce direzionali raffigurate, segnate sulla carreggiata, permettono di scegliere la corsia, se le strisce sono tratteggiate V F

783. Le frecce direzionali raffigurate, segnate sulla carreggiata, segnalano le direzioni permesse V F

784. Le frecce direzionali raffigurate, segnate sulla carreggiata, impongono di seguire la direzione indicata anche se le strisce di corsia sono tratteggiate V F

785. Le frecce direzionali raffigurate, segnate sulla carreggiata, comprendono la sola freccia diritta quando è possibile svoltare anche a destra e sinistra — V F

786. Le frecce direzionali raffigurate, segnate sulla carreggiata, permettono di scegliere la corsia di preselezione se le strisce di corsia sono continue — V F

787. Le zebrature sulla pavimentazione stradale, se oblique, indicano zone della carreggiata escluse al transito ed alla sosta dei veicoli — V F

788. Le zebrature sulla pavimentazione stradale bianche e oblique indicano un'isola di traffico — V F

789. Le zebrature sulla pavimentazione stradale, se oblique, indicano parti della strada su cui non si può passare — V F

790. Le zebrature sulla pavimentazione stradale consistono nella pittura della carreggiata con strisce azzurre trasversali — V F

791. Le zebrature sulla pavimentazione stradale possono contraddistinguere zone destinate alla sosta dei veicoli — V F

792. Le zebrature sulla pavimentazione stradale, se oblique, indicano zone della carreggiata sulle quali si deve rallentare la marcia — V F

793. I segni gialli e neri raffigurati indicano il divieto di sosta — V F

794. I segni gialli e neri raffigurati sono dipinti lungo il bordo del marciapiede — V F

795. I segni gialli e neri raffigurati indicano tratti di strada lungo i quali la sosta è vietata — V F

796. I segni gialli e neri raffigurati indicano sosta riservata ai mezzi pubblici — F

797. I segni gialli e neri raffigurati segnalano un ostacolo sul margine della strada V F

798. I segni gialli e neri raffigurati indicano il divieto di fermata V

799. La segnaletica orizzontale raffigurata indica una zona per la fermata degli autobus in servizio pubblico V F

800. La segnaletica orizzontale raffigurata serve agli autobus, nelle parti con striscia a zig zag, per accostare e per ripartire V F

801. La segnaletica orizzontale raffigurata vieta la sosta anche nelle parti con striscia gialla a zig zag V F

802. La segnaletica orizzontale raffigurata consente ai veicoli la fermata ma non la sosta V F

803. La segnaletica orizzontale raffigurata delimita aree dove è vietato il transito dei ciclomotori V F

804. La segnaletica orizzontale raffigurata vieta la sosta da 15 m prima a 15 m dopo i suoi limiti V F

805. La segnaletica orizzontale raffigurata indica una zona nella quale i ciclomotori possono sostare V F

806. Con la segnaletica orizzontale raffigurata, le tre corsie consentono tutte di proseguire diritto V F

807. Con la segnaletica orizzontale raffigurata, la corsia di sinistra permette di proseguire diritto o svoltare a sinistra V F

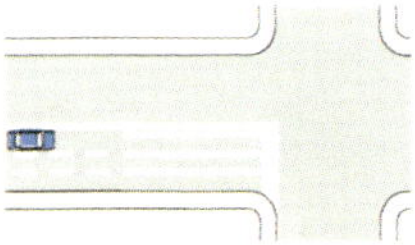

808. Con la segnaletica orizzontale raffigurata, la corsia di mezzo permette solo di proseguire diritto V F

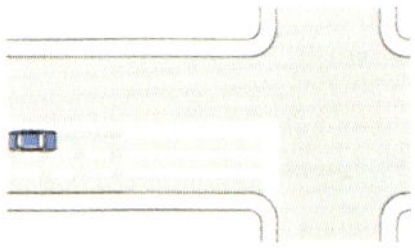

809. Con la segnaletica orizzontale raffigurata, la corsia di destra permette solo di svoltare a destra V F

810. Con la segnaletica orizzontale raffigurata, è possibile cambiare corsia se occorre valicare la striscia continua V F

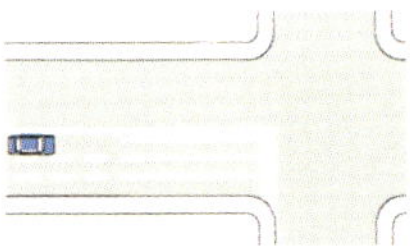

811. Con la segnaletica orizzontale raffigurata, le tre corsie consentono tutte indifferentemente di proseguire diritto o di svoltare V F

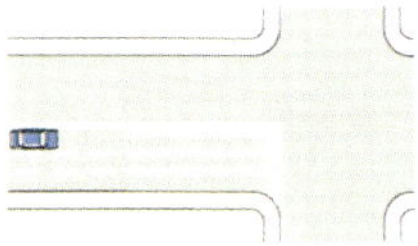

812. Con la segnaletica orizzontale raffigurata, la corsia A permette solo la svolta a sinistra V F

813. Con la segnaletica orizzontale raffigurata, la corsia B permette di proseguire diritto o di svoltare a sinistra V F

814. Con la segnaletica orizzontale raffigurata, solo la corsia C permette di effettuare la svolta a destra V F

815. Con la segnaletica orizzontale raffigurata, le corsie A, B e C consentono tutte di proseguire diritto V F

816. Con la segnaletica orizzontale raffigurata, solo la corsia A permette di effettuare la svolta a sinistra V F

817. Con la segnaletica orizzontale raffigurata, la corsia C permette solo la svolta a destra V F

818. Quando, su una strada a doppio senso di circolazione, è presente la segnaletica raffigurata, è possibile effettuare un sorpasso anche superando la striscia con tutto il veicolo V F

819. Quando, su una strada a doppio senso di circolazione, è presente la segnaletica raffigurata, è possibile invertire il senso di marcia V F

820. Quando, su una strada a doppio senso di circolazione, è presente la segnaletica raffigurata, è possibile svoltare a sinistra V F

821. Quando, su una strada a doppio senso di circolazione, è presente la segnaletica raffigurata, è possibile sorpassare in qualunque condizione di visibilità e di traffico V F

822. Quando, su una strada a doppio senso di circolazione, è presente la segnaletica raffigurata, è possibile sorpassare anche in curva, ma solo in città V F

823. Quando, su una strada a doppio senso di circolazione, è presente la segnaletica raffigurata, è possibile oltrepassare la striscia solo nei tratti in cui è interrotta

824. In una strada del tipo raffigurato, si può sorpassare anche in curva

825. In una strada del tipo raffigurato, le corsie centrali sono di norma riservate al sorpasso

826. In una strada del tipo raffigurato, non è consentita l'inversione del senso di marcia

827. In una strada del tipo raffigurato, si può sorpassare solo da destra

828. In una strada del tipo raffigurato, si può iniziare il sorpasso anche se il conducente che segue ha iniziato la stessa manovra

829. In una strada del tipo raffigurato, si può circolare con il ciclomotore anche senza casco

830. La segnaletica orizzontale raffigurata, indica un attraversamento pedonale

831. La segnaletica orizzontale raffigurata, obbliga a rallentare e a dare la precedenza ai pedoni che attraversano

832. La segnaletica orizzontale raffigurata, può essere preceduta, sulla destra, da una striscia gialla a zig zag

833. La segnaletica orizzontale raffigurata, delimita la zona esclusa alla circolazione dei veicoli V F

834. La segnaletica orizzontale raffigurata, serve a delimitare le zone escluse al transito dei pedoni V F

835. La segnaletica orizzontale raffigurata, indica un attraversamento ciclabile V F

836. La striscia bianca discontinua raffigurata permette l'occupazione momentanea della opposta corsia di marcia in caso di sorpasso V F

837. La striscia bianca discontinua raffigurata può essere oltrepassata V F

838. Nelle strade a doppio senso di circolazione, la striscia bianca discontinua raffigurata delimita i sensi di marcia V F

839. La striscia bianca discontinua raffigurata divide la strada in due carreggiate V F

840. La striscia bianca discontinua raffigurata permette di marciarvi a cavallo V F

841. La striscia bianca discontinua raffigurata, nelle strade a senso unico, permette l'inversione di marcia V F

842. La striscia bianca continua raffigurata non permette l'inversione di marcia V F

843. La striscia bianca continua raffigurata non può essere oltrepassata V F

844. La striscia bianca continua raffigurata permette la manovra di sorpasso senza oltrepassarla V F

845. La striscia bianca continua raffigurata delimita una pista ciclabile V F

846. La striscia bianca continua raffigurata permette di marciarvi a cavallo V F

847. La striscia bianca continua raffigurata, nelle strade a doppio senso, permette l'inversione di marcia V F

848. La segnaletica orizzontale raffigurata indica la vicinanza di un passaggio a livello V F

849. La segnaletica orizzontale raffigurata invita i conducenti ad usare la massima prudenza V F

850. La segnaletica orizzontale raffigurata vieta di spostarsi nella parte sinistra della strada V F

851. La segnaletica orizzontale raffigurata indica un passaggio a livello a 150 m V F

852. La segnaletica orizzontale raffigurata è usata soltanto per indicare passaggi a livello senza barriere V F

853. La segnaletica orizzontale raffigurata preavvisa un incrocio tra due strade V F

854. La striscia trasversale continua sulla pavimentazione stradale mostrata in figura, indica il punto in cui i conducenti debbono fermarsi per effetto di una segnalazione di arresto V F

855. La striscia trasversale continua sulla pavimentazione stradale mostrata in figura, indica il punto in cui bisogna fermarsi ad un incrocio regolato da semaforo con luce rossa V F

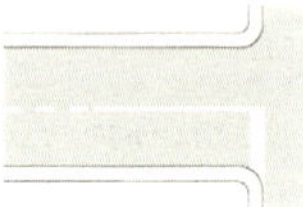

856. La striscia trasversale continua sulla pavimentazione stradale mostrata in figura, se integrata con l'iscrizione STOP e il relativo segnale verticale, indica il punto di arresto V F

857. La striscia trasversale continua sulla pavimentazione stradale mostrata in figura, indica il punto in cui dobbiamo fermarci ad un incrocio, anche se non regolato V F

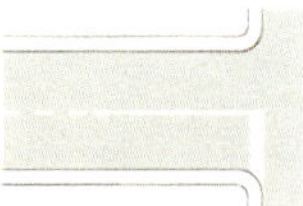

858. La striscia trasversale continua sulla pavimentazione stradale mostrata in figura, indica l'obbligo di dare la precedenza ai veicoli provenienti da destra e da sinistra V F

859. La striscia trasversale continua sulla pavimentazione stradale mostrata in figura, indica che siamo in prossimità di un incrocio dove è presente il segnale di DARE PRECEDENZA V F

860. La segnaletica raffigurata obbliga i conducenti a dare precedenza ai ciclisti che hanno iniziato l'attraversamento V F

861. La segnaletica raffigurata delimita un attraversamento ciclabile V F

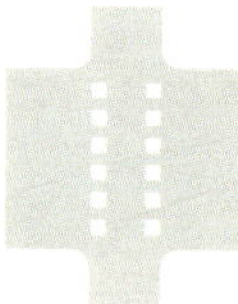

862. La segnaletica raffigurata delimita una zona in cui i ciclisti hanno precedenza sui veicoli in assenza di semaforo o vigile V F

863. La segnaletica raffigurata indica un attraversamento per motocicli e ciclomotori V F

864. La segnaletica raffigurata serve a delimitare le zone escluse dal transito pedonale V F

865. La segnaletica raffigurata indica un attraversamento pedonale in un centro aitato V F

866. Nella situazione raffigurata il veicolo B ha il diritto di precedenza V F

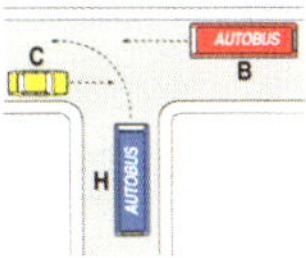

867. Nella situazione raffigurata il veicolo H passa per secondo V F

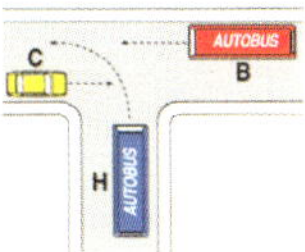

868. Nella situazione raffigurata il veicolo C passa per ultimo V F

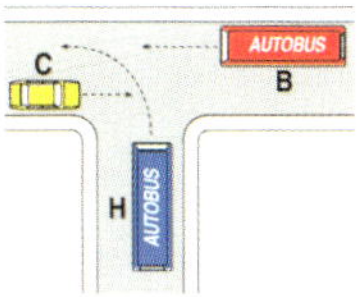

869. Nella situazione raffigurata il veicolo B passa per primo V F

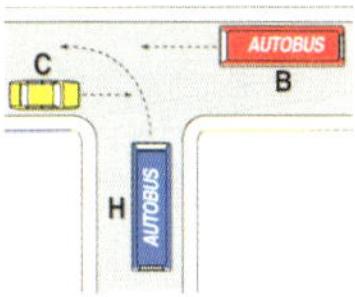

870. Nella situazione raffigurata il veicolo C dà la precedenza al veicolo H V F

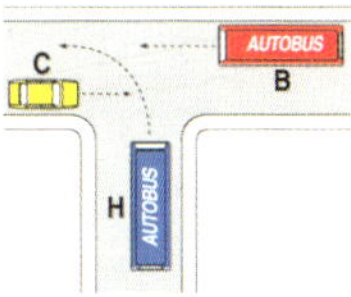

871. Nella situazione raffigurata il veicolo H passa per primo V F

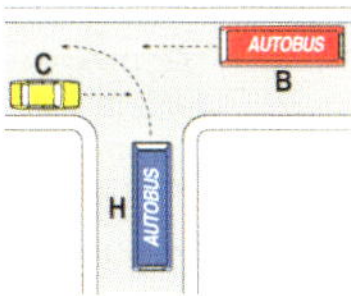

872. Nella situazione raffigurata i veicoli B e C passano per primi V F

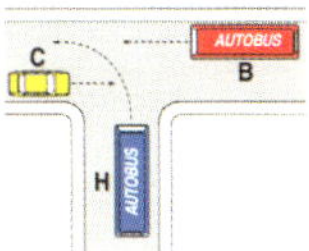

873. Nella situazione raffigurata il veicolo H ha la precedenza perché è un autobus V F

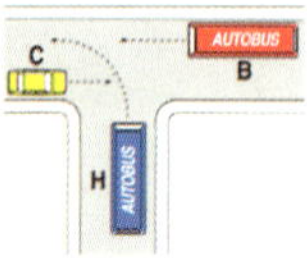

874. Nella situazione raffigurata il veicolo C passa per primo V F

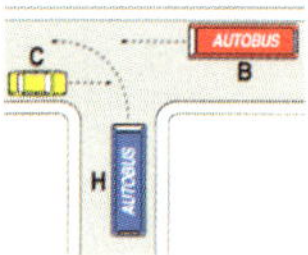

875. Secondo le norme di precedenza, nell'incrocio raffigurato il veicolo N passa per ultimo V F

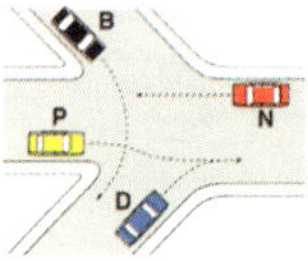

876. Secondo le norme di precedenza, nell'incrocio raffigurato il veicolo B passa dopo il veicolo P V F

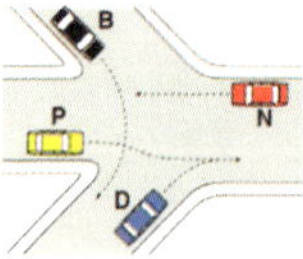

877. Secondo le norme di precedenza, nell'incrocio raffigurato il veicolo D passa prima degli altri veicoli V F

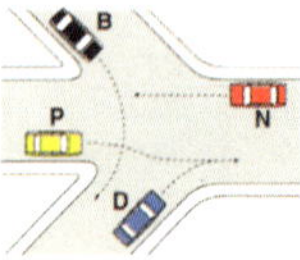

878. Secondo le norme di precedenza, nell'incrocio raffigurato il veicolo P passa prima del veicolo B V F

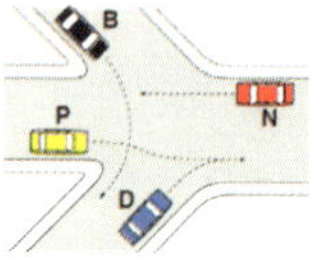

879. Secondo le norme di precedenza, nell'incrocio raffigurato i veicoli D e N passano contemporaneamente V F

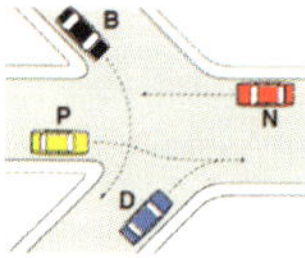

880. Secondo le norme di precedenza, nell'incrocio raffigurato i veicoli D e B passano contemporaneamente V F

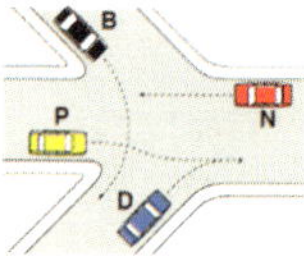

881. Secondo le norme di precedenza, nell'incrocio raffigurato i veicoli B e D passano per primi V F

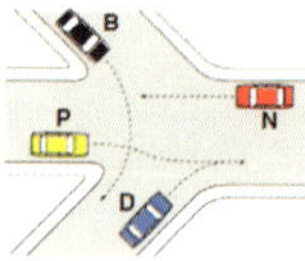

882. Nell'incrocio raffigurato il veicolo A ha la destra occupata in relazione alla sua direzione V F

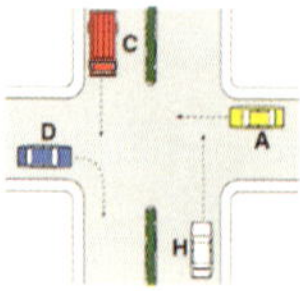

883. Nell'incrocio raffigurato il veicolo H ha la destra occupata V F

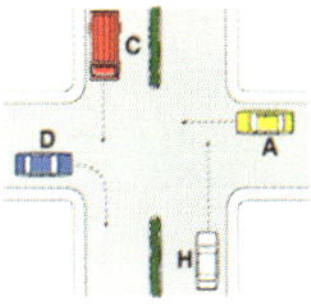

884. Nell'incrocio raffigurato il veicolo C ha la destra occupata V F

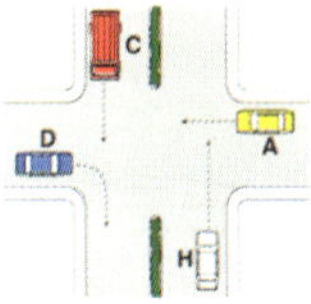

885. Nell'incrocio raffigurato il veicolo D ha diritto di precedenza sul veicolo C V F

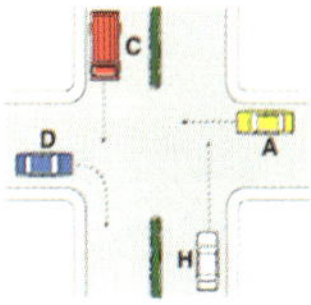

886. Nell'incrocio raffigurato il veicolo D è il primo ad attraversare l'incrocio V F

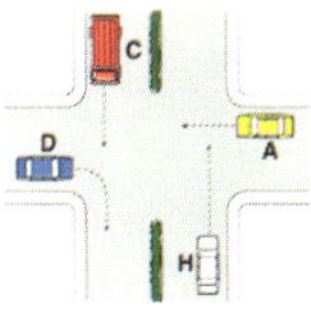

887. Nell'incrocio raffigurato il veicolo D dà la precedenza al veicolo C V F

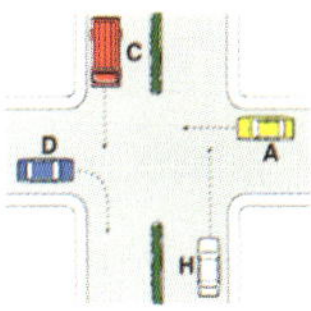

888. Nell'incrocio raffigurato il veicolo C attraversa per primo V F

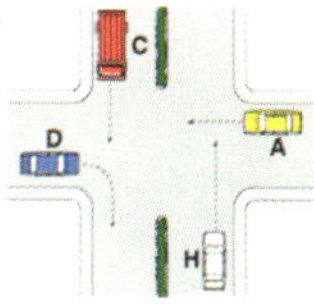

889. Nell'incrocio raffigurato il veicolo A attraversa l'incrocio prima del veicolo C V F

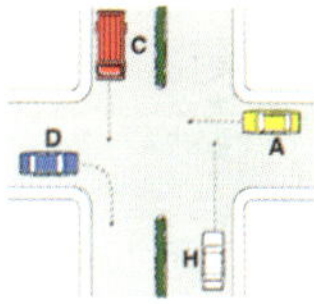

890. Nell'incrocio raffigurato i veicoli C e H passano per primi V F

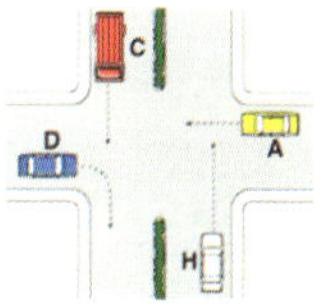

891. Nell'attraversare l'incrocio raffigurato il veicolo L passa per primo V F

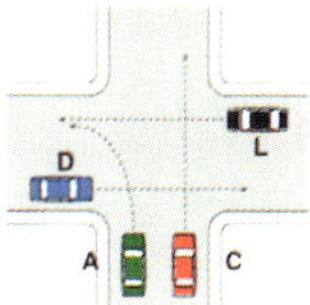

892. Nell'attraversare l'incrocio raffigurato il veicolo A ha diritto di precedenza sul veicolo D V F

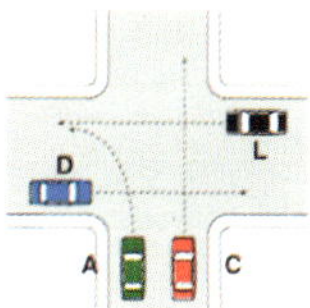

893. Nell'attraversare l'incrocio raffigurato il veicolo L ha la destra libera V F

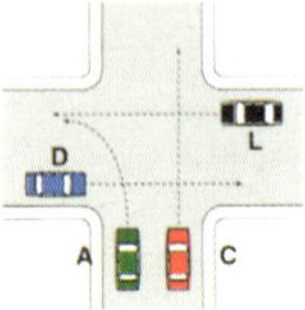

894. Nell'attraversare l'incrocio raffigurato il veicolo C ha la destra occupata V F

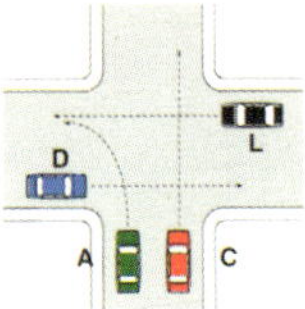

895. Nell'attraversare l'incrocio raffigurato il veicolo A passa per ultimo V F

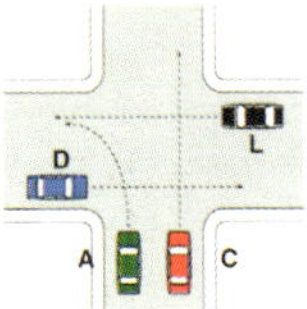

896. Nell'attraversare l'incrocio raffigurato il veicolo A ha la destra libera V F

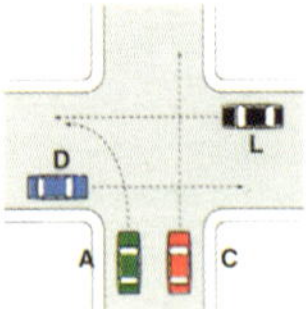

897. Nell'attraversare l'incrocio raffigurato i veicoli A e C passano per primi V F

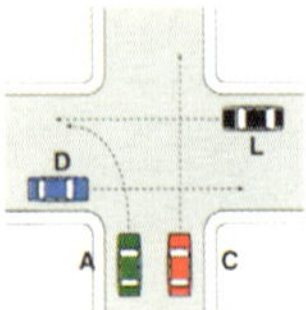

898. Secondo le norme di precedenza, nell'incrocio raffigurato i veicoli L e H passano contemporaneamente per primi V F

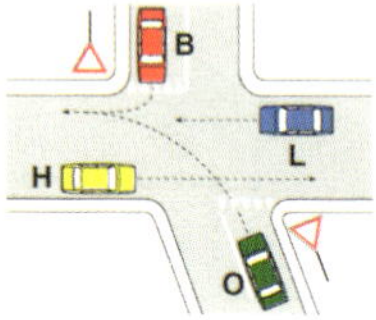

899. Secondo le norme di precedenza, nell'incrocio raffigurato i veicoli L e H hanno diritto di precedenza V F

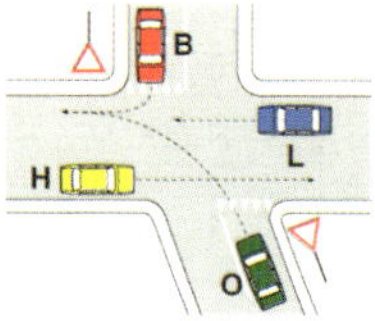

900. Secondo le norme di precedenza, nell'incrocio raffigurato il veicolo B transita dopo il veicolo L V F

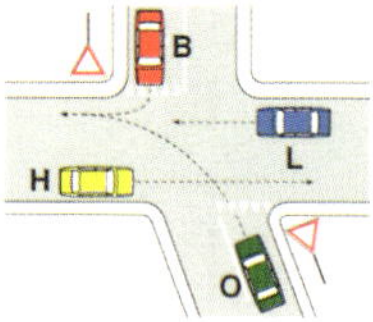

901. Secondo le norme di precedenza, nell'incrocio raffigurato il veicolo O dà la precedenza a tutti gli altri veicoli V F

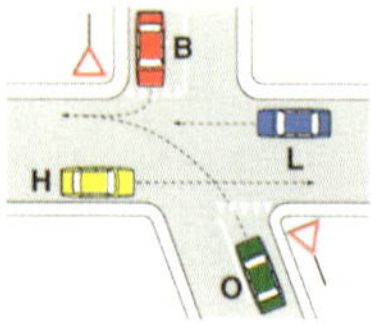

902. Secondo le norme di precedenza, nell'incrocio raffigurato il veicolo B transita per primo V F

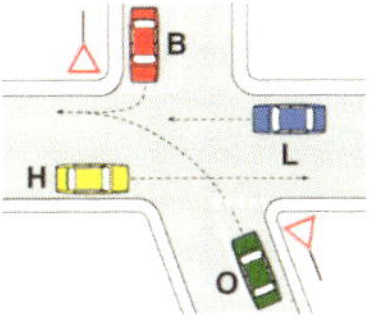

903. Secondo le norme di precedenza, nell'incrocio raffigurato il veicolo H transita dopo il veicolo O V F

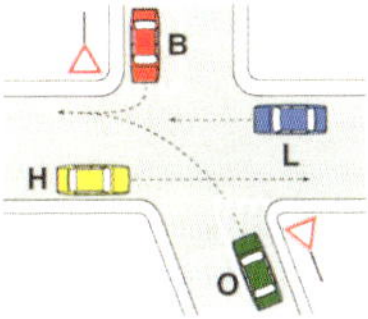

904. Secondo le norme di precedenza, nell'incrocio raffigurato il veicolo T transita per primo V F

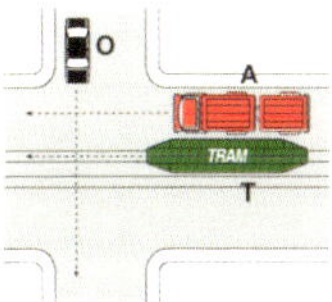

905. Secondo le norme di precedenza, nell'incrocio raffigurato il veicolo A dà la precedenza al veicolo O V F

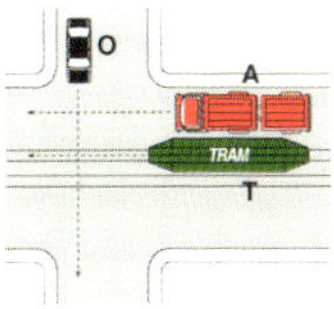

906. Secondo le norme di precedenza, nell'incrocio raffigurato il veicolo O dà la precedenza al veicolo T V F

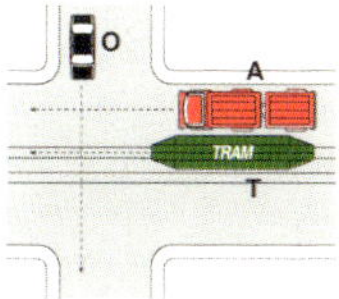

907. Secondo le norme di precedenza, nell'incrocio raffigurato il veicolo O passa prima del V F

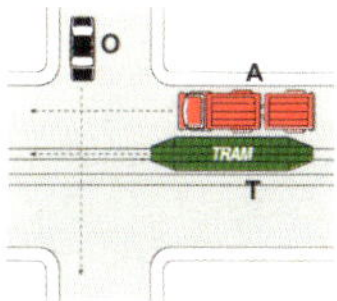

908. Secondo le norme di precedenza, nell'incrocio raffigurato il veicolo T dà la precedenza al veicolo O V F

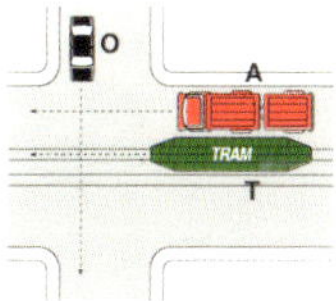

909. Secondo le norme di precedenza, nell'incrocio raffigurato il veicolo O dà la precedenza al veicolo A V F

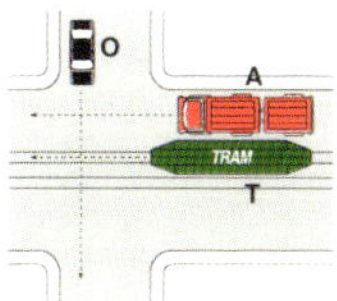

910. Secondo le norme di precedenza, nell'incrocio raffigurato il veicolo T dà la precedenza al veicolo A V F

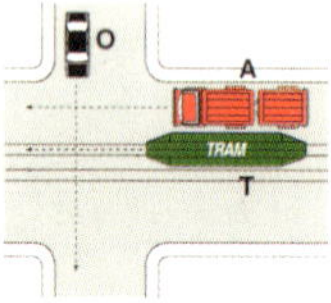

911. Secondo le norme di precedenza, nell'incrocio raffigurato i veicoli A e T passano per primi V F

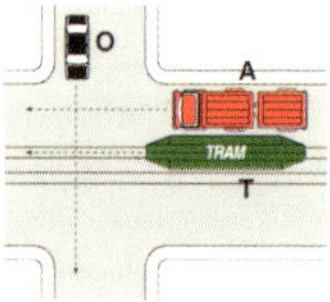

912. Secondo le norme di precedenza, nell'incrocio raffigurato il veicolo N dà la precedenza al veicolo E V F

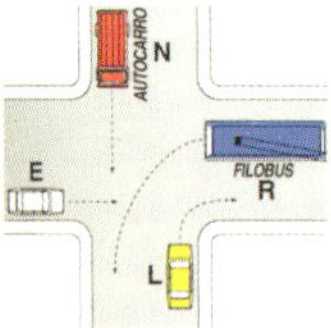

913. Secondo le norme di precedenza, nell'incrocio raffigurato il veicolo E dà la precedenza al veicolo L V F

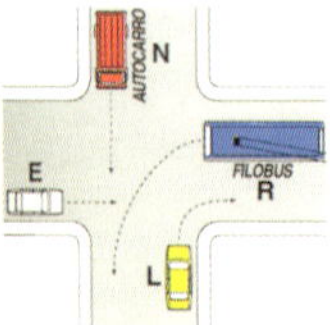

914. Secondo le norme di precedenza, nell'incrocio raffigurato il veicolo R dà la precedenza ai veicoli E ed N V F

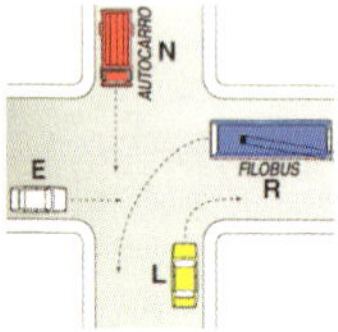

915. Secondo le norme di precedenza, nell'incrocio raffigurato il veicolo R (filobus) ha la precedenza sugli altri veicoli V F

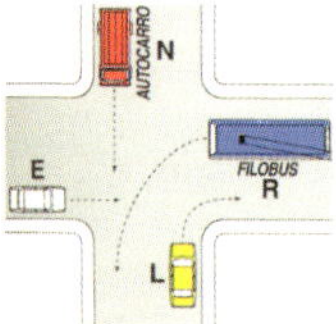

916. Secondo le norme di precedenza, nell'incrocio raffigurato il veicolo E dà la precedenza al veicolo R V F

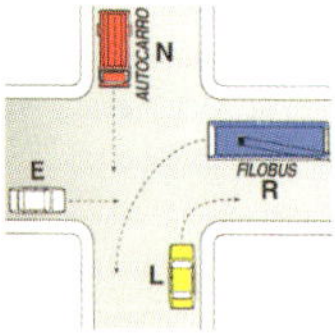

917. Secondo le norme di precedenza, nell'incrocio raffigurato il veicolo L dà la precedenza al veicolo R V F

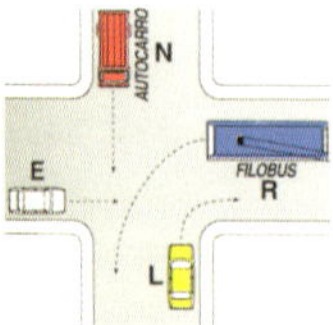

918. Secondo le norme di precedenza, nell'incrocio raffigurato il veicolo E dà la precedenza al veicolo N V F

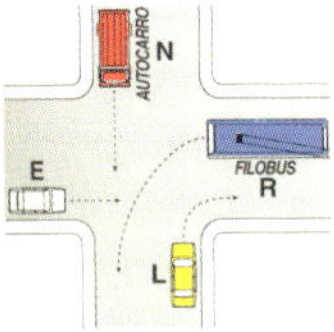

919. Nell'incrocio raffigurato il veicolo T passa per ultimo V F

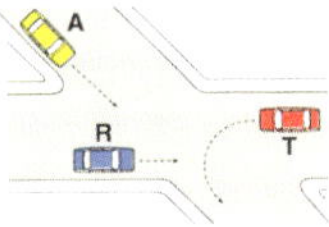

920. Nell'incrocio raffigurato il veicolo R passa per primo V F

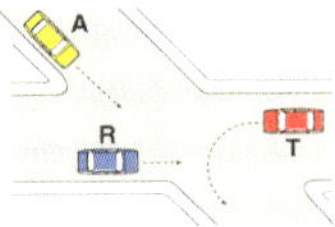

921. Nell'incrocio raffigurato il veicolo A dà la precedenza al veicolo R V F

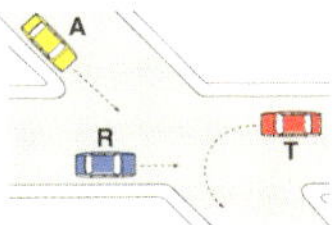

922. Nell'incrocio raffigurato il veicolo T dà la precedenza ai veicoli R ed A V F

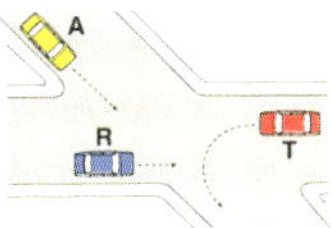

923. Nell'incrocio raffigurato il veicolo T passa prima del veicolo R V F

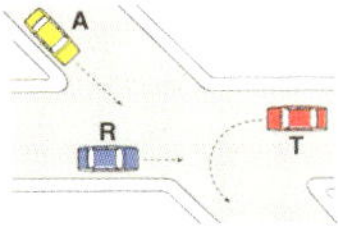

924. Nell'incrocio raffigurato i veicoli transitano nell'ordine: R, T, A V F

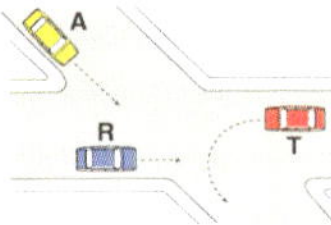

925. Nell'incrocio raffigurato il veicolo T passa prima degli altri veicoli V F

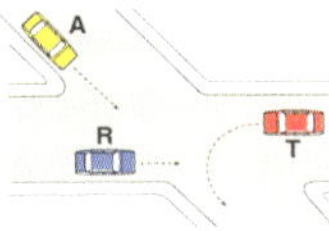

926. Nell'incrocio raffigurato vale la regola generale della precedenza ai veicoli provenienti da destra V F

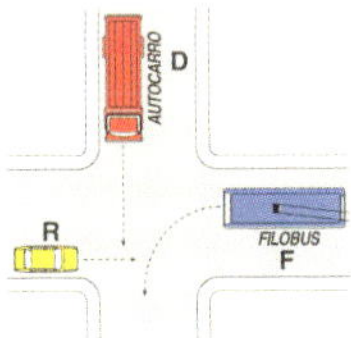

927. Nell'incrocio raffigurato l'ord ine di passaggio dei veicoli è: R, D, F V F

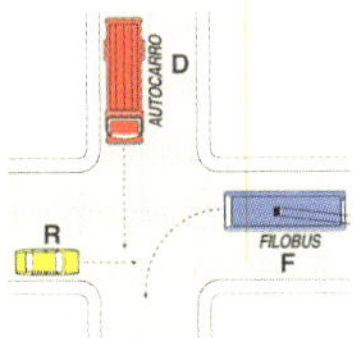

928. Nell'incrocio raffigurato il conducente che ha la precedenza deve assicurarsi che gli altri siano disposti a dargliela (V) (F)

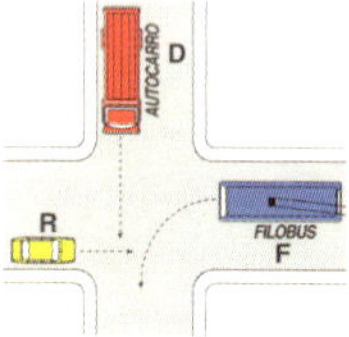

929. Nell'incrocio raffigurato tutti i conducenti devono moderare la velocità avvicinandosi all'area di incrocio (V) (F)

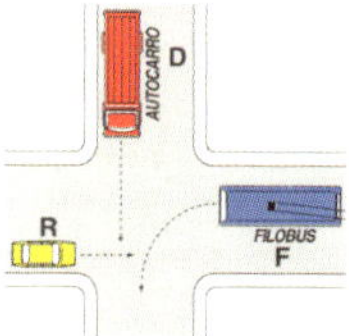

930. Nell'incrocio raffigurato il filobus passa per primo (V) (F)

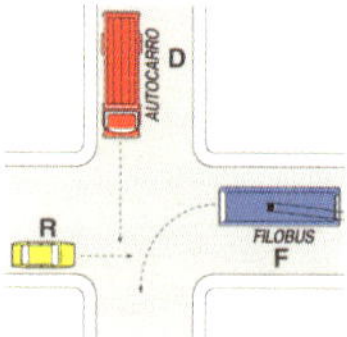

931. Nell'incrocio raffigurato l'ordine di passaggio dei veicoli è: F, R, D (V) (F)

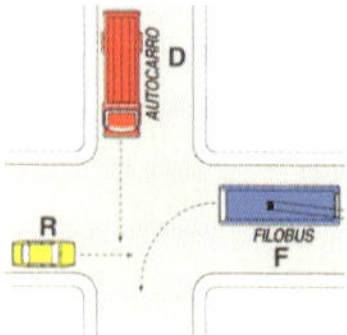

932. Nell'incrocio raffigurato se i veicoli rispettano i limiti di velocità non hanno l'obbligo di moderare la velocità (V) (F)

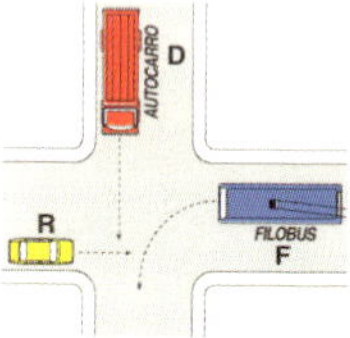

933. Nell'incrocio raffigurato l'ordine di precedenza è stabilito dalla velocità con cui i veicoli giungono all'incrocio (V) (F)

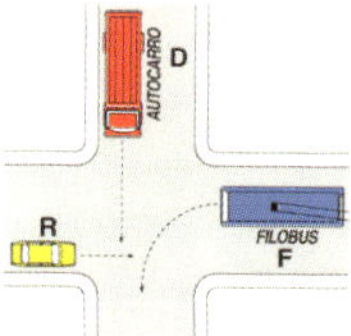

934. Nell'intersezione raffigurata l'ordine di passaggio dei veicoli è: N, A, R (V) (F)

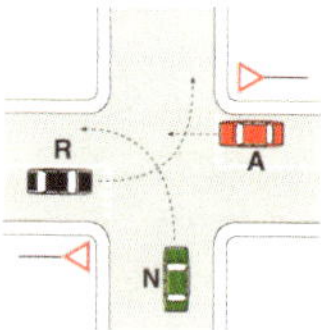

935. Nell'intersezione raffigurata tutti i veicoli devono usare la massima prudenza (V) (F)

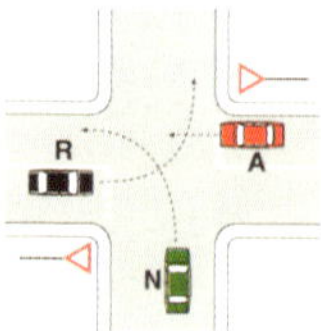

936. Nell'intersezione raffigurata i veicoli A ed R devono, se necessario, fermarsi V F

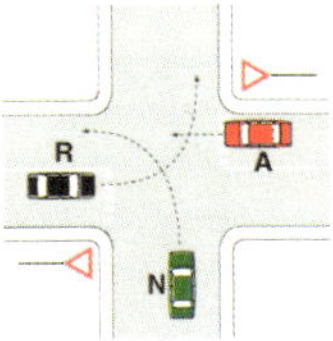

937. Nell'intersezione raffigurata il veicolo N deve, comunque, usare prudenza V F

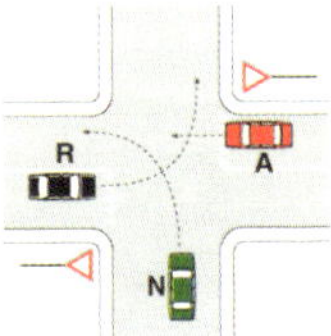

938. Nell'intersezione raffigurata il veicolo N non ha l'obbligo di moderare la velocità e di usare prudenza V F

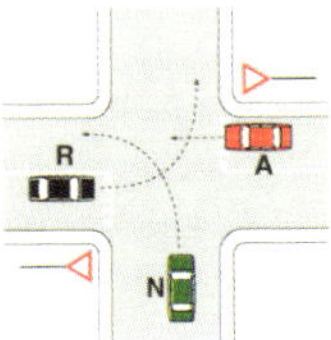

939. Nell'intersezione raffigurata l'ordine di precedenza dei veicoli è: R, A, N V F

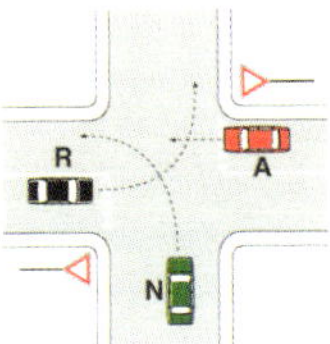

940. Nell'intersezione raffigurata se A non dà la precedenza, N deve suonare e procedere ugualmente V F

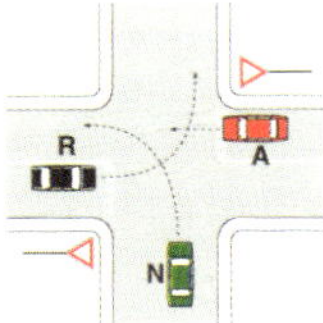

941. Nell'intersezione raffigurata l'ordine di precedenza dei veicoli è: N, R, A V F

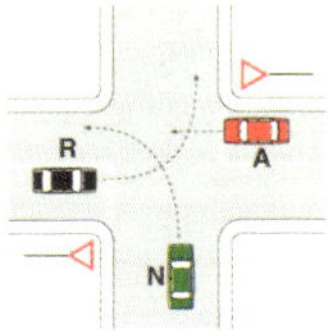

942. Nell'incrocio raffigurato il veicolo N passa per primo V F

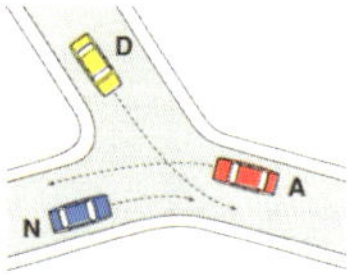

943. Nell'incrocio raffigurato il veicolo D ha la destra occupata V F

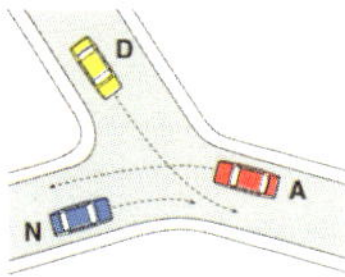

944. Nell'incrocio raffigurato il veicolo A ha la destra occupata V F

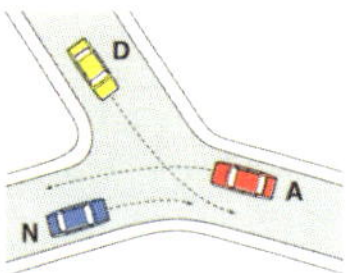

945. Nell'incrocio raffigurato i veicoli passano nel seguente ordine: N, D, A (V) (F)

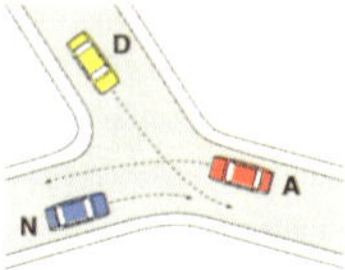

946. Nell'incrocio raffigurato il veicolo D passa prima del veicolo N (V) (F)

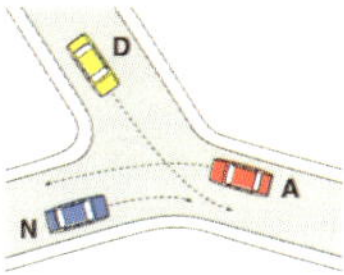

947. Nell'incrocio raffigurato i veicoli passano nel seguente ordine: D, A, N (V) (F)

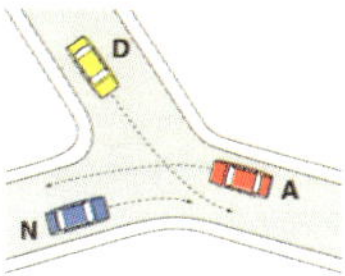

948. Nell'incrocio raffigurato ogni veicolo ha la destra occupata (V) (F)

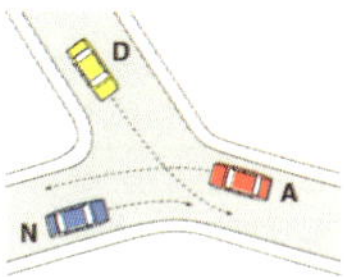

949. Nell'incrocio raffigurato i veicoli A e N passano contemporaneamente (V) (F)

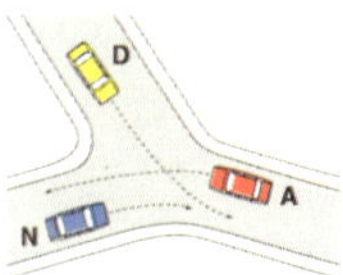

950. Dovendo attraversare l'incrocio raffigurato, il veicolo T passa per primo perché circola su rotaie (V) (F)

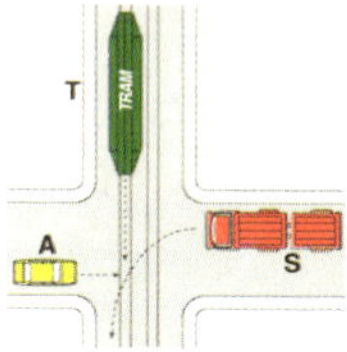

951. Dovendo attraversare l'incrocio raffigurato, il veicolo A passa subito dopo il veicolo T (V) (F)

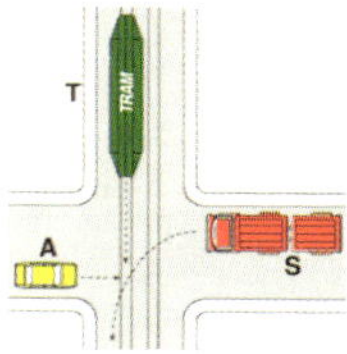

952. Dovendo attraversare l'incrocio raffigurato, il veicolo S attende il passaggio dei veicoli T e A (V) (F)

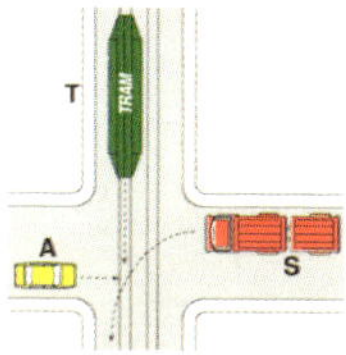

953. Dovendo attraversare l'incrocio raffigurato, i veicoli passano nel seguente ordine: T, A, S (V) (F)

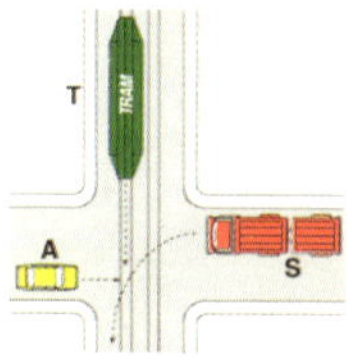

954. Dovendo attraversare l'incrocio raffigurato, il veicolo A passa per primo V F

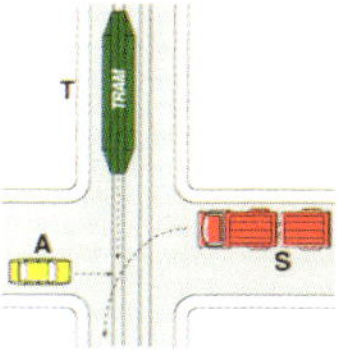

955. Dovendo attraversare l'incrocio raffigurato, i veicoli passano nel seguente ordine: A, T, S V F

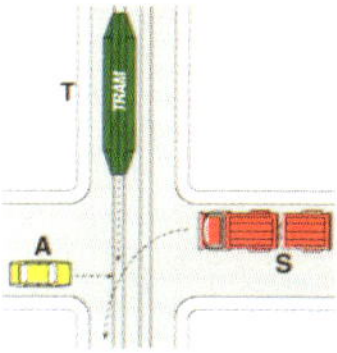

956. Dovendo attraversare l'incrocio raffigurato, il veicolo S passa subito dopo il veicolo T V F

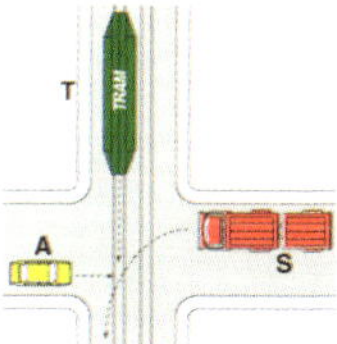

957. Dovendo attraversare l'incrocio raffigurato, i veicoli A e S passano contemporaneamente dopo il passaggio del veicolo T V F

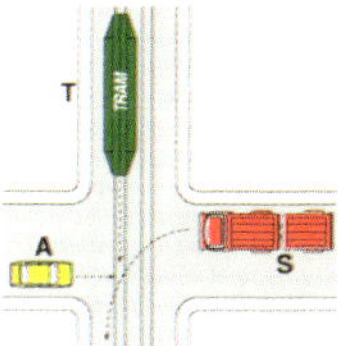

958. Nell'incrocio raffigurato, il veicolo B ha il diritto di precedenza V F

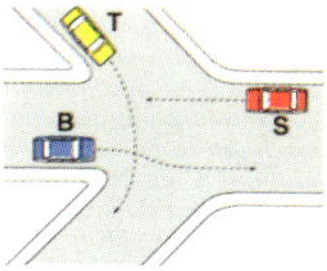

959. Nell'incrocio raffigurato, i veicoli passano nel seguente ordine: B, T, S V F

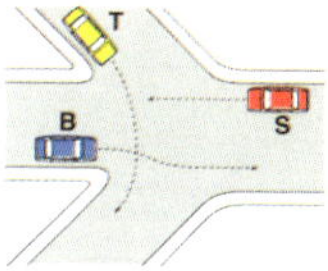

960. Nell'incrocio raffigurato, il veicolo S passa per ultimo V F

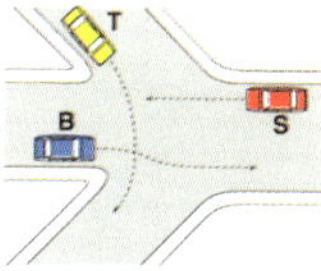

961. Nell'incrocio raffigurato, tutti i conducenti hanno l'obbligo di essere prudenti per evitare incidenti V F

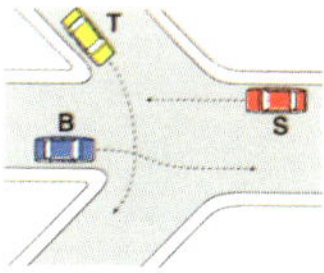

962. Nell'incrocio raffigurato, i veicoli passano nel seguente ordine: S, B, T V F

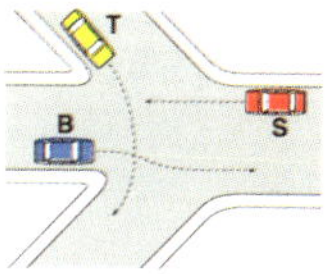

963. Nell'incrocio raffigurato, il veicolo B dà la precedenza al veicolo T — V F

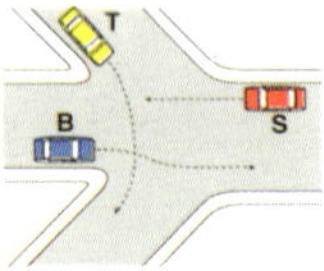

964. Nell'incrocio raffigurato, nessuno dei veicoli deve moderare la velocità — V F

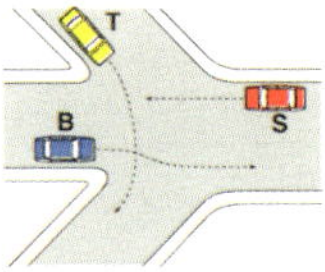

965. Nell'incrocio raffigurato, i veicoli B e S passano contemporaneamente — V F

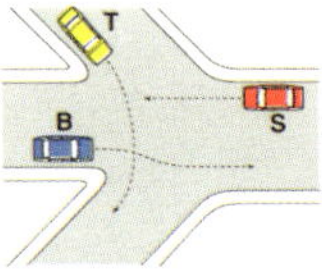

966. Giungendo all'incrocio raffigurato, il veicolo P passa per primo — V F

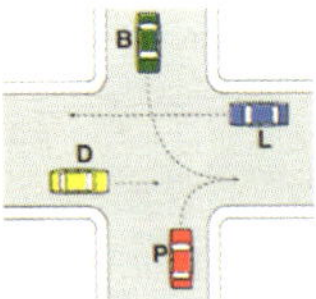

967. Giungendo all'incrocio raffigurato, il veicolo D dà la precedenza al veicolo P — V F

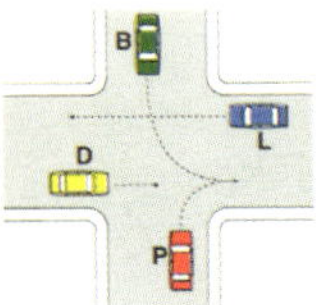

968. Giungendo all'incrocio raffigurato, il veicolo B attende che siano passati i veicoli P e D — V F

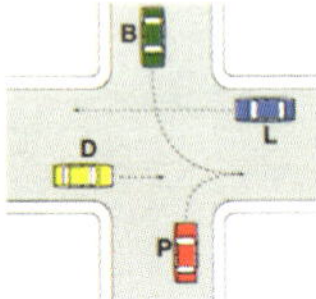

969. Giungendo all'incrocio raffigurato, il veicolo L dà la precedenza al veicolo B — V F

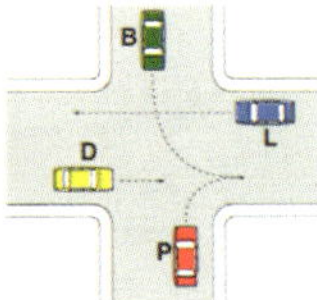

970. Giungendo all'incrocio raffigurato, il veicolo P attende che siano transitati i veicoli D e B — V F

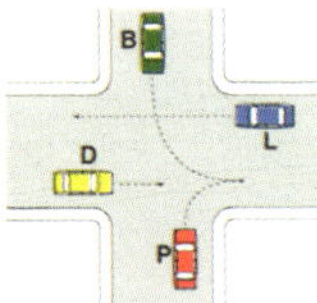

971. Giungendo all'incrocio raffigurato, il veicolo P attende il passaggio degli altri tre veicoli — V F

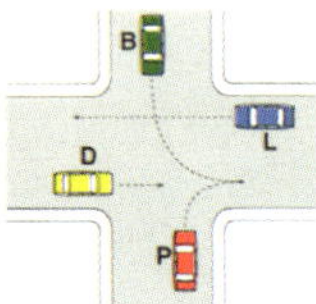

972. Giungendo all'incrocio raffigurato, il veicolo P ha la destra occupata in relazione alla sua direzione V F

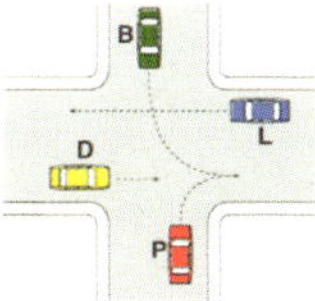

973. Giungendo all'incrocio raffigurato, i veicoli D e L passano per primi V F

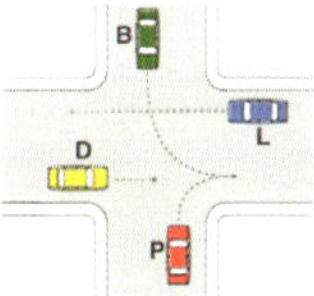

974. Dovendo attraversare l'incrocio raffigurato, il veicolo E passa per primo V F

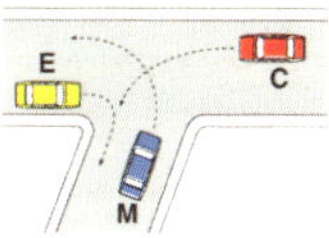

975. Dovendo attraversare l'incrocio raffigurato, il veicolo C passa subito dopo il veicolo E V F

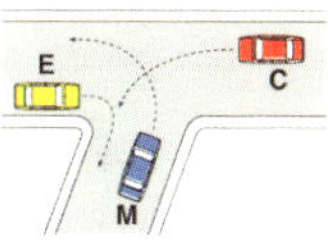

976. Dovendo attraversare l'incrocio raffigurato, i veicoli passano nel seguente ordine: E, C, M V F

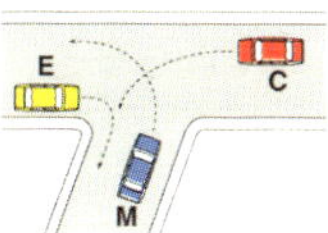

977. Dovendo attraversare l'incrocio raffigurato, il veicolo M ha la destra libera V F

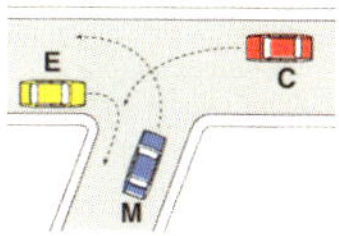

978. Dovendo attraversare l'incrocio raffigurato, il veicolo C attende il transito del veicolo M V F

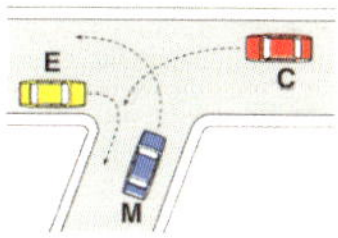

979. Dovendo attraversare l'incrocio raffigurato, i veicoli M e E passano contemporaneamente V F

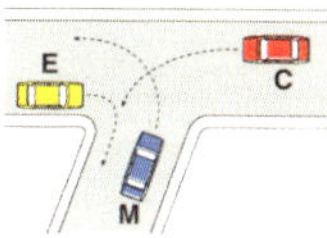

980. Nella situazione raffigurata, il tram passa per primo V F

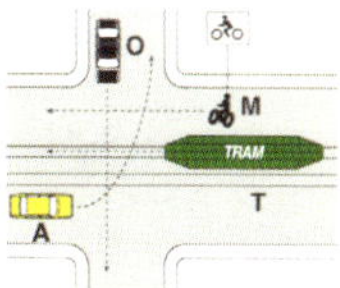

981. Nella situazione raffigurata, il tram ha la precedenza rispetto agli altri veicoli V F

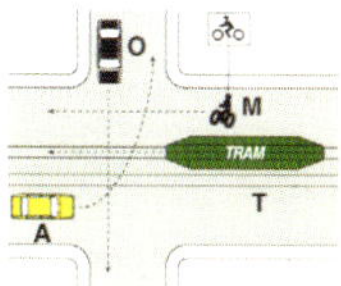

982. Nella situazione raffigurata, il veicolo M attende il transito del veicolo O V F

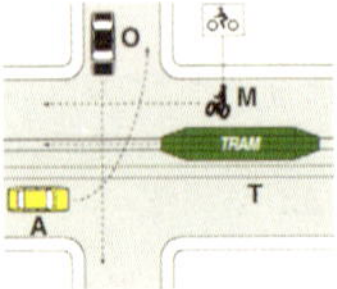

983. Nella situazione raffigurata, il veicolo M attraversa l'incrocio insieme al tram V F

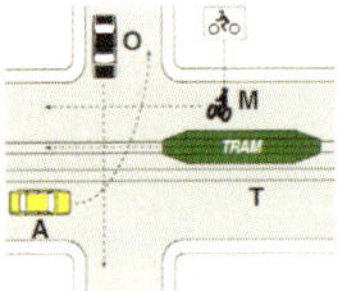

984. Nella situazione raffigurata, il veicolo O attende il transito di tutti gli altri veicoli V F

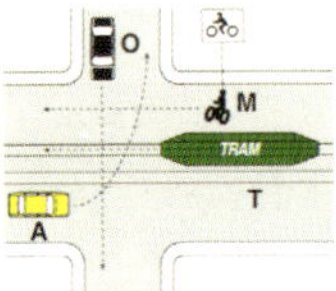

985. Nella situazione raffigurata, il veicolo A dà la precedenza al tram ma non al veicolo M V F

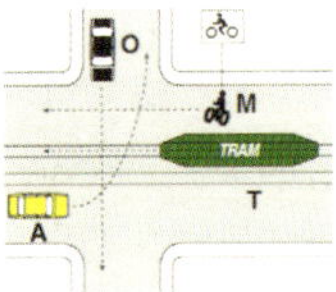

986. La velocità deve essere regolata in modo da non costituire pericolo per la sicurezza delle persone V F

987. La velocità deve essere regolata in modo da non causare disordine o intralcio alla circolazione V F

988. La velocità deve essere regolata in modo da consentire in ogni caso un tempestivo arresto del veicolo V F

989. La velocità deve essere regolata in relazione alle condizioni atmosferiche V F

990. La velocità deve essere regolata in relazione alla lunghezza del viaggio V F

991. La velocità deve essere regolata in modo da garantire solo la sicurezza della persona trasportata V F

992. La velocità deve essere regolata in base alla fretta del conducente V F

993. Il conducente è tenuto a regolare la velocità in base alle caratteristiche e alle condizioni della strada V F

994. Il conducente è tenuto a regolare la velocità in base all'efficienza dei freni del veicolo V F

995. Il conducente è tenuto a regolare la velocità in base alle condizioni del traffico V F

996. Il conducente è tenuto a regolare la velocità in base alla marca dei pneumatici V F

997. Il conducente è tenuto a regolare la velocità in base alla distanza della località da raggiungere V F

998. Il conducente è tenuto a regolare la velocità in base alla tabella di marcia che ha prestabilito V F

999. È obbligatorio ridurre la velocità e all'occorrenza fermarsi quando è difficoltoso l'incrocio con altri veicoli V F

1000. È obbligatorio ridurre la velocità e all'occorrenza fermarsi quando si rimane abbagliati (V) (F)

1001. È obbligatorio ridurre la velocità e all'occorrenza fermarsi quando i pedoni che si trovano sul percorso danno segni di incertezza (V) (F)

1002. È obbligatorio ridurre la velocità e all'occorrenza fermarsi nei tratti di strada in salita (V) (F)

1003. È obbligatorio ridurre la velocità e all'occorrenza fermarsi in presenza di tutti i segnali stradali (V) (F)

1004. È obbligatorio ridurre la velocità e all'occorrenza fermarsi nelle ore notturne (V) (F)

1005. Si è tenuti a regolare la velocità in base alle caratteristiche della strada (V) (F)

1006. Si è tenuti a regolare la velocità in base alle condizioni atmosferiche (V) (F)

1007. Si è tenuti a regolare la velocità in base alla visibilità (V) (F)

1008. Si è tenuti a regolare la velocità in base alla lunghezza del viaggio (V) (F)

1009. Si è tenuti a regolare la velocità in base alla velocità dei veicoli che ci seguono (V) (F)

1010. Si è tenuti a regolare la velocità in base al tipo di forcella del ciclomotore (V) (F)

1011. Si deve tenere una velocità che non costituisca pericolo per la sicurezza della circolazione (V) (F)

1012. Si deve tenere una velocità che permetta di intervenire con sicurezza in caso di imprevisti (V) (F)

1013. Si deve tenere una velocità adeguata alle condizioni della strada (V) (F)

1014. Si deve tenere una velocità regolata in funzione del tempo che abbiamo a disposizione (V) (F)

1015. Si deve tenere una velocità sempre superiore a 40 km/h (V) (F)

1016. Si deve tenere una velocità proporzionata alla lunghezza del percorso (V) (F)

1017. È obbligo del conducente regolare la velocità in relazione alle caratteristiche e allo stato di manutenzione della strada (V) (F)

1018. È obbligo del conducente regolare la velocità in relazione alle condizioni del traffico (V) (F)

1019. È obbligo del conducente regolare la velocità in modo da poter arrestare il veicolo entro i limiti del suo campo di visibilità (V) (F)

1020. È obbligo del conducente regolare la velocità solo di giorno (V) (F)

1021. È obbligo del conducente regolare la velocità solo in presenza degli agenti addetti ai servizi di polizia stradale (V) (F)

1022. È obbligo del conducente regolare la velocità sulle strade a senso unico (V) (F)

1023. Si deve in particolare regolare la velocità in curva (V) (F)

1024. Si deve in particolare regolare la velocità in prossimità degli incroci (V) (F)

1025. Si deve in particolare regolare la velocità in caso di nebbia o foschia (V) (F)

1026. Si deve in particolare regolare la velocità quando si gareggia con un altro veicolo (V) (F)

1027. Si deve in particolare regolare la velocità fuori dai centri abitati (V) (F)

1028. Si deve in particolare regolare la velocità di giorno (V) (F)

1029. Si deve in particolare regolare la velocità quando la visibilità è limitata (V) (F)

1030. Si deve in particolare regolare la velocità in prossimità delle scuole (V) (F)

1031. Si deve in particolare regolare la velocità nelle ore notturne (V) (F)

1032. Si deve in particolare regolare la velocità quando il veicolo che segue è di cilindrata superiore (V) (F)

1033. Si deve in particolare regolare la velocità percorrendo una strada a senso unico (V) (F)

1034. Si deve in particolare regolare la velocità solo nei giorni festivi (V) (F)

1035. La distanza di sicurezza va rispettata per non tamponare il veicolo che ci precede (V) (F)

1036. La distanza di sicurezza dipende dalla prontezza di riflessi del conducente (V) (F)

1037. La distanza di sicurezza deve essere calcolata in base alla velocità del proprio veicolo (V) (F)

1038. La distanza di sicurezza è una distanza fissa (V) (F)

1039. La distanza di sicurezza si deve rispettare solo al di sopra dei 30 km/h (V) (F)

1040. La distanza di sicurezza deve essere mantenuta solo tra ciclomotori (V) (F)

1041. La distanza di sicurezza può dipendere dalla velocità del proprio veicolo (V) (F)

1042. La distanza di sicurezza può dipendere dal tempo di reazione del conducente (V) (F)

1043. La distanza di sicurezza può dipendere dall'efficienza dei freni (V) (F)

1044. La distanza di sicurezza può dipendere dalle condizioni dei pneumatici (V) (F)

1045. La distanza di sicurezza può dipendere dalla larghezza della strada (V) (F)

1046. La distanza di sicurezza può dipendere dalla presenza di veicoli che ci seguono (V) (F)

1047. La distanza di sicurezza deve essere tale da evitare il tamponamento del veicolo che precede (V) (F)

1048. La distanza di sicurezza deve essere adeguata allo stato di efficienza del veicolo (V) (F)

1049. La distanza di sicurezza deve consentire in ogni caso l'arresto tempestivo del veicolo (V) (F)

1050. La distanza di sicurezza non deve mai essere inferiore a 150 m (V) (F)

1051. La distanza di sicurezza non dipende dalla velocità del veicolo (V) (F)

1052. La distanza di sicurezza deve essere mantenuta solo tra i quadricicli a motore (V) (F)

1053. È vietato il sorpasso quando non si dispone di uno spazio libero sufficiente (V) (F)

1054. È vietato il sorpasso nei dossi, su strade con due corsie e a doppio senso di circolazione (V) (F)

1055. È vietato il sorpasso quando il veicolo che segue ha già iniziato la manovra di sorpasso (V) (F)

1056. È vietato il sorpasso di veicoli fermatisi per consentire ai pedoni di attraversare la carreggiata (V) (F)

1057. È vietato il sorpasso nelle strade a senso unico (V) (F)

1058. È vietato il sorpasso quando il veicolo che ci precede ha azionato l'indicatore destro per fermarsi (V) (F)

1059. È vietato il sorpasso quando il veicolo da superare è un ciclomotore (V) (F)

1060. È vietato il sorpasso nelle curve, su strade con due corsie e a doppio senso di circolazione (V) (F)

1061. È vietato il sorpasso nei passaggi a livello senza barriere e senza semaforo (V) (F)

1062. È vietato il sorpasso di veicoli fermi al semaforo quando si deve superare la linea continua (V) (F)

1063. È vietato il sorpasso nelle strade a carreggiate separate (V) (F)

1064. È vietato il sorpasso nei centri abitati (V) (F)

1065. È vietato il sorpasso nelle ore notturne (V) (F)

1066. È vietato il sorpasso quando il veicolo che precede ha segnalato di voler iniziare il sorpasso (V) (F)

1067. È vietato il sorpasso a destra di un tram fermo per la salita e discesa dei passeggeri, se non c'è il salvagente (V) (F)

1068. È vietato il sorpasso su strade a due corsie e a doppio senso, quando la visibilità è limitata (V) (F)

1069. È vietato il sorpasso quando piove (V) (F)

1070. È vietato il sorpasso nelle curve, su strade a due corsie per ogni senso di marcia (V) (F)

1071. È vietato il sorpasso nei dossi, su strade a senso unico di circolazione (V) (F)

1072. Nell'eseguire la manovra di sorpasso bisogna segnalare la manovra azionando l'indicatore di direzione (V) (F)

1073. Nell'eseguire la manovra di sorpasso bisogna affiancare il veicolo sulla sua sinistra lasciando un adeguato margine di sicurezza Ⓥ Ⓕ

1074. Nell'eseguire la manovra di sorpasso bisogna assicurarsi che si disponga di uno spazio libero sufficiente Ⓥ Ⓕ

1075. Nell'eseguire la manovra di sorpasso occorre tener presente che sulle strade provinciali il sorpasso è ammesso solo di giorno Ⓥ Ⓕ

1076. Nell'eseguire la manovra di sorpasso dei motocicli, si può effettuare la manovra sia a destra che a sinistra Ⓥ Ⓕ

1077. Nell'eseguire la manovra di sorpasso in curva si deve sempre suonare il clacson Ⓥ Ⓕ

1078. Non si può sorpassare quando si deve oltrepassare una striscia longitudinale bianca continua, singola o doppia Ⓥ Ⓕ

1079. Non si può sorpassare in prossimità o in corrispondenza dei passaggi a livello senza barriere e senza semaforo Ⓥ Ⓕ

1080. Non si può sorpassare un veicolo che si sia fermato per dare la precedenza ad altri veicoli Ⓥ Ⓕ

1081. Non si può sorpassare in corrispondenza dei dossi su strade a senso unico a due corsie Ⓥ Ⓕ

1082. Non si può sorpassare un veicolo che abbia segnalato l'intenzione di accostarsi a destra Ⓥ Ⓕ

1083. Non si può sorpassare sulla destra, il tram che marcia al centro della strada Ⓥ Ⓕ

1084. Lo spazio necessario alla manovra di sorpasso aumenta se il veicolo da sorpassare accelera Ⓥ Ⓕ

1085. Lo spazio necessario alla manovra di sorpasso aumenta in relazione alla lunghezza del veicolo da sorpassare Ⓥ Ⓕ

1086. Lo spazio necessario alla manovra di sorpasso dipende dalla velocità dei due veicoli Ⓥ Ⓕ

1087. Lo spazio necessario alla manovra di sorpasso non interessa ai fini della sicurezza stradale Ⓥ Ⓕ

1088. Lo spazio necessario alla manovra di sorpasso diminuisce se il veicolo che sta sorpassando rallenta Ⓥ Ⓕ

1089. Lo spazio necessario alla manovra di sorpasso non dipende dalla lunghezza del veicolo da sorpassare Ⓥ Ⓕ

1090. Sulle strade a senso unico, si può effettuare un sorpasso anche in presenza di un dosso Ⓥ Ⓕ

1091. Sulle strade a due carreggiate separate, si può effettuare un sorpasso anche in presenza di un dosso Ⓥ Ⓕ

1092. In presenza di un dosso si può effettuare un sorpasso sul suo tratto in discesa, salvo diversa segnalazione Ⓥ Ⓕ

1093. In presenza di un dosso, si può sempre effettuare un sorpasso sul suo tratto in salita Ⓥ Ⓕ

1094. È È comunque consigliabile effettuare i sorpassi sulla scia del veicolo che ci precede Ⓥ Ⓕ

1095. In presenza di nebbia, è consigliabile superare un veicolo che ci precede a velocità moderata per non rischiare di tamponarlo Ⓥ Ⓕ

1096. Il sorpasso è vietato quando un veicolo si è fermato per consentire ai pedoni di attraversare la strada Ⓥ Ⓕ

1097. Il sorpasso è vietato quando il veicolo che segue abbia già segnalato l'intenzione di effettuare analoga manovra Ⓥ Ⓕ

1098. Il sorpasso è vietato quando ci sia l'apposito segnale Ⓥ Ⓕ

1099. Il sorpasso è vietato quando sulla strada è tracciata la linea longitudinale tratteggiata Ⓥ Ⓕ

1100. Il soprasso è vietato quando il veicolo che ci precede è uno dei mezzi di soccorso con il lampeggiante giallo acceso Ⓥ Ⓕ

1101. Il sorpasso è vietato quando si è in corrispondenza di una curva o di un dosso sulle strade a senso unico Ⓥ Ⓕ

1102. Il sorpasso a destra è permesso quando il conducente da sorpassare ha segnalato che intende svoltare a sinistra Ⓥ Ⓕ

1103. Il sorpasso a destra è permesso quando si sorpassa un tram in marcia e la larghezza della carreggiata alla sua destra lo permette Ⓥ Ⓕ

1104. Il sorpasso a destra è permesso quando avviene nei confronti dei motocicli e ci sia spazio sufficiente Ⓥ Ⓕ

1105. Il sorpasso a destra è permesso quando si percorre una strada extraurbana a senso unico Ⓥ Ⓕ

1106. Il sorpasso a destra è permesso quando si percorre un tratto di strada a traffico molto lento Ⓥ Ⓕ

1107. Il conducente che intende sorpassare deve assicurarsi che la visibilità sia tale da poter effettuare la manovra senza pericolo Ⓥ Ⓕ

1108. Il conducente che intende sorpassare deve assicurarsi che non vi siano segnali che vietino la manovra Ⓥ Ⓕ

1109. Il conducente che intende sorpassare deve assicurarsi che nessun conducente abbia già iniziato la medesima manovra Ⓥ Ⓕ

1110. Il conducente che intende sorpassare deve assicurarsi che il veicolo proveniente in senso contrario abbia uno spazio di almeno 10 m per arrestarsi Ⓥ Ⓕ

1111. Il conducente che intende sorpassare deve assicurarsi che il veicolo che precede non stia rallentando Ⓥ Ⓕ

1112. Il conducente che intende sorpassare deve assicurarsi che il conducente che precede abbia dato via libera Ⓥ Ⓕ

1113. Il conducente del veicolo che viene sorpassato ha l'obbligo di facilitare la manovra di sorpasso Ⓥ Ⓕ

1114. Il conducente del veicolo che viene sorpassato ha l'obbligo di non costituire pericolo o intralcio alla circolazione Ⓥ Ⓕ

1115. Il conducente del veicolo che viene sorpassato ha l'obbligo di non gareggiare in velocità con il veicolo che sta sorpassando Ⓥ Ⓕ

1116. Il conducente del veicolo che viene sorpassato ha l'obbligo di non accelerare Ⓥ Ⓕ

1117. Il conducente del veicolo che viene sorpassato ha l'obbligo di ridurre sempre la propria velocità Ⓥ Ⓕ

1118. Il conducente del veicolo che viene sorpassato ha l'obbligo di azionare l'indicatore di direzione destro Ⓥ Ⓕ

1119. Il conducente del veicolo che viene sorpassato ha l'obbligo di portarsi al centro della carreggiata per evitare sorpassi in scia Ⓥ Ⓕ

1120. Il conducente del veicolo che viene sorpassato ha l'obbligo di accelerare per permettere al veicolo sorpassante di prendere la scia per aumentare la velocità Ⓥ Ⓕ

1121. La svolta a destra si effettua tenendosi il più vicino possibile al margine destro della strada Ⓥ Ⓕ

1122. La svolta a destra si effettua azionando l'indicatore di direzione con sufficiente anticipo Ⓥ Ⓕ

1123. La svolta a destra si effettua regolando la velocità man mano che ci si avvicina all'incrocio Ⓥ Ⓕ

1124. La svolta a destra si effettua tenendosi il più vicino possibile al margine sinistro della strada Ⓥ Ⓕ

1125. La svolta a destra si effettua spostandosi sulla corsia di sinistra Ⓥ Ⓕ

1126. La svolta a destra si effettua portandosi al centro dell'incrocio Ⓥ Ⓕ

1127. In una strada a doppio senso di circolazione, per svoltare a sinistra il conducente deve avvicinarsi il più possibile al centro della strada Ⓥ Ⓕ

1128. In una strada a doppio senso di circolazione, per svoltare a sinistra il conducente deve lasciare di norma il centro dell'incrocio alla propria destra Ⓥ Ⓕ

1129. In una strada a doppio senso di circolazione, per svoltare a sinistra il conducente deve dare la precedenza ai veicoli provenienti da destra, salvo diversa segnalazione Ⓥ Ⓕ

1130. In una strada a doppio senso di circolazione, per svoltare a sinistra il conducente deve spostarsi il più possibile sul margine sinistro della strada Ⓥ Ⓕ

1131. In una strada a doppio senso di circolazione, per svoltare a sinistra il conducente deve effettuare la svolta con rapidità per evitare i veicoli provenienti da destra e da sinistra Ⓥ Ⓕ

1132. In una strada a doppio senso di circolazione, per svoltare a sinistra il conducente deve dare sempre la precedenza ai veicoli provenienti da sinistra Ⓥ Ⓕ

1133. Quando si vuole cambiare direzione, per svoltare a destra bisogna tenersi sul margine destro della strada Ⓥ Ⓕ

1134. Quando si vuole cambiare direzione, per svoltare a sinistra su strade a doppio senso bisogna spostarsi al centro Ⓥ Ⓕ

1135. Quando si vuole cambiare direzione, su strada a senso unico per svoltare a sinistra bisogna spostarsi sul margine sinistro Ⓥ Ⓕ

1136. Quando si vuole cambiare direzione, l'indicatore di direzione deve restare in funzione per l'intera durata della manovra Ⓥ Ⓕ

1137. Quando si vuole cambiare direzione, per svoltare a sinistra bisogna sempre girare intorno al centro dell'incrocio Ⓥ Ⓕ

1138. Quando si vuole cambiare direzione, è necessario in ogni caso fare uso del clacson Ⓥ Ⓕ

1139. Nell'effettuare la svolta a sinistra si ha l'obbligo di non imboccare contromano la nuova strada Ⓥ Ⓕ

1140. Nell'effettuare la svolta a sinistra si ha l'obbligo di rispettare, di norma, la precedenza dei veicoli provenienti da destra Ⓥ Ⓕ

1141. Nell'effettuare la svolta a sinistra si ha l'obbligo di lasciare, di norma, il centro dell'incrocio alla nostra destra Ⓥ Ⓕ

1142. Nell'effettuare la svolta a sinistra si ha l'obbligo di spostarsi sempre nella corsia di destra Ⓥ Ⓕ

1143. Nell'effettuare la svolta a sinistra si ha l'obbligo di disporsi a sinistra della linea continua Ⓥ Ⓕ

1144. Nell'effettuare la svolta a sinistra si ha l'obbligo di guardare solo a destra Ⓥ Ⓕ

1145. Percorrendo una strada a senso unico, la svolta a sinistra si effettua tenendosi il più vicino possibile al margine sinistro della strada Ⓥ Ⓕ

1146. Percorrendo una strada a senso unico, la svolta a sinistra si effettua lasciando di norma il centro dell'incrocio alla nostra destra Ⓥ Ⓕ

1147. Percorrendo una strada a senso unico, la svolta a sinistra si effettua dando la precedenza ai veicoli che provengono da destra Ⓥ Ⓕ

1148. Percorrendo una strada a senso unico, la svolta a sinistra si effettua dando in ogni caso la precedenza ai veicoli provenienti da sinistra Ⓥ Ⓕ

1149. Percorrendo una strada a senso unico, la svolta a sinistra si effettua senza che sia necessario rallentare, se l'incrocio è libero Ⓥ Ⓕ

1150. Percorrendo una strada a senso unico, la svolta a sinistra si effettua se è ammessa la circolazione per file parallele, incolonnandosi in una corsia qualsiasi Ⓥ Ⓕ

1151. Per cambiare corsia, dobbiamo accertarci prima che la corsia che vogliamo occupare sia libera dietro per un tratto sufficiente Ⓥ Ⓕ

1152. Per cambiare corsia, dobbiamo accertarci che il veicolo che sta davanti non abbia segnalato l'inizio della stessa manovra Ⓥ Ⓕ

1153. Per cambiare corsia, dobbiamo evitare di creare intralcio a chi percorre la corsia in cui vogliamo spostarci Ⓥ Ⓕ

1154. Per cambiare corsia, dobbiamo evitare di azionare gli indicatori di direzione se la corsia è libera Ⓥ Ⓕ

1155. Per cambiare corsia, dobbiamo segnalare sempre la manovra in tempo utile con il clacson Ⓥ Ⓕ

1156. Per cambiare corsia, dobbiamo accertarci che le corsie siano separate da strisce continue Ⓥ Ⓕ

1157. Giungendo in prossimità di un incrocio si deve, conducendo un ciclomotore, incolonnarsi con gli altri veicoli in attesa Ⓥ Ⓕ

1158. Giungendo in prossimità di un incrocio si deve segnalare in tempo utile l'intenzione di svoltare Ⓥ Ⓕ

1159. Giungendo in prossimità di un incrocio si deve usare la massima prudenza al fine di evitare incidenti Ⓥ Ⓕ

1160. Giungendo in prossimità di un incrocio si deve dare sempre la precedenza a chi proviene da destra Ⓥ Ⓕ

1161. Giungendo in prossimità di un incrocio si deve sorpassare a sinistra se vogliamo svoltare a destra Ⓥ Ⓕ

1162. Giungendo in prossimità di un incrocio si deve, con semaforo verde, accelerare senza usare prudenza Ⓥ Ⓕ

1163. In prossimità o in corrispondenza degli incroci è vietato procedere a zig zag anche se ci sono strisce tratteggiate Ⓥ Ⓕ

1164. In prossimità o in corrispondenza degli incroci è vietato modificare improvvisamente la direzione di marcia (V) (F)

1165. In prossimità o in corrispondenza degli incroci è vietato effettuare l'inversione di marcia (V) (F)

1166. In prossimità o in corrispondenza degli incroci è vietato usare i fari anabbaglianti (V) (F)

1167. In prossimità o in corrispondenza degli incroci è vietato azionare l'indicatore di direzione se si svolta (V) (F)

1168. In prossimità o in corrispondenza degli incroci è vietato superare la velocità di 20 km/h (V) (F)

1169. La fermata del veicolo è sempre vietata sui marciapiedi, salvo diversa segnalazione, nonché sulle strisce pedonali (V) (F)

1170. La fermata del veicolo è sempre vietata in tutti i luoghi dove sia di intralcio alla circolazione (V) (F)

1171. La fermata del veicolo è sempre vietata nelle curve e sui dossi (V) (F)

1172. La fermata del veicolo è sempre vietata sul margine destro della strada (V) (F)

1173. La fermata del veicolo è sempre vietata davanti ai cassonetti dei rifiuti urbani (V) (F)

1174. La fermata del veicolo è sempre vietata in seconda fila (V) (F)

1175. La fermata è vietata in corrispondenza dei passaggi a livello (V) (F)

1176. La fermata è vietata in corrispondenza e in prossimità degli incroci (V) (F)

1177. La fermata è vietata sui binari del tram posti al centro della strada (V) (F)

1178. La fermata è vietata in prossimità dei segnali stradali (V) (F)

1179. La fermata è vietata sempre, dove esiste il segnale DIVIETO DI SOSTA (V) (F)

1180. La fermata è vietata sulle strade che non siano suddivise in corsie (V) (F)

1181. La fermata è vietata in presenza dell'apposito segnale (V) (F)

1182. La fermata è vietata all'entrata e all'uscita delle piste ciclabili (V) (F)

1183. La fermata è vietata sulle strisce pedonali (V) (F)

1184. La fermata è vietata nei lunghi rettilinei (V) (F)

1185. La fermata è vietata sul margine destro della carreggiata (V) (F)

1186. La fermata è vietata nello spazio riservato alla fermata degli autobus (V) (F)

1187. La fermata di un veicolo è consentita, di norma, lungo il margine destro della carreggiata (V) (F)

1188. La fermata di un veicolo non è consentita sulle strisce pedonali (V) (F)

1189. La fermata di un veicolo non deve comunque causare intralcio alla circolazione (V) (F)

1190. La fermata di un veicolo può avere la durata massima di cinque minuti (V) (F)

1191. La fermata di un veicolo è consentita in curva (V) (F)

1192. La fermata di un veicolo è consentita sui dossi (V) (F)

1193. La sosta non è consentita in corrispondenza o in prossimità dei passaggi a livello (V) (F)

1194. La sosta non è consentita nelle aree destinate alla fermata o alla sosta dei taxi (V) (F)

1195. La sosta non è consentita davanti ai cassonetti dei rifiuti urbani (V) (F)

1196. La sosta non è consentita nelle gallerie urbane a senso unico, solo se non sufficientemente illuminate (V) (F)

1197. La sosta non è consentita in prossimità delle strisce pedonali (V) (F)

1198. La sosta non è consentita negli spazi appositamente delimitati per la sosta (V) (F)

1199. È proibito sostare in corrispondenza degli spazi destinati al passaggio dei disabili (V) (F)

1200. È proibito sostare sui binari tranviari (V) (F)

1201. È proibito sostare nelle corsie riservate ai mezzi pubblici (V) (F)

1202. È proibito sostare alle fermate degli autobus, solo se lo spazio è delimitato dalle strisce gialle (V) (F)

1203. È proibito sostare nelle discese pericolose (V) (F)

1204. È proibito sostare sulle strade a senso unico (V) (F)

1205. La sosta è vietata nelle gallerie e sotto i ponti, salvo diversa segnalazione (V) (F)

1206. La sosta è vietata dove il bordo del marciapiede è dipinto con strisce gialle e nere (V) (F)

1207. La sosta è vietata negli spazi riservati alla sosta dei veicoli per persone disabili (V) (F)

1208. La sosta è vietata sempre davanti alle sale gioco (V) (F)

1209. La sosta è vietata sui marciapiedi, in ogni caso (V) (F)

1210. La sosta è vietata in prossimità dei passaggi a livello, solo se senza barriere (V) (F)

1211. La sosta è vietata davanti ai passi carrabili (V) (F)

1212. La sosta è vietata sui marciapiedi, salvo diversa segnalazione (V) (F)

1213. La sosta è vietata in corrispondenza di incroci regolati da semaforo (V) (F)

1214. La sosta è vietata sempre sui lunghi rettilinei (V) (F)

1215. La sosta è vietata nelle strade a senso unico (V) (F)

1216. La sosta è vietata fuori dai centri abitati (V) (F)

1217. È vietato sostare negli spazi riservati alla sosta dei veicoli per persone disabili (V) (F)

1218. È vietato sostare occupando nel parcheggio più di uno spazio (V) (F)

1219. È vietato sostare davanti ai distributori di carburante, durante l'orario di apertura (V) (F)

1220. È vietato sostare nelle strade senza marciapiede (V) (F)

1221. È vietato sostare lungo le strade prive di illuminazione pubblica (V) (F)

1222. È vietato sostare lungo le strade a forte pendenza (V) (F)

1223. La sosta in doppia fila è vietata ai quadricicli leggeri a motore (V) (F)

1224. La sosta in doppia fila può ostacolare la circolazione (V) (F)

1225. La sosta in doppia fila è ammessa se i veicoli sono a due ruote (V) (F)

1226. La sosta in doppia fila è consentita ai quadricicli leggeri a motore (V) (F)

1227. La sosta in doppia fila, nei centri abitati, è sempre vietata ai ciclomotori a due ruote (V) (F)

1228. La sosta in doppia fila è consentita solo per pochi minuti ai quadricicli leggeri a motore (V) (F)

1229. Quando si esce da un parcheggio autorizzato, si ha l'obbligo di dare la precedenza ai veicoli in transito (V) (F)

1230. Quando si lascia il veicolo in sosta in un parcheggio autorizzato, si ha l'obbligo di non ostacolare gli altri utenti della strada presenti nel parcheggio (V) (F)

1231. Quando si lascia il veicolo in sosta in un parcheggio autorizzato, si ha l'obbligo di disporre il veicolo all'interno degli appositi spazi delimitati (V) (F)

1232. Un parcheggio autorizzato a pagamento, è delimitato da strisce gialle (V) (F)

1233. Un parcheggio autorizzato delimitato da strisce azzurre è riservato alla sosta dei soli taxi (V) (F)

1234. Non è ammesso sostare nelle immediate vicinanze di un parcheggio autorizzato (V) (F)

1235. Uscendo da un parcheggio, per immettersi nella circolazione occorre dare la precedenza ai veicoli in transito (V) (F)

1236. Uscendo da un parcheggio, per immettersi nella circolazione occorre segnalare l'intenzione di immettersi nella corsia di marcia (V) (F)

1237. Uscendo da un parcheggio, per immettersi nella circolazione occorre azionare l'indicatore di direzione dopo essersi immessi nel flusso della circolazione (V) (F)

1238. Uscendo da un parcheggio, per immettersi nella circolazione occorre disinserire l'indicatore di direzione solo quando si è raggiunta una velocità adeguata al traffico (V) (F)

1239. Uscendo da un parcheggio, per immettersi nella circolazione occorre azionare l'indicatore di direzione, solo se sopraggiungono veicoli (V) (F)

1240. Uscendo da un parcheggio, per immettersi nella circolazione occorre accelerare a fondo facendo slittare i pneumatici (V) (F)

1241. L'attraversamento pedonale è una parte della strada dipinta con strisce bianche per l'attraversamento dei pedoni (V) (F)

1242. L'attraversamento pedonale è una parte della strada in cui i veicoli debbono dare la precedenza ai pedoni che attraversano (V) (F)

1243. L'attraversamento pedonale è una parte della strada destinata al transito dei pedoni che attraversano (V) (F)

1244. L'attraversamento pedonale è una parte della strada in cui è vietato il transito dei veicoli (V) (F)

1245. L'attraversamento pedonale è una parte della strada dipinta con strisce blu (V) (F)

1246. L'attraversamento pedonale è una parte al di fuori della strada e destinata al transito dei pedoni ( ) (F)

1247. Una zona a traffico limitato è un'area nella quale la circolazione è limitata ai soli veicoli autorizzati (V) (F)

1248. Una zona a traffico limitato è una area in cui la circolazione è limitata ad ore stabilite (V) ( )

1249. Una zona a traffico limitato è un'area delimitata da appositi segnali stradali (V) (F)

1250. Una zona a traffico limitato è un'area nella quale è permesso solo il transito di ciclomotori e biciclette (V) (F)

1251. Una zona a traffico limitato è un'area sempre e comunque esclusa al transito dei veicoli a motore (V) (F)

1252. Una zona a traffico limitato è un'area nella quale l'accesso ai pedoni è soggetto a limitazioni (V) (F)

1253. Nelle aree pedonali possono passare, di norma, soltanto i pedoni, le biciclette e i veicoli di soccorso (V) (F)

1254. Nelle aree pedonali possono passare i veicoli al servizio di persone disabili, se espressamente consentito (V) (F)

1255. Nelle aree pedonali possono passare i veicoli in servizio di polizia, con sirena e con luce lampeggiante blu in funzione (V) (F)

1256. Nelle aree pedonali possono passare i ciclomotori Ⓥ Ⓕ

1257. Nelle aree pedonali possono passare i quadricicli a motore purché non superino la velocità di 50 km/h Ⓥ Ⓕ

1258. Nelle aree pedonali possono passare tutti i veicoli sprovvisti di motore Ⓥ Ⓕ

1259. Il marciapiede è una parte della strada riservata ai pedoni Ⓥ Ⓕ

1260. Il marciapiede è una parte della strada riservata ai pedoni e anche ai veicoli in sosta se ci sono strisce di parcheggio Ⓥ Ⓕ

1261. Il marciapiede è una parte della strada vietata alla circolazione dei ciclomotori Ⓥ Ⓕ

1262. Il marciapiede è una parte della strada vietata alla circolazione dei pedoni Ⓥ Ⓕ

1263. Il marciapiede è una parte della strada riservata alle sole biciclette Ⓥ Ⓕ

1264. Il marciapiede è una parte della strada riservata ai veicoli in sosta, ma vietata ai pedoni Ⓥ Ⓕ

1265. Il salvagente è destinato al riparo o alla sosta dei pedoni che attraversano la strada Ⓥ Ⓕ

1266. Il salvagente agevola la salita e la discesa dei passeggeri da tram, filobus od autobus Ⓥ Ⓕ

1267. Il salvagente può essere segnalato con colonnine luminose e luci semaforiche gialle lampeggianti Ⓥ Ⓕ

1268. Il salvagente può essere segnalato con colonnine luminose a luce gialla fissa Ⓥ Ⓕ

1269. Il salvagente è una zona destinata alla sosta dei ciclomotori Ⓥ Ⓕ

1270. Il salvagente è una zona dove è consentito il transito dei ciclomotori Ⓥ Ⓕ

1271. Il salvagente è una zona della strada destinata al primo soccorso Ⓥ Ⓕ

1272. Sulla strada è vietato effettuare un cambiamento di direzione senza segnalare la manovra con sufficiente anticipo Ⓥ Ⓕ

1273. Sulla strada è vietato gareggiare in velocità Ⓥ Ⓕ

1274. Sulla strada è vietato circolare a velocità troppo bassa senza giustificato motivo Ⓥ Ⓕ

1275. Sulla strada è vietato immettersi nel flusso della circolazione provenendo da strade laterali Ⓥ Ⓕ

1276. Sulla strada è vietato adeguare la velocità in relazione alle sue caratteristiche Ⓥ Ⓕ

1277. Sulla strada è vietato fermare momentaneamente il veicolo lungo il margine destro Ⓥ Ⓕ

1278. Causa frequente di incidenti dovuti alle condizioni della strada può essere fondo ghiacciato Ⓥ Ⓕ

1279. Causa frequente di incidenti dovuti alle condizioni della strada può essere strada coperta di foglie (V) (F)

1280. Causa frequente di incidenti dovuti alle condizioni della strada può essere presenza di pietrisco sulla carreggiata (V) (F)

1281. Causa frequente di incidenti dovuti alle condizioni della strada può essere presenza di olio sull'asfalto (V) (F)

1282. Causa frequente di incidenti dovuti alle condizioni della strada può essere fondo asfaltato ruvido (V) (F)

1283. Causa frequente di incidenti dovuti alle condizioni della strada può essere una buona illuminazione (V) (F)

1284. In presenza di una galleria è necessario rallentare l'andatura prima di entrare (V) (F)

1285. In presenza di una galleria è necessario tenere saldo il manubrio per fronteggiare colpi di vento laterale all'uscita (V) (F)

1286. Di giorno, prima di entrare in una galleria, è necessario moderare la velocità per abituare gli occhi alla penombra (V) (F)

1287. In presenza di una galleria è necessario accendere sempre i fari abbaglianti (V) (F)

1288. In presenza di una galleria è necessario frenare bruscamente (V) (F)

1289. Di giorno, prima di entrare in una galleria, è necessario indossare gli occhiali da sole (V) (F)

1290. In caso di pioggia occorre ridurre la velocità (V) (F)

1291. In caso di pioggia occorre aumentare la distanza di sicurezza (V) (F)

1292. In caso di pioggia occorre manovrare con prudenza il manubrio (V) (F)

1293. In caso di pioggia occorre passare velocemente sulle pozzanghere per evitare di rimanere impantanati (V) (F)

1294. In caso di pioggia occorre frenare energicamente (V) (F)

1295. In caso di pioggia occorre impiegare con prudenza gli indicatori di direzione (V) (F)

1296. Conducendo un ciclomotore, in caso di pioggia bisogna fare particolare attenzione perché la visibilità attraverso la visiera del casco peggiora notevolmente (V) (F)

1297. Conducendo un ciclomotore, in caso di pioggia bisogna fare particolare attenzione perché le buche piene d'acqua sulla strada sono difficili da individuare (V) (F)

1298. Conducendo un ciclomotore, in caso di pioggia bisogna fare particolare attenzione all'acqua fatta schizzare dai veicoli che precedono (V) (F)

1299. Conducendo un ciclomotore, in caso di pioggia bisogna fare particolare attenzione perché l'aderenza è maggiore Ⓥ Ⓕ

1300. Conducendo un ciclomotore, in caso di pioggia bisogna fare particolare attenzione perché aumenta la pressione dei pneumatici Ⓥ Ⓕ

1301. Conducendo un ciclomotore, in caso di pioggia bisogna fare particolare attenzione perché lo spazio di frenatura è minore Ⓥ Ⓕ

1302. In caso di forti piogge il conducente deve evitare di frenare in modo improvviso e brusco Ⓥ Ⓕ

1303. In caso di forti piogge il conducente deve percorrere le curve a velocità ridotta Ⓥ Ⓕ

1304. In caso di forti piogge il conducente deve aumentare la distanza di sicurezza dal veicolo che lo precede Ⓥ Ⓕ

1305. In caso di forti piogge il conducente deve aumentare la velocità di marcia, nel rispetto dei limiti prescritti Ⓥ Ⓕ

1306. In caso di forti piogge il conducente deve percorrere le forti discese con il freno sempre azionato Ⓥ Ⓕ

1307. Con il fondo stradale bagnato è facile perdere il controllo e cadere se si è alla guida un ciclomotore a due ruote Ⓥ Ⓕ

1308. Con il fondo stradale bagnato la strada diventa scivolosa Ⓥ Ⓕ

1309. Con il fondo stradale bagnato la vernice delle strisce rende la strada particolarmente viscida Ⓥ Ⓕ

1310. Con il fondo stradale bagnato aumenta l'aderenza Ⓥ Ⓕ

1311. Con il fondo stradale bagnato diminuisce lo spazio di frenata Ⓥ Ⓕ

1312. Con il fondo stradale bagnato si frena meglio Ⓥ Ⓕ

1313. Il fenomeno dell'aquaplaning fa scivolare le ruote sullo strato di acqua compressa Ⓥ Ⓕ

1314. Il fenomeno dell'aquaplaning inizia a velocità più bassa se il pneumatico è molto consumato Ⓥ Ⓕ

1315. Il fenomeno dell'aquaplaning dipende fondamentalmente dall'insufficiente uscita dell'acqua dagli intagli del battistrada Ⓥ Ⓕ

1316. Il fenomeno dell'aquaplaning si verifica più facilmente a velocità ridotta Ⓥ Ⓕ

1317. Il fenomeno dell'aquaplaning riduce lo sbandamento del veicolo Ⓥ Ⓕ

1318. Il fenomeno dell'aquaplaning non dipende dallo spessore del battistrada Ⓥ Ⓕ

1319. Su strade coperte di neve o ghiaccio è opportuno moderare la velocità Ⓥ Ⓕ

1320. Su strade coperte di neve o ghiaccio è opportuno tenersi a maggior distanza dal veicolo che precede Ⓥ Ⓕ

1321. Su strade coperte di neve o ghiaccio è opportuno evitare brusche accelerazioni Ⓥ Ⓕ

1322. Su strade coperte di neve o ghiaccio è opportuno frenare con maggiore energia Ⓥ Ⓕ

1323. Su strade coperte di neve o ghiaccio è opportuno accelerare al massimo alla partenza Ⓥ Ⓕ

1324. Su strade coperte di neve o ghiaccio è opportuno sterzare bruscamente per evitare veicoli fermi Ⓥ Ⓕ

1325. In caso di strada scivolosa il conducente deve affrontare le curve a velocità particolarmente moderata Ⓥ Ⓕ

1326. In caso di strada scivolosa il conducente deve aumentare la distanza di sicurezza dal veicolo che lo precede Ⓥ Ⓕ

1327. In caso di strada scivolosa il conducente deve cercare di procedere a velocità quanto più possibile moderata e uniforme Ⓥ Ⓕ

1328. In caso di strada scivolosa il conducente deve aumentare bruscamente la velocità di marcia Ⓥ Ⓕ

1329. In caso di strada scivolosa il conducente deve frenare bruscamente in curva Ⓥ Ⓕ

1330. In caso di strada scivolosa il conducente deve controllare la direzione di marcia con colpi di manubrio improvvisi ed ampi Ⓥ Ⓕ

1331. L'aderenza delle ruote sull'asfalto è ridotta da strada bagnata Ⓥ Ⓕ

1332. L'aderenza delle ruote sull'asfalto è ridotta da presenza di foglie Ⓥ Ⓕ

1333. L'aderenza delle ruote sull'asfalto è ridotta da presenza di neve o di ghiaccio Ⓥ Ⓕ

1334. L'aderenza delle ruote sull'asfalto è ridotta da presenza di olio sulla strada Ⓥ Ⓕ

1335. L'aderenza delle ruote sull'asfalto è ridotta da bassa velocità Ⓥ Ⓕ

1336. L'aderenza delle ruote sull'asfalto è ridotta da un elevato numero di giri del motore Ⓥ Ⓕ

1337. L'aderenza delle ruote sull'asfalto è ridotta da asfalto molto ruvido Ⓥ Ⓕ

1338. In caso di nebbia fitta è opportuno procedere facendo riferimento alla segnaletica orizzontale Ⓥ Ⓕ

1339. In caso di nebbia fitta è opportuno procedere ad una velocità adeguata alla visibilità Ⓥ Ⓕ

1340. In caso di nebbia fitta, se la visibilità è troppo ridotta, è opportuno fermarsi fuori dalla carreggiata, qualora ciò si renda necessario Ⓥ Ⓕ

1341. In caso di nebbia fitta è opportuno evitare di fermarsi sulla carreggiata, se non per cause di forza maggiore Ⓥ Ⓕ

1342. In caso di nebbia fitta è opportuno entrare velocemente nel banco di nebbia, per poterne uscire al più presto Ⓥ Ⓕ

1343. In caso di nebbia fitta è opportuno procedere a zig zag per far meglio notare la propria presenza Ⓥ Ⓕ

1344. In caso di nebbia fitta è opportuno mantenere sempre acceso l'indicatore di direzione sinistro Ⓥ Ⓕ

1345. In caso di nebbia fitta è opportuno suonare insistentemente il clacson Ⓥ Ⓕ

1346. In caso di forte vento laterale è opportuno ridurre la velocità Ⓥ Ⓕ

1347. In caso di forte vento laterale è opportuno mantenersi a distanza dagli ostacoli laterali Ⓥ Ⓕ

1348. In caso di forte vento laterale è opportuno usare particolare cautela nel percorrere viadotti Ⓥ Ⓕ

1349. In caso di forte vento laterale è opportuno ridurre la pressione dei pneumatici Ⓥ Ⓕ

1350. In caso di forte vento laterale è opportuno accodarsi al veicolo che precede senza rispettare la distanza di sicurezza Ⓥ Ⓕ

1351. In caso di forte vento laterale è opportuno uscire dalle gallerie ad alta velocità Ⓥ Ⓕ

1352. Quando, giunti in prossimità di un incrocio, ci accorgiamo di aver sbagliato la corsia di preselezione, procediamo nella direzione già presa senza arrestarci bruscamente Ⓥ Ⓕ

1353. Quando, giunti in prossimità di un incrocio, ci accorgiamo di aver sbagliato la corsia di preselezione, non effettuiamo bruschi cambiamenti di corsia per non intralciare i veicoli che seguono Ⓥ Ⓕ

1354. Quando, giunti in prossimità di un incrocio, ci accorgiamo di aver sbagliato la corsia di preselezione, non ci fermiamo a chiedere informazioni, per non ostacolare la circolazione Ⓥ Ⓕ

1355. Quando, giunti in prossimità di un incrocio, ci accorgiamo di aver sbagliato la corsia di preselezione, effettuiamo la manovra di svolta che intendevamo fare, dando però precedenza a tutti i veicoli Ⓥ Ⓕ

1356. Quando, giunti in prossimità di un incrocio, ci accorgiamo di aver sbagliato la corsia di preselezione, accostiamo sulla destra e ci fermiamo finché non sia passata la colonna dei veicoli che seguono Ⓥ Ⓕ

1357. Quando, giunti in prossimità di un incrocio, ci accorgiamo di aver sbagliato la corsia di preselezione, cerchiamo di retrocedere, con prudenza, fino al punto in cui possiamo cambiare corsia ⓥ Ⓕ

1358. Quando un pedone attraversa la strada fuori dalle strisce pedonali è necessario ridurre la velocità ed eventualmente fermarsi ⓥ Ⓕ

1359. Quando un pedone attraversa la strada fuori dalle strisce pedonali è necessario rallentare e avvisare il pedone con un breve colpo di clacson, in caso di pericolo immediato ⓥ Ⓕ

1360. Quando un pedone attraversa la strada fuori dalle strisce pedonali è necessario ridurre la velocità fino a fermarsi tempestivamente, se occorre ⓥ Ⓕ

1361. Quando un pedone attraversa la strada fuori dalle strisce pedonali è necessario, nelle ore notturne, procedere con gli abbaglianti accesi così che possa accorgersi di noi ⓥ Ⓕ

1362. Quando un pedone attraversa la strada fuori dalle strisce pedonali è necessario cercare di richiamare la sua attenzione con qualsiasi mezzo, perché ci dia la precedenza ⓥ Ⓕ

1363. Quando un pedone attraversa la strada fuori dalle strisce pedonali è necessario proseguire comunque perché abbiamo la precedenza ⓥ Ⓕ

1364. Di notte, incrociando un veicolo con fari a luce abbagliante accesi, occorre procedere con prudenza, usando le luci anabbaglianti ⓥ Ⓕ

1365. Di notte, incrociando un veicolo con fari a luce abbagliante accesi, occorre cercare di non venire abbagliati, distogliendo lo sguardo dal fascio luminoso ⓥ Ⓕ

1366. Di notte, incrociando un veicolo con fari a luce abbagliante accesi, occorre rallentare adeguatamente ed eventualmente fermarsi ⓥ Ⓕ

1367. Di notte, incrociando un veicolo con fari a luce abbagliante accesi, occorre procedere a nostra volta con i fari abbaglianti, onde vedere bene la strada ⓥ Ⓕ

1368. Di notte, incrociando un veicolo con fari a luce abbagliante accesi, occorre fermarsi bruscamente ⓥ Ⓕ

1369. Di notte, incrociando un veicolo con fari a luce abbagliante accesi, occorre cercare di ripararsi gli occhi con le mani ⓥ Ⓕ

1370. In caso di traffico intenso, il conducente deve adeguarsi alla velocità del traffico che scorre sulla corsia su cui sta viaggiando ⓥ Ⓕ

1371. In caso di traffico intenso, il conducente deve mantenere sempre la distanza di sicurezza dal veicolo che lo precede ⓥ Ⓕ

1372. In caso di traffico intenso, il conducente deve evitare di suonare il clacson per invitare i veicoli che lo precedono ad accelerare Ⓥ Ⓕ

1373. In caso di traffico intenso, il conducente deve cambiare ripetutamente corsia cercando sempre quella più libera Ⓥ Ⓕ

1374. In caso di traffico intenso, il conducente deve occupare anche le corsie riservate alla marcia dei veicoli in servizio pubblico Ⓥ Ⓕ

1375. In caso di traffico intenso, il conducente deve procedere velocemente a zig zag tra i veicoli Ⓥ Ⓕ

1376. Al fine di evitare il prodursi di incidenti stradali, il conducente controllerà spesso l'efficienza del clacson e delle luci Ⓥ Ⓕ

1377. Al fine di evitare il prodursi di incidenti stradali, il conducente controllerà spesso lo spessore del battistrada dei pneumatici Ⓥ Ⓕ

1378. Al fine di evitare il prodursi di incidenti stradali, il conducente controllerà spesso il corretto funzionamento degli organi dello sterzo (manubrio) Ⓥ Ⓕ

1379. Al fine di evitare il prodursi di incidenti stradali, il conducente controllerà spesso il livello del liquido contenuto nella batteria Ⓥ Ⓕ

1380. Al fine di evitare il prodursi di incidenti stradali, il conducente controllerà spesso lo stato di usura del cilindro Ⓥ Ⓕ

1381. Al fine di evitare il prodursi di incidenti stradali, il conducente controllerà spesso la rumorosità della marmitta Ⓥ Ⓕ

1382. Conducendo un ciclomotore non bisogna avere indosso oggetti pericolosi in caso di caduta Ⓥ Ⓕ

1383. Conducendo un ciclomotore non bisogna sovraccaricare il veicolo per non comprometterne la stabilità Ⓥ Ⓕ

1384. Conducendo un ciclomotore si deve guidare in posizione eretta per non affaticare la colonna vertebrale Ⓥ Ⓕ

1385. Conducendo un ciclomotore bisogna fare attenzione a buche e fossi, soprattutto nelle ore notturne Ⓥ Ⓕ

1386. Conducendo un ciclomotore bisogna fermarsi bruscamente appena squilla il proprio telefono cellulare Ⓥ Ⓕ

1387. Conducendo un ciclomotore è obbligatorio fermarsi in caso di pioggia Ⓥ Ⓕ

1388. Per garantire la sicurezza della circolazione ed evitare incidenti è necessario, fra l'altro, ricordare che se la velocità raddoppia, lo spazio di frenatura aumenta quattro volte Ⓥ Ⓕ

1389. Per garantire la sicurezza della circolazione ed evitare incidenti è necessario, fra l'altro, controllare periodicamente lo stato delle pastiglie dei freni a disco e dei dischi Ⓥ Ⓕ

1390. Per garantire la sicurezza della circolazione ed evitare incidenti è necessario, fra l'altro, controllare periodicamente lo stato delle ganasce e dei tamburi nei freni a tamburo Ⓥ Ⓕ

1391. Per garantire la sicurezza della circolazione ed evitare incidenti è necessario, fra l'altro, evitare di surriscaldare i freni con l'uso prolungato Ⓥ Ⓕ

1392. Per garantire la sicurezza della circolazione ed evitare incidenti è necessario, fra l'altro, frenare a fondo su strada scivolosa Ⓥ Ⓕ

1393. Per garantire la sicurezza della circolazione ed evitare incidenti è necessario, fra l'altro, evitare qualsiasi manovra di frenatura su fondo sconnesso Ⓥ Ⓕ

1394. Per garantire la sicurezza della circolazione ed evitare incidenti è necessario, fra l'altro, controllare che la pressione del liquido dei freni sia bassa durante la marcia Ⓥ Ⓕ

1395. Per garantire la sicurezza della circolazione dei veicoli ed evitare incidenti è necessario, fra l'altro, controllare periodicamente che la pressione dei pneumatici sia quella consigliata dalla casa Ⓥ Ⓕ

1396. Per garantire la sicurezza della circolazione dei veicoli ed evitare incidenti è necessario, fra l'altro, sostituire i pneumatici molto consumati perché rendono meno efficace la frenatura Ⓥ Ⓕ

1397. Per garantire la sicurezza della circolazione dei veicoli ed evitare incidenti è necessario, fra l'altro, osservare se il pneumatico si consuma soprattutto ai bordi, perché la pressione è troppo bassa Ⓥ Ⓕ

1398. Per garantire la sicurezza della circolazione dei veicoli ed evitare incidenti è necessario, fra l'altro, aumentare la pressione dei pneumatici per migliorarne l'aderenza Ⓥ Ⓕ

1399. Per garantire la sicurezza della circolazione dei veicoli ed evitare incidenti è necessario, fra l'altro, diminuire la pressione dei pneumatici per migliorare la stabilità del veicolo Ⓥ Ⓕ

1400. Per garantire la sicurezza della circolazione dei veicoli ed evitare incidenti è necessario, fra l'altro, diminuire la pressione dei pneumatici perché se ne migliora il raffreddamento Ⓥ Ⓕ

1401. Le cause più frequenti di incidenti stradali sono attribuibili ad imprudenza o inosservanza di norme Ⓥ Ⓕ

1402. Le cause più frequenti di incidenti stradali dipendono dal comportamento umano Ⓥ Ⓕ

1403. Le cause più frequenti di incidenti stradali sono per la maggior parte dipendenti da comportamenti errati (V) (F)

1404. Le cause più frequenti di incidenti stradali dipendono principalmente da difetti del veicolo (V) (F)

1405. Le cause più frequenti di incidenti stradali dipendono dalla sfortuna (V) (F)

1406. Le cause più frequenti di incidenti stradali dipendono principalmente da errori di progettazione della strada (V) (F)

1407. Può essere causa di incidente l'inesperienza del conducente (V) (F)

1408. Può essere causa di incidente lo stato psicofisico alterato (V) (F)

1409. Può essere causa di incidente affrontare una curva a velocità eccessiva (V) (F)

1410. Può essere causa di incidente la sfortuna (V) (F)

1411. Può essere causa di incidente la marca del ciclomotore (V) (F)

1412. Può essere causa di incidente l'uso del casco integrale (V) (F)

1413. L'attenzione di un guidatore diminuisce quando si ha uno stato d'animo alterato (V) (F)

1414. L'attenzione di un guidatore diminuisce se si ha una conversazione animata con il passeggero (V) (F)

1415. L'attenzione di un guidatore diminuisce per l'eccessivo uso di alcool (V) (F)

1416. L'attenzione di un guidatore diminuisce dopo aver bevuto un caffè (V) (F)

1417. L'attenzione di un guidatore diminuisce in caso di traffico intenso (V) (F)

1418. L'attenzione di un guidatore diminuisce con il freddo (V) (F)

1419. Lo spazio di frenatura di un ciclomotore aumenta se il battistrada dei pneumatici è consumato (V) (F)

1420. Lo spazio di frenatura di un ciclomotore aumenta con l'aumentare della velocità (V) (F)

1421. Lo spazio di frenatura di un ciclomotore aumenta se il fondo stradale è bagnato (V) (F)

1422. Lo spazio di frenatura di un ciclomotore non dipende dalle condizioni dei pneumatici (V) (F)

1423. Lo spazio di frenatura di un ciclomotore diminuisce se si frena sterzando (V) (F)

1424. Lo spazio di frenatura di un ciclomotore diminuisce se si trasporta un passeggero (V) (F)

1425. Marciando ad una velocità di 45 km/h occorrono circa 20 m per arrestare il ciclomotore (V) (F)

1426. Marciando ad una velocità di 45 km/h in un secondo vengono percorsi circa 13 m (V) (F)

1427. Marciando ad una velocità di 45 km/h si è al limite delle prestazioni consentite ad un ciclomotore (V) (F)

1428. Marciando ad una velocità di 45 km/h in un secondo viene percorso circa 1 m (V) (F)

1429. Marciando ad una velocità di 45 km/h il ciclomotore si arresta in 30 m (V) (F)

1430. Marciando ad una velocità di 45 km/h il ciclomotore si arresta in meno di 3 m (V) (F)

1431. Lo spazio totale di arresto aumenta se il conducente è distratto (V) (F)

1432. Lo spazio totale di arresto dipende anche dal tempo di reazione del conducente (V) (F)

1433. Lo spazio totale di arresto aumenta se aumenta la velocità del veicolo (V) (F)

1434. Lo spazio totale di arresto dipende dal casco che si usa (V) (F)

1435. Lo spazio totale di arresto non dipende dal tempo di reazione del conducente (V) (F)

1436. Lo spazio totale di arresto diminuisce se il battistrada dei pneumatici è più consumato (V) (F)

1437. Fermarsi a parlare in mezzo alla strada seduti sul ciclomotore può creare pericolo o intralcio alla circolazione (V) (F)

1438. Può creare pericolo o intralcio alla circolazione viaggiare affiancati (V) (F)

1439. Può creare pericolo o intralcio alla circolazione viaggiare a zig zag tra i veicoli (V) (F)

1440. Può creare pericolo o intralcio alla circolazione sostare fuori dalla strada (V) (F)

1441. Può creare pericolo o intralcio alla circolazione svoltare a destra con prudenza (V) (F)

1442. Può creare pericolo o intralcio alla circolazione fermarsi sul lato destro della strada (V) (F)

1443. È obbligatorio dare la precedenza a destra e a sinistra ai tram, salvo diversa segnalazione (V) (F)

1444. È obbligatorio dare la precedenza a destra e a sinistra quando ci si immette nel flusso della circolazione (V) (F)

1445. È obbligatorio dare la precedenza a destra e a sinistra quando si effettua l'inversione del senso di marcia (V) (F)

1446. È obbligatorio dare la precedenza a destra e a sinistra negli incroci con semaforo a luce gialla lampeggiante (V) (F)

1447. È obbligatorio dare la precedenza a destra e a sinistra quando si svolta a sinistra (V) (F)

1448. È obbligatorio dare la precedenza a destra e a sinistra quando si incrocia una strada a senso unico (V) (F)

1449. È obbligatorio dare la precedenza a destra e a sinistra quando si esce da un parcheggio (V) (F)

1450. È obbligatorio dare la precedenza a destra e a sinistra uscendo da un passo carrabile (V) (F)

1451. È obbligatorio dare la precedenza a destra e a sinistra in presenza del segnale di STOP (V) (F)

1452. È obbligatorio dare la precedenza a destra e a sinistra in presenza del segnale DIRITTO DI PRECEDENZA (V) (F)

1453. È obbligatorio dare la precedenza a destra e a sinistra percorrendo un viale pedonale (V) (F)

1454. È obbligatorio dare la precedenza a destra e a sinistra sempre, di notte (V) (F)

1455. La polizza di assicurazione per la responsabilità civile copre la responsabilità civile gravante sul conducente e sul proprietario (V) (F)

1456. La polizza di assicurazione per la responsabilità civile copre i danni provocati dal ciclomotore, entro i massimali (V) (F)

1457. La polizza di assicurazione per la responsabilità civile copre i rischi derivanti in sede civile dalla circolazione dei ciclomotori (V) (F)

1458. La polizza di assicurazione per la responsabilità civile copre i danni provocati a persone e cose entro i massimali (V) (F)

1459. La polizza di assicurazione per la responsabilità civile copre l'incendio e il furto, entro i massimali (V) (F)

1460. La polizza di assicurazione per la responsabilità civile copre ogni forma di responsabilità, in proporzione al premio pagato (V) (F)

1461. La polizza di assicurazione per la responsabilità civile copre la responsabilità civile, oltre i massimali (V) (F)

1462. La polizza di assicurazione per la responsabilità civile copre i danni causati al proprio ciclomotore (V) (F)

1463. In relazione al contratto di assicurazione stipulato, l'impresa assicuratrice deve rilasciare al contraente la polizza di assicurazione (V) (F)

1464. In relazione al contratto di assicurazione stipulato, l'impresa assicuratrice deve rilasciare al contraente il contrassegno di assicurazione (V) (F)

1465. In relazione al contratto di assicurazione stipulato, l'impresa assicuratrice deve rilasciare al contraente il certificato di assicurazione da esibire a richiesta assieme al certificato di circolazione (V) (F)

1466. In relazione al contratto di assicurazione stipulato, l'impresa assicuratrice deve rilasciare al contraente un manuale completo sulle cautele da osservare per evitare incidenti (V) (F)

1467. In relazione al contratto di assicurazione stipulato, l'impresa assicuratrice deve rilasciare al contraente un estratto del codice civile contenente articoli che riguardano l'assicurazione di ciclomotori Ⓥ Ⓕ

1468. In relazione al contratto di assicurazione stipulato, l'impresa assicuratrice deve rilasciare al contraente un manuale di pronto soccorso Ⓥ Ⓕ

1469. Quando l'assicurazione per la responsabilità civile del ciclomotore è scaduta di validità, è proibito usare il veicolo su tutte le strade pubbliche Ⓥ Ⓕ

1470. Quando l'assicurazione per la responsabilità civile del ciclomotore è scaduta di validità, si può incorrere in una pesante sanzione Ⓥ Ⓕ

1471. Quando l'assicurazione per la responsabilità civile del ciclomotore è scaduta di validità, si può incorrere nel sequestro del veicolo Ⓥ Ⓕ

1472. Quando l'assicurazione per la responsabilità civile del ciclomotore è scaduta di validità, si può continuare a guidare solo per brevi tragitti Ⓥ Ⓕ

1473. Quando l'assicurazione per la responsabilità civile del ciclomotore è scaduta di validità, si può guidare solo su strade extraurbane Ⓥ Ⓕ

1474. Quando l'assicurazione per la responsabilità civile del ciclomotore è scaduta di validità, possono guidarlo solo i maggiorenni Ⓥ Ⓕ

1475. Durante la marcia dei ciclomotori è sempre obbligatorio l'uso dei proiettori a luce anabbagliante, in ogni condizione di tempo Ⓥ Ⓕ

1476. Durante, la marcia dei ciclomotori è sempre obbligatorio l'uso dei proiettori a luce anabbagliante, anche durante il giorno Ⓥ Ⓕ

1477. Durante la marcia dei ciclomotori è sempre obbligatorio l'uso dei proiettori a luce anabbagliante, sia di giorno che di notte Ⓥ Ⓕ

1478. Durante la marcia dei ciclomotori è sempre obbligatorio l'uso dei proiettori a luce anabbagliante, sia nei centri abitati che fuori Ⓥ Ⓕ

1479. Durante la marcia dei ciclomotori è obbligatorio l'uso dei proiettori a luce anabbagliante solo se la pubblica illuminazione manca o non è sufficiente Ⓥ Ⓕ

1480. Durante la marcia dei ciclomotori è sempre obbligatorio l'uso dei proiettori a luce anabbagliante in sostituzione dei proiettori di profondità Ⓥ Ⓕ

1481. Durante la marcia dei ciclomotori è obbligatorio l'uso dei proiettori a luce anabbagliante solo di notte Ⓥ Ⓕ

1482. I catadiottri sono dispositivi che riflettono la luce e hanno la funzione di indicare, specialmente di notte, la presenza di veicoli, anche se a luci spente Ⓥ Ⓕ

1483. I catadiottri sono dispositivi che riflettono la luce e hanno la funzione di facilitare la visibilità notturna di rimorchi isolati parcheggiati su strada Ⓥ Ⓕ

1484. I catadiottri sono dispositivi che riflettono la luce e hanno la funzione di segnalare la presenza del veicolo, diventando luminosi se illuminati da fari Ⓥ Ⓕ

1485. I catadiottri sono dispositivi che riflettono la luce e hanno la funzione di far individuare il veicolo nel caso in cui non funzionino le luci posteriori Ⓥ Ⓕ

1486. I catadiottri sono dispositivi che riflettono la luce e hanno la funzione di segnalare, se rossi e triangolari, la presenza di un quadriciclo a motore Ⓥ Ⓕ

1487. I catadiottri sono dispositivi che riflettono la luce e hanno la funzione di sostituire gli indicatori di direzione se questi non funzionano Ⓥ Ⓕ

1488. L'uso degli indicatori di direzione è obbligatorio per segnalare l'intenzione di sorpassare Ⓥ Ⓕ

1489. L'uso degli indicatori di direzione è obbligatorio per segnalare che si vuole cambiare corsia Ⓥ Ⓕ

1490. L'uso degli indicatori di direzione è obbligatorio ogni qualvolta si deve fare una manovra di svolta Ⓥ Ⓕ

1491. L'uso degli indicatori di direzione è obbligatorio quando ci si arresta al semaforo Ⓥ Ⓕ

1492. L'uso degli indicatori di direzione è obbligatorio nella marcia per file parallele, anche se non si cambia corsia Ⓥ Ⓕ

1493. L'uso degli indicatori di direzione è obbligatorio solo quando si svolta a sinistra Ⓥ Ⓕ

1494. Se sul ciclomotore non funzionano gli indicatori di direzione si può proseguire sporgendo lateralmente il braccio prima di svoltare Ⓥ Ⓕ

1495. Se sul ciclomotore non funzionano gli indicatori di direzione bisogna provvedere alla riparazione Ⓥ Ⓕ

1496. Se sul ciclomotore non funzionano gli indicatori di direzione, per indicare l'intenzione di cambiare corsia occorre far segno con il braccio Ⓥ Ⓕ

1497. Se sul ciclomotore non funzionano gli indicatori di direzione non si deve proseguire in nessun caso Ⓥ Ⓕ

1498. Se sul ciclomotore non funzionano gli indicatori di direzione, prima di svoltare occorre alzare verticalmente il braccio Ⓥ Ⓕ

1499. Se sul ciclomotore non funzionano gli indicatori di direzione, prima di svoltare bisogna suonare il clacson Ⓥ Ⓕ

1500. Durante la marcia, l'uso dei proiettori a luce abbagliante è vietato quando si incrociano altri veicoli Ⓥ Ⓕ

1501. Durante la marcia, l'uso dei proiettori a luce abbagliante è vietato quando si segue un veicolo a breve distanza Ⓥ Ⓕ

1502. Durante la marcia, l'uso dei proiettori a luce abbagliante è vietato quando c'è il pericolo di abbagliare gli altri utenti della strada Ⓥ Ⓕ

1503. Durante la marcia, l'uso dei proiettori a luce abbagliante è vietato nei centri abitati Ⓥ Ⓕ

1504. Durante la marcia, l'uso dei proiettori a luce abbagliante è vietato mezz'ora prima del sorgere del sole Ⓥ Ⓕ

1505. Durante la marcia, l'uso dei proiettori a luce abbagliante è vietato solo quando il veicolo che ci precede è un'autovettura Ⓥ Ⓕ

1506. Durante la marcia, l'uso dei proiettori a luce abbagliante è vietato nei centri abitati, solo in caso di pioggia Ⓥ Ⓕ

1507. È permesso lampeggiare con le luci abbaglianti per dare avvertimenti utili al fine di evitare incidenti Ⓥ Ⓕ

1508. È permesso lampeggiare con le luci abbaglianti per segnalare al veicolo che precede l'intenzione di sorpassare Ⓥ Ⓕ

1509. Di giorno, nei centri abitati, è permesso lampeggiare con le luci abbaglianti in sostituzione del clacson Ⓥ Ⓕ

1510. È permesso lampeggiare con le luci abbaglianti solo nelle gallerie Ⓥ Ⓕ

1511. È permesso lampeggiare con le luci abbaglianti purché l'illuminazione esterna manchi o sia insufficiente Ⓥ Ⓕ

1512. Di giorno, è permesso lampeggiare con le luci abbaglianti solo nei casi di pericolo immediato Ⓥ Ⓕ

1513. Il clacson non può essere usato per motivi diversi da quelli legati alla circolazione stradale Ⓥ Ⓕ

1514. Nei centri abitati non si può usare il clacson, salvo casi di pericolo immediato Ⓥ Ⓕ

1515. Il clacson, quando è necessario, deve essere usato con moderazione Ⓥ Ⓕ

1516. Il clacson può essere usato fuori dai centri abitati se le circostanze lo rendono consigliabile Ⓥ Ⓕ

1517. Il clacson può essere sempre usato in prossimità di un ospedale Ⓥ Ⓕ

1518. Fuori dai centri abitati, si deve sempre usare il clacson se si intende sorpassare Ⓥ Ⓕ

1519. Il clacson non può mai essere usato nei centri abitati, né di giorno né di notte Ⓥ Ⓕ

1520. Si deve sempre usare il clacson in prossimità degli attraversamenti pedonali Ⓥ Ⓕ

1521. I pneumatici che presentano lesioni sui fianchi devono sempre essere sostituiti Ⓥ Ⓕ

1522. I pneumatici che presentano lesioni sui fianchi possono sgonfiarsi improvvisamente Ⓥ Ⓕ

1523. I pneumatici che presentano lesioni sui fianchi costituiscono un grave pericolo durante la circolazione Ⓥ Ⓕ

1524. I pneumatici che presentano lesioni sui fianchi possono essere usati a basse velocità Ⓥ Ⓕ

1525. I pneumatici che presentano lesioni sui fianchi debbono essere subito ricostruiti e ricoperti Ⓥ Ⓕ

1526. I pneumatici che presentano lesioni sui fianchi possono essere usati senza problemi Ⓥ Ⓕ

1527. I pneumatici con battistrada eccessivamente consumato aumentano la possibilità di slittamento in curva Ⓥ Ⓕ

1528. I pneumatici con battistrada eccessivamente consumato si forano più facilmente Ⓥ Ⓕ

1529. I pneumatici con battistrada eccessivamente consumato provocano l'aumento dello spazio di frenatura del veicolo Ⓥ Ⓕ

1530. I pneumatici con battistrada eccessivamente consumato non influiscono nella frenatura del veicolo Ⓥ Ⓕ

1531. I pneumatici con battistrada eccessivamente consumato aumentano l'aderenza Ⓥ Ⓕ

1532. I pneumatici con battistrada eccessivamente consumato sono pericolosi soltanto in caso di pioggia Ⓥ Ⓕ

1533. Il battistrada dei pneumatici dei ciclomotori non deve essere liscio Ⓥ Ⓕ

1534. Il battistrada dei pneumatici dei ciclomotori deve essere verificato frequentemente Ⓥ Ⓕ

1535. Il battistrada dei pneumatici dei ciclomotori deve avere uno spessore di almeno 0,5 mm Ⓥ Ⓕ

1536. Il battistrada dei pneumatici dei ciclomotori deve avere uno spessore di almeno 2,5 mm Ⓥ Ⓕ

1537. Il battistrada dei pneumatici dei ciclomotori deve avere uno spessore di almeno 1 mm Ⓥ Ⓕ

1538. Il battistrada dei pneumatici dei ciclomotori non influisce sulla sicurezza Ⓥ Ⓕ

1539. Circolando con pneumatici a pressione inferiore a quella consigliata dalla casa costruttrice si ha maggior consumo di carburante Ⓥ Ⓕ

1540. Circolando con pneumatici a pressione inferiore a quella consigliata dalla casa costruttrice il battistrada si consuma maggiormente ai lati Ⓥ Ⓕ

1541. Circolando con pneumatici a pressione inferiore a quella consigliata dalla casa costruttrice, in caso di strada bagnata, aumenta il pericolo di aquaplaning Ⓥ Ⓕ

1542. Circolando con pneumatici a pressione inferiore a quella consigliata dalla casa costruttrice è minore la stabilità del veicolo Ⓥ Ⓕ

1543. Circolando con pneumatici a pressione inferiore a quella consigliata dalla casa costruttrice si consumano maggiormente nella loro parte centrale Ⓥ Ⓕ

1544. Circolando con pneumatici a pressione inferiore a quella consigliata dalla casa costruttrice si ottiene una migliore prestazione del veicolo Ⓥ Ⓕ

1545. Occorre verificare frequentemente la pressione di gonfiaggio dei pneumatici Ⓥ Ⓕ

1546. Occorre verificare frequentemente che la pressione dei pneumatici sia quella indicata dal costruttore Ⓥ Ⓕ

1547. Occorre verificare frequentemente l'efficienza dell'impianto di illuminazione Ⓥ Ⓕ

1548. Occorre verificare frequentemente l'efficienza dell'impianto frenante Ⓥ Ⓕ

1549. Occorre verificare frequentemente che i pneumatici siano sempre leggermente sgonfi Ⓥ Ⓕ

1550. Occorre verificare frequentemente che i pneumatici siano più gonfi di quanto indicato dal costruttore Ⓥ Ⓕ

1551. Il proprietario di un ciclomotore ha l'obbligo di effettuare la revisione periodica al proprio veicolo a quattro anni dalla immissione in circolazione Ⓥ Ⓕ

1552. Il proprietario di un ciclomotore ha l'obbligo di effettuare la revisione periodica al proprio veicolo ogni due anni successivamente alla prima revisione Ⓥ Ⓕ

1553. Il proprietario di un ciclomotore ha l'obbligo di effettuare la revisione periodica al proprio veicolo ogni anno Ⓥ Ⓕ

1554. Il proprietario di un ciclomotore ha l'obbligo di effettuare la revisione periodica al proprio veicolo ad ogni nuova immatricolazione Ⓥ Ⓕ

1555. Per mantenere i freni efficienti è necessario sottoporre a periodici controlli il consumo degli elementi frenanti Ⓥ Ⓕ

1556. Per mantenere i freni efficienti è necessario sottoporre a periodici controlli il livello dell'olio dei freni (V) (F)

1557. Per mantenere i freni efficienti è necessario sottoporre a periodici controlli la corsa della leva che li comanda (V) (F)

1558. Per mantenere i freni efficienti è necessario sottoporre a periodici controlli i cerchioni delle ruote (V) (F)

1559. Per mantenere i freni efficienti è necessario sottoporre a periodici controlli la composizione chimica del liquido idraulico dei freni (V) (F)

1560. Per mantenere i freni efficienti è necessario sottoporre a periodici controlli la struttura del pneumatico (V) (F)

1561. Quando si frena con un ciclomotore su una superficie stradale asciutta bisogna utilizzare sia il freno anteriore che quello posteriore (V) (F)

1562. Quando si frena con un ciclomotore su una superficie stradale asciutta bisogna azionare entrambi i comandi dei freni (V) (F)

1563. Quando si frena con un ciclomotore su una superficie stradale asciutta bisogna evitare sempre frenate brusche (V) (F)

1564. Quando si frena con un ciclomotore su una superficie stradale asciutta bisogna utilizzare solo il freno più efficiente (V) (F)

1565. Quando si frena con un ciclomotore su una superficie stradale asciutta bisogna utilizzare solo il freno anteriore (V) (F)

1566. Quando si frena con un ciclomotore su una superficie stradale asciutta basta utilizzare un solo freno (V) (F)

1567. In caso di frenata di emergenza con il ciclomotore si utilizzano entrambi i freni (V) (F)

1568. In caso di frenata di emergenza con il ciclomotore è consigliabile spostare il proprio peso all'indietro (V) (F)

1569. In caso di frenata di emergenza con il ciclomotore bisogna frenare a fondo, evitando il bloccaggio delle ruote (V) (F)

1570. In caso di frenata di emergenza con il ciclomotore si frena esclusivamente con il freno anteriore (V) (F)

1571. In caso di frenata di emergenza con il ciclomotore si frena esclusivamente con il freno posteriore (V) (F)

1572. In caso di frenata di emergenza con il ciclomotore si frena a scatti per bloccare le ruote (V) (F)

1573. Se il ciclomotore in fase di frenatura tende a sbandare, il conducente deve ridurre lo sforzo frenante (V) (F)

1574. Se il ciclomotore in fase di frenatura tende a sbandare, il conducente deve procedere con cautela e portarlo in officina per la messa a punto (V) (F)

1575. Se il ciclomotore in fase di frenatura tende a sbandare, il conducente deve controllare la pressione di gonfiaggio dei pneumatici Ⓥ Ⓕ

1576. Se il ciclomotore in fase di frenatura tende a sbandare, il conducente deve restare padrone di sé stesso Ⓥ Ⓕ

1577. Se il ciclomotore in fase di frenatura tende a sbandare, il conducente deve controllare il livello dell'olio del motore Ⓥ Ⓕ

1578. Se il ciclomotore in fase di frenatura tende a sbandare, il conducente deve mantenerlo frenato a fondo e controllarne l'andamento con rapide sterzate Ⓥ Ⓕ

1579. Se il ciclomotore in fase di frenatura tende a sbandare, il conducente deve lasciare bruscamente l'acceleratore Ⓥ Ⓕ

1580. Si devono regolare gli specchietti retrovisori del ciclomotore dopo che si è indossato il casco Ⓥ Ⓕ

1581. Si devono regolare gli specchietti retrovisori del ciclomotore dopo che si è tolto il cavalletto Ⓥ Ⓕ

1582. Si devono regolare gli specchietti retrovisori del ciclomotore prima di partire Ⓥ Ⓕ

1583. Si devono regolare gli specchietti retrovisori del ciclomotore prima di togliere il cavalletto Ⓥ Ⓕ

1584. Si devono regolare gli specchietti retrovisori del ciclomotore dopo aver già percorso un tratto di strada Ⓥ Ⓕ

1585. Prima di partire con il ciclomotore è necessario controllare il regolare funzionamento dei comandi dei freni Ⓥ Ⓕ

1586. Prima di partire con il ciclomotore è necessario togliere l'antifurto, se inserito Ⓥ Ⓕ

1587. Prima di partire con il ciclomotore è necessario controllare che lo sterzo giri libero Ⓥ Ⓕ

1588. Prima di partire con il ciclomotore è necessario regolare gli specchi retrovisori Ⓥ Ⓕ

1589. Prima di partire con il ciclomotore è necessario controllare il funzionamento delle luci Ⓥ Ⓕ

1590. Prima di partire con il ciclomotore è necessario controllare la candela Ⓥ Ⓕ

1591. Prima di partire con il ciclomotore è necessario indossare sempre gli occhiali da sole Ⓥ Ⓕ

1592. Prima di partire con il ciclomotore è necessario girare la manopola dell'acceleratore, anche a motore spento Ⓥ Ⓕ

1593. È vietato modificare il ciclomotore per renderlo più veloce Ⓥ Ⓕ

1594. È vietato truccare il dispositivo silenziatore Ⓥ Ⓕ

1595. È vietato modificare il motore del ciclomotore per consentirgli di superare i 45 km/h ⓥ Ⓕ

1596. È vietato circolare con il ciclomotore sollevando da terra la ruota anteriore ⓥ Ⓕ

1597. È vietato circolare di giorno su un ciclomotore tenendo i fari anabbaglianti accesi ⓥ Ⓕ

1598. È vietato spegnere il motore durante il rifornimento di carburante ⓥ Ⓕ

1599. Per garantire la sicurezza della circolazione ed evitare incidenti è necessario, fra l'altro effettuare le revisioni periodiche del ciclomotore previste dalla legge ⓥ Ⓕ

1600. Per garantire la sicurezza della circolazione ed evitare incidenti è necessario, fra l'altro mantenere efficienti i dispositivi di frenatura e di illuminazione ⓥ Ⓕ

1601. Per garantire la sicurezza della circolazione ed evitare incidenti è necessario, fra l'altro far controllare periodicamente, ad un meccanico, l'efficienza del ciclomotore ⓥ Ⓕ

1602. Per garantire la sicurezza della circolazione ed evitare incidenti è necessario, fra l'altro togliere gli specchietti retrovisori ⓥ Ⓕ

1603. Per garantire la sicurezza della circolazione ed evitare incidenti è necessario, fra l'altro sostituire le lampadine con altre di diverso colore ⓥ Ⓕ

1604. Per garantire la sicurezza della circolazione ed evitare incidenti è necessario, fra l'altro, tenere le luci spente durante il giorno v ⓥ Ⓕ

1605. Per garantire la sicurezza della circolazione ed evitare incidenti è necessario, fra l'altro affiancare un altro ciclomotore per parlare con il conducente ⓥ Ⓕ

1606. L'uso del casco è obbligatorio per i conducenti di ciclomotori a due ruote ⓥ Ⓕ

1607. L'uso del casco è obbligatorio per limitare le lesioni alla testa in caso di incidente ⓥ Ⓕ

1608. L'uso del casco è obbligatorio per il passeggero del ciclomotore ⓥ Ⓕ

1609. L'uso del casco è obbligatorio per chi guida ciclomotori a due ruote, anche se ha compiuto 18 anni ⓥ Ⓕ

1610. L'uso del casco è obbligatorio solo nel periodo invernale ⓥ Ⓕ

1611. L'uso del casco è obbligatorio per i conducenti di ciclomotori solo fino a 16 anni di età ⓥ Ⓕ

1612. L'uso del casco è obbligatorio solo per i conducenti di tricicli a motore ⓥ Ⓕ

1613.	Si deve utilizzare un casco che si indossa perfettamente	Ⓥ Ⓕ
1614.	Si deve utilizzare un casco che non si muova, una volta indossato	Ⓥ Ⓕ
1615.	Si deve utilizzare un casco omologato secondo le norme europee	Ⓥ Ⓕ
1616.	Si deve utilizzare un casco di qualsiasi misura disponibile	Ⓥ Ⓕ
1617.	Si deve utilizzare un casco più largo e comodo possibile	Ⓥ Ⓕ
1618.	Si deve utilizzare un casco con almeno tre colori	Ⓥ Ⓕ
1619.	Per la propria sicurezza è necessario sostituire la visiera del casco quando comincia ad essere rigata	Ⓥ Ⓕ
1620.	Per la propria sicurezza è necessario che il cinturino del casco sia in buone condizioni	Ⓥ Ⓕ
1621.	Per la propria sicurezza è necessario sostituire la visiera del casco se rotta o graffiata	Ⓥ Ⓕ
1622.	Per la propria sicurezza è necessario continuare ad usare la visiera del casco anche se graffiata	Ⓥ Ⓕ
1623.	Per la propria sicurezza è necessario circolare con la visiera del casco completamente appannata	Ⓥ Ⓕ
1624.	Per la propria sicurezza è necessario non pulire mai la visiera del casco	Ⓥ Ⓕ
1625.	Il casco va sostituito dopo un incidente con caduta	Ⓥ Ⓕ
1626.	Il casco va sostituito in ogni caso dopo aver subìto un forte urto	Ⓥ Ⓕ
1627.	Il casco deve avere la visiera priva di graffi	Ⓥ Ⓕ
1628.	Il casco deve essere di tipo omologato	Ⓥ Ⓕ
1629.	Il casco può essere modificato internamente per muoverlo più comodamente	Ⓥ Ⓕ
1630.	Il casco se ha subìto urti molto forti ma non è rotto si può riutilizzare	Ⓥ Ⓕ
1631.	Il casco d'estate può essere indossato con il cinturino slacciato	Ⓥ Ⓕ
1632.	Il casco deve essere allacciato in modo che non scivoli	Ⓥ Ⓕ
1633.	Il casco deve essere allacciato con il cinturino ben stretto	Ⓥ Ⓕ
1634.	Il casco deve essere allacciato in modo che sia ben stretto sulla testa	Ⓥ Ⓕ
1635.	Il casco deve essere allacciato non obbligatoriamente	Ⓥ Ⓕ
1636.	Il casco deve essere allacciato con il cinturino allentato, in modo che non ci opprima troppo	Ⓥ Ⓕ
1637.	Il casco deve essere allacciato sempre con il cinturino allentato	Ⓥ Ⓕ
1638.	Se il conducente è minorenne, viaggiare sul ciclomotore senza casco comporta il fermo del veicolo	Ⓥ Ⓕ

1639. Viaggiare sul ciclomotore con casco e visiera alzata, ci espone al rischio di fastidiosi impatti con insetti Ⓥ Ⓕ

1640. In caso di incidente, viaggiare sul ciclomotore senza casco può comportare gravi lesioni al capo Ⓥ Ⓕ

1641. Viaggiare sul ciclomotore senza casco é consentito su strade rettilinee Ⓥ Ⓕ

1642. Viaggiare sul ciclomotore senza casco é consentito solo ai maggiorenni Ⓥ Ⓕ

1643. Viaggiare sul ciclomotore senza casco non é rischioso Ⓥ Ⓕ

1644. Se si è minorenni e non si ha la patente A1, per poter circolare con un ciclomotore occorre la patente AM Ⓥ Ⓕ

1645. Per poter circolare con un ciclomotore occorre aver compiuto il quattordicesimo anno di età Ⓥ Ⓕ

1646. Per poter circolare con un ciclomotore occorre portare con sé il certificato di circolazione Ⓥ Ⓕ

1647. Per poter circolare con un ciclomotore occorre portare con sé il certificato di assicurazione Ⓥ Ⓕ

1648. Per poter circolare con un ciclomotore occorre aver conseguito almeno la patente A1 Ⓥ Ⓕ

1649. Per poter circolare con un ciclomotore occorre portare con sé la ricevuta di pagamento del ciclomotore Ⓥ Ⓕ

1650. Chi guida ciclomotori deve esibire, a richiesta degli agenti, il certificato di circolazione del veicolo Ⓥ Ⓕ

1651. Chi guida ciclomotori deve esibire, a richiesta degli agenti, la patente AM o una patente di categoria superiore Ⓥ Ⓕ

1652. Chi guida ciclomotori deve esibire, a richiesta degli agenti, il certificato di assicurazione del veicolo Ⓥ Ⓕ

1653. Chi guida ciclomotori deve esibire, a richiesta degli agenti, il libretto di uso e manutenzione del veicolo Ⓥ Ⓕ

1654. Chi guida ciclomotori deve esibire, a richiesta degli agenti, l'atto di acquisto del veicolo Ⓥ Ⓕ

1655. Chi guida ciclomotori deve esibire, a richiesta degli agenti, il proprio codice fiscale Ⓥ Ⓕ

1656. La patente AM si può conseguire a partire dai 14 anni Ⓥ Ⓕ

1657. La patente AM è necessaria, per i minorenni che non abbiano conseguito la patente A1, per poter condurre qualsiasi tipo di ciclomotore Ⓥ Ⓕ

1658. Per condurre un ciclomotore non è necessaria la patente AM, se si è titolari della patente A1 Ⓥ Ⓕ

1659. La patente AM è indispensabile solo se si vuole condurre un ciclomotore con a bordo un passeggero Ⓥ Ⓕ

1660. Se si guida un quadriciclo leggero a motore e si è minorenni non è necessaria alcuna patente Ⓥ Ⓕ

1661. La patente AM deve essere rinnovata ogni 2 anni Ⓥ Ⓕ

1662. La patente AM viene rilasciata dopo aver superato un esame teorico e uno pratico Ⓥ Ⓕ

1663. Con la patente AM si possono condurre ciclomotori a tre o quattro ruote, anche se si è minorenni Ⓥ Ⓕ

1664. La patente AM deve essere portata con sé quando si è alla guida di un ciclomotore e non si possiede altra patente Ⓥ Ⓕ

1665. La patente AM è necessaria solo per trasportare un passeggero sul ciclomotore Ⓥ Ⓕ

1666. La patente AM consente, solo in Italia, di condurre anche motocicli fino a 125 cm^3 di cilindrata senza passeggeri a bordo Ⓥ Ⓕ

1667. I ciclomotori devono circolare vicino al margine destro della strada Ⓥ Ⓕ

1668. Su strada a due corsie e a doppio senso, i ciclomotori possono usare la corsia di sinistra per il sorpasso Ⓥ Ⓕ

1669. Su strade a tre corsie per senso di marcia, durante la marcia normale, i ciclomotori devono percorrere la corsia di destra Ⓥ Ⓕ

1670. Su strada a due corsie e a doppio senso, i ciclomotori possono utilizzare per il sorpasso tutte e due le corsie Ⓥ Ⓕ

1671. Quando una strada è a tre corsie e a doppio senso, i ciclomotori possono circolare per file parallele Ⓥ Ⓕ

1672. I ciclomotori possono circolare al centro della strada quando è libera Ⓥ Ⓕ

1673. Su strada a doppio senso di marcia a due corsie, i ciclomotori devono marciare il più possibile vicino al margine destro della strada quando incrociano altri veicoli Ⓥ Ⓕ

1674. Su strada a due corsie a doppio senso di circolazione, i ciclomotori devono marciare il più possibile vicino al margine destro della strada quando percorrono una curva Ⓥ Ⓕ

1675. Su strada a due corsie a due sensi di marcia, i ciclomotori devono marciare il più possibile vicino al margine destro della strada quando percorrono un dosso Ⓥ Ⓕ

1676. Su strada a senso unico, i ciclomotori devono marciare il più possibile vicino al margine destro della strada quando percorrono una curva Ⓥ Ⓕ

1677. I ciclomotori devono marciare il più possibile vicino al margine destro della strada quando devono svoltare a sinistra Ⓥ Ⓕ

1678. I ciclomotori devono marciare il più possibile vicino al margine destro della strada quando sorpassano un altro ciclomotore Ⓥ Ⓕ

1679. È vietato sostare con i ciclomotori nelle corsie riservate ai mezzi pubblici Ⓥ Ⓕ

1680. È vietato sostare con i ciclomotori sulle piste per biciclette Ⓥ Ⓕ

1681. È vietato sostare con i ciclomotori sui marciapiedi, salvo diversa segnalazione Ⓥ Ⓕ

1682. È vietato sostare con i ciclomotori in prossimità o in corrispondenza dei segnali stradali, anche se perfettamente visibili Ⓥ Ⓕ

1683. È vietato sostare con i ciclomotori nei centri abitati, quando non esistono le apposite strisce Ⓥ Ⓕ

1684. È sempre vietato sostare con i ciclomotori lungo il margine sinistro delle strade a senso unico Ⓥ Ⓕ

1685. Quando si sosta sulla strada con un ciclomotore deve essere lasciato parallelo al marciapiede, salvo diversa segnalazione Ⓥ Ⓕ

1686. Quando si sosta sulla strada con un ciclomotore è consigliabile utilizzare, se presente, il cavalletto centrale Ⓥ Ⓕ

1687. Quando si sosta sulla strada con un ciclomotore è vietato lasciarlo sul marciapiede, salvo diversa segnalazione Ⓥ Ⓕ

1688. Quando si sosta sulla strada con un ciclomotore si deve spegnere il motore, anche se la sosta è di breve durata Ⓥ Ⓕ

1689. Quando si sosta sulla strada con un ciclomotore lo si può lasciare sul marciapiede, ma solo per poco tempo Ⓥ Ⓕ

1690. Quando si sosta sulla strada con un ciclomotore lo si può lasciare sul marciapiede, basta lasciare lo spazio per i pedoni Ⓥ Ⓕ

1691. Quando si parcheggia un ciclomotore su una strada in discesa, lo si lascia sul cavalletto centrale con la ruota anteriore rivolta verso la salita Ⓥ Ⓕ

1692. Quando si parcheggia un ciclomotore su una strada in discesa, non lo si lascia mai con la ruota anteriore rivolta verso la discesa Ⓥ Ⓕ

1693. Quando si parcheggia un ciclomotore su una strada in discesa, occorre sempre verificarne la stabilità sul cavalletto Ⓥ Ⓕ

1694. Quando si parcheggia un ciclomotore su una strada in discesa, si punta la sua ruota anteriore verso il marciapiede Ⓥ Ⓕ

1695. Quando si parcheggia un ciclomotore su una strada in discesa, lo si lascia sul cavalletto centrale con la ruota anteriore rivolta verso la discesa Ⓥ Ⓕ

1696. Quando si parcheggia un ciclomotore su una strada in discesa, lo si deve lasciare appoggiato ad un muro Ⓥ Ⓕ

1697. Chi guida un ciclomotore deve dare di norma la precedenza negli incroci anche ai veicoli lenti, se provengono da destra Ⓥ Ⓕ

1698. Chi guida un ciclomotore deve evitare di costituire pericolo per gli altri utenti della strada Ⓥ Ⓕ

1699. Chi guida un ciclomotore deve guardare nello specchietto retrovisore prima di segnalare l'intenzione di cambiare corsia Ⓥ Ⓕ

1700. Chi guida un ciclomotore deve tenere in funzione gli anabbaglianti anche di giorno Ⓥ Ⓕ

1701. Chi guida un ciclomotore deve guidare sempre al centro della strada, però senza superare la striscia di corsia Ⓥ Ⓕ

1702. Chi guida un ciclomotore deve procedere a zig zag per superare i veicoli incolonnati Ⓥ Ⓕ

1703. Chi guida un ciclomotore deve procedere a velocità elevata per non creare intralcio Ⓥ Ⓕ

1704. Per assicurare stabilità al ciclomotore in curva è opportuno percorrerla, se ad ampio raggio, con il motore leggermente in tiro Ⓥ Ⓕ

1705. Per assicurare stabilità al ciclomotore in curva è opportuno procedere a velocità particolarmente moderata nelle curve strette Ⓥ Ⓕ

1706. Per assicurare stabilità al ciclomotore in curva è opportuno evitare di sterzare bruscamente Ⓥ Ⓕ

1707. Per assicurare stabilità al ciclomotore in curva è opportuno ridurre la velocità prima di affrontarla Ⓥ Ⓕ

1708. Per assicurare stabilità al ciclomotore in curva è opportuno aumentare la velocità nella sua parte iniziale Ⓥ Ⓕ

1709. Per assicurare stabilità al ciclomotore in curva è opportuno portarsi al centro della strada per ridurre il raggio di curvatura Ⓥ Ⓕ

1710. Impennare con il ciclomotore é pericoloso e può far perdere il controllo Ⓥ Ⓕ

1711. Impennare con il ciclomotore é vietato Ⓥ Ⓕ

1712. Impennare con il ciclomotore può provocare lesioni gravi in caso di caduta Ⓥ Ⓕ

1713. Impennare con il ciclomotore non comporta particolari pericoli Ⓥ Ⓕ

1714. Impennare con il ciclomotore non è vietato se la strada é libera Ⓥ Ⓕ

1715. Impennare con il ciclomotore non é vietato Ⓥ Ⓕ

1716. Alla guida di un ciclomotore è vietato parlare al telefono cellulare senza l'auricolare (V) (F)

1717. Alla guida di un ciclomotore è obbligatorio indossare il casco (V) (F)

1718. Alla guida di un ciclomotore è necessario guidare con prudenza (V) (F)

1719. Alla guida di un ciclomotore è vietato circolare sulle autostrade (V) (F)

1720. Alla guida di un ciclomotore si possono usare le cuffie per sentire la radio (V) (F)

1721. Alla guida di un ciclomotore è possibile trainare il ciclomotore in panne di un amico (V) (F)

1722. Alla guida di un ciclomotore si può sempre trasportare un passeggero (V) (F)

1723. Alla guida di un ciclomotore è possibile farsi trainare (V) (F)

1724. Con il ciclomotore ci si immette nella circolazione evitando brusche accelerate (V) (F)

1725. Con il ciclomotore ci si immette nella circolazione accelerando progressivamente per evitare che la ruota anteriore si sollevi (V) (F)

1726. Con il ciclomotore ci si immette nella circolazione verificando di non tagliare la strada ad altri veicoli (V) (F)

1727. Con il ciclomotore ci si immette nella circolazione partendo il più velocemente possibile per anticipare gli altri veicoli (V) (F)

1728. Con il ciclomotore ci si immette nella circolazione accelerando repentinamente anche se per far ciò non si da la precedenza agli altri veicoli (V) (F)

1729. Con il ciclomotore ci si immette nella circolazione accelerando e impennando con la ruota anteriore (V) (F)

1730. La corretta posizione di guida sul ciclomotore prevede che il conducente abbia le braccia piegate e le gambe leggermente aperte per avere maggior stabilità (V) (F)

1731. La corretta posizione di guida sul ciclomotore prevede che il conducente sia ben seduto sulla sella, con le braccia leggermente piegate (V) (F)

1732. La corretta posizione di guida sul ciclomotore prevede che il conducente sia seduto in modo da poter mettere bene i piedi per terra a veicolo fermo (V) (F)

1733. La corretta posizione di guida sul ciclomotore prevede che il conducente sia in piedi sulla pedana (V) (F)

1734. La corretta posizione di guida sul ciclomotore prevede che il conducente sia seduto sulla parte posteriore della sella e con le braccia distese (V) (F)

1735. La corretta posizione di guida sul ciclomotore prevede che il conducente sia con i piedi non poggiati né sulla pedana né sui pedali Ⓥ Ⓕ

1736. Percorrendo con un ciclomotore una strada diritta e priva di traffico non ci si deve distrarre Ⓥ Ⓕ

1737. Percorrendo con un ciclomotore una strada diritta e priva di traffico si deve guidare in ogni caso con prudenza Ⓥ Ⓕ

1738. Percorrendo con un ciclomotore una strada diritta e priva di traffico si deve tenere la destra Ⓥ Ⓕ

1739. Percorrendo con un ciclomotore una strada diritta e priva di traffico ci si può guardare in giro, ammirando il panorama che ci circonda Ⓥ Ⓕ

1740. Percorrendo con un ciclomotore una strada diritta e priva di traffico si può prestare una attenzione minore perché non ci sono curve Ⓥ Ⓕ

1741. Percorrendo con un ciclomotore una strada diritta e priva di traffico si può impennare Ⓥ Ⓕ

1742. Se si è alla guida di un ciclomotore su una strada diritta e priva di traffico e un amico ci saluta, si deve continuare a guardare davanti Ⓥ Ⓕ

1743. Se si è alla guida di un ciclomotore su una strada diritta e priva di traffico e un amico ci saluta, non bisogna distrarsi Ⓥ Ⓕ

1744. Se si è alla guida di un ciclomotore su una strada diritta e priva di traffico e un amico ci saluta, occorre sempre essere prudenti Ⓥ Ⓕ

1745. Se si è alla guida di un ciclomotore su una strada diritta e priva di traffico e un amico ci saluta, ci si può voltare per salutarlo Ⓥ Ⓕ

1746. Se si è alla guida di un ciclomotore su una strada diritta e priva di traffico e un amico ci saluta, si può frenare bruscamente per andare a salutarlo Ⓥ Ⓕ

1747. Se si è alla guida di un ciclomotore su una strada diritta e priva di traffico e un amico ci saluta, si può attraversare la strada per andargli incontro senza segnalare la manovra Ⓥ Ⓕ

1748. Alla guida di un ciclomotore, in caso di pioggia, si deve ridurre l'andatura evitando le manovre brusche Ⓥ Ⓕ

1749. Alla guida di un ciclomotore, in caso di pioggia, occorre far attenzione alle rotaie e ai tombini Ⓥ Ⓕ

1750. Alla guida di un ciclomotore, in caso di pioggia si deve frenare con dolcezza per evitare di cadere Ⓥ Ⓕ

1751. Alla guida di un ciclomotore, in caso di pioggia, bisogna evitare di schizzare l'acqua sui pedoni Ⓥ Ⓕ

1752. Alla guida di un ciclomotore, in caso di pioggia, è pericoloso frenare sulle strisce della segnaletica orizzontale Ⓥ Ⓕ

1753. Alla guida di un ciclomotore, in caso di pioggia, si deve accelerare per percorrere più strada possibile Ⓥ Ⓕ

1754. Alla guida di un ciclomotore, in caso di pioggia, è sempre necessario fermarsi e cercare un riparo Ⓥ Ⓕ

1755. Alla guida di un ciclomotore, in caso di pioggia, è necessario aumentare la velocità per evitare slittamenti Ⓥ Ⓕ

1756. Se, per un guasto, il ciclomotore è in panne, bisogna condurlo a mano camminando alla sua destra Ⓥ Ⓕ

1757. Se, per un guasto, il ciclomotore è in panne, non bisogna farsi trainare Ⓥ Ⓕ

1758. Se, per un guasto, il ciclomotore è in panne, se non si può trasportare altrove, bisogna lasciarlo in modo che non intralci Ⓥ Ⓕ

1759. Se, per un guasto, il ciclomotore è in panne, bisogna spingerlo standovi seduto sopra Ⓥ Ⓕ

1760. Se, per un guasto, il ciclomotore è in panne, lo si può lasciare in strada, staccando però la targa Ⓥ Ⓕ

1761. Se, per un guasto, il ciclomotore è in panne, si può essere trainati solo da un altro ciclomotore Ⓥ Ⓕ

1762. Guidando un ciclomotore occorre fare attenzione all'apertura improvvisa delle portiere dei veicoli Ⓥ Ⓕ

1763. Guidando un ciclomotore è opportuno avere la visiera o gli occhiali protettivi Ⓥ Ⓕ

1764. Guidando un ciclomotore è opportuno non indossare indumenti svolazzanti Ⓥ Ⓕ

1765. Guidando un ciclomotore é opportuno indossare abiti che consentano libertà di movimento Ⓥ Ⓕ

1766. Guidando un ciclomotore è opportuno indossare sandali o ciabatte Ⓥ Ⓕ

1767. Guidando un ciclomotore è opportuno indossare indumenti svolazzanti per essere più visibili Ⓥ Ⓕ

1768. Guidando un ciclomotore, quando si giunge ad un semaforo, bisogna superare i veicoli fermi con la massima velocità consentita Ⓥ Ⓕ

1769. Guidando un ciclomotore, si può anche oltrepassare la striscia continua, se questo serve a superare i veicoli incolonnati Ⓥ Ⓕ

1770. Conducendo un ciclomotore bisogna essere tolleranti di fronte ai comportamenti errati degli altri utenti Ⓥ Ⓕ

1771. Conducendo un ciclomotore bisogna sforzarsi di prevedere il comportamento degli altri utenti Ⓥ Ⓕ

1772. Conducendo un ciclomotore bisogna evitare di fumare perché impedisce una presa sicura del manubrio Ⓥ Ⓕ

1773. Conducendo un ciclomotore l'uso di cuffie sonore migliora l'attenzione alla guida Ⓥ Ⓕ

1774. Conducendo un ciclomotore è consentito trasportare animali sul pianale poggiapiedi Ⓥ Ⓕ

1775. Conducendo un ciclomotore bisogna leggere con attenzione i cartelloni pubblicitari Ⓥ Ⓕ

1776. Gareggiare in velocità con un altro ciclomotore è sempre vietato Ⓥ Ⓕ

1777. Gareggiare in velocità con un altro ciclomotore è proibito anche se avviene su strade extraurbane poco trafficate Ⓥ Ⓕ

1778. Gareggiare in velocità con un altro ciclomotore comporta la confisca dei veicoli Ⓥ Ⓕ

1779. Gareggiare in velocità con un altro ciclomotore è consentito solo di notte Ⓥ Ⓕ

1780. Gareggiare in velocità con un altro ciclomotore è consentito nelle zone a traffico limitato Ⓥ Ⓕ

1781. Gareggiare in velocità con un altro ciclomotore è consentito se il motore è stato elaborato Ⓥ Ⓕ

1782. Se il veicolo che segue mantiene una distanza di sicurezza insufficiente dal ciclomotore che si sta conducendo, è opportuno guardare spesso negli specchi retrovisori Ⓥ Ⓕ

1783. Se il veicolo che segue mantiene una distanza di sicurezza insufficiente dal ciclomotore che si sta conducendo conviene, se occorre fermarsi e lasciarsi sorpassare Ⓥ Ⓕ

1784. Se il veicolo che segue mantiene una distanza di sicurezza insufficiente dal ciclomotore che si sta conducendo, è bene lasciarsi sorpassare Ⓥ Ⓕ

1785. Se il veicolo che segue mantiene una distanza di sicurezza insufficiente dal ciclomotore che si sta conducendo, è obbligatorio accelerare per distanziare il veicolo che segue Ⓥ Ⓕ

1786. Se il veicolo che segue mantiene una distanza di sicurezza insufficiente dal ciclomotore che si sta conducendo, bisogna frenare bruscamente e a fondo Ⓥ Ⓕ

1787. Se il veicolo che segue mantiene una distanza di sicurezza insufficiente dal ciclomotore che si sta conducendo, bisogna invitare a gesti il conducente che segue ad allontanarsi Ⓥ Ⓕ

1788. Il conducente di un ciclomotore deve evitare di prestare il veicolo a chi non ha i requisiti necessari per la guida Ⓥ Ⓕ

1789. Il conducente di un ciclomotore deve ricordare che la marmitta, surriscaldandosi, può provocare gravi ustioni Ⓥ Ⓕ

1790. Il conducente di un ciclomotore deve fare in modo che la targa sia sempre ben leggibile Ⓥ Ⓕ

1791. Il conducente di un ciclomotore non deve tenere acceso il motore nei locali chiusi Ⓥ Ⓕ

1792. Il conducente di un ciclomotore deve tenere presente che, con il casco indossato, si sentono meglio i rumori esterni Ⓥ Ⓕ

1793. Il conducente di un ciclomotore deve segnalare l'intenzione di svoltare solo se transitano altri veicoli Ⓥ Ⓕ

1794. Il conducente di un ciclomotore deve spostarsi a zig zag tra le corsie per raggiungere più rapidamente l'incrocio Ⓥ Ⓕ

1795. I conducenti di ciclomotori possono essere imputabili per reati, avendo compiuto 14 anni Ⓥ Ⓕ

1796. I conducenti di ciclomotori non devono trasportare oggetti che sporgono di oltre 50 cm Ⓥ Ⓕ

1797. I conducenti di ciclomotori non devono togliere la targhetta di identificazione del veicolo Ⓥ Ⓕ

1798. I conducenti di ciclomotori possono reggere il manubrio con una sola mano se trasportano pacchi Ⓥ Ⓕ

1799. I conducenti di ciclomotori possono procedere sollevando la ruota anteriore durante il sorpasso Ⓥ Ⓕ

1800. I conducenti di ciclomotori possono viaggiare affiancati sulla stessa corsia Ⓥ Ⓕ

1801. Guidando un ciclomotore, è opportuno indossare abiti di colori vivaci per essere più visibili Ⓥ Ⓕ

1802. Guidando un ciclomotore, è opportuno indossare indumenti con inserti retroriflettenti per essere più visibili Ⓥ Ⓕ

1803. Guidando un ciclomotore, è opportuno tenere puliti i catadiottri per essere più visibili Ⓥ Ⓕ

1804. Guidando un ciclomotore, si deve viaggiare al centro della strada per essere più visibili Ⓥ Ⓕ

1805. Guidando un ciclomotore, si deve suonare il clacson ad intervalli regolari per essere più facilmente individuabili Ⓥ Ⓕ

1806. Guidando un ciclomotore di notte, è consigliabile indossare abiti scuri per essere più visibili Ⓥ Ⓕ

1807. I conducenti di ciclomotori che, senza un valido motivo, procedono troppo lentamente, ostacolano inutilmente la circolazione Ⓥ Ⓕ

1808. I conducenti di ciclomotori che, senza un valido motivo, procedono troppo lentamente, aumentano il pericolo di tamponamenti Ⓥ Ⓕ

1809. I conducenti di ciclomotori che, senza un valido motivo, procedono troppo lentamente, possono indurre i conducenti dei veicoli che seguono ad effettuare sorpassi pericolosi Ⓥ Ⓕ

1810. I conducenti di ciclomotori che, senza un valido motivo, procedono troppo lentamente, non rappresentano intralcio per la circolazione Ⓥ Ⓕ

1811. I conducenti di ciclomotori che, senza un valido motivo, procedono troppo lentamente, possono togliersi il casco Ⓥ Ⓕ

1812. I conducenti di ciclomotori che, senza un valido motivo, procedono troppo lentamente, non devono segnalare l'intenzione di svoltare Ⓥ Ⓕ

1813. Se si viaggia in gruppo con dei ciclomotori, bisogna mantenere lo stesso la distanza di sicurezza, anche all'interno del gruppo Ⓥ Ⓕ

1814. Se si viaggia in gruppo con dei ciclomotori, bisogna considerare che è opportuno non sorpassare all'interno del gruppo Ⓥ Ⓕ

1815. Se si viaggia in gruppo con dei ciclomotori, bisogna non viaggiare affiancati nella stessa corsia Ⓥ Ⓕ

1816. Se si viaggia in gruppo con dei ciclomotori, bisogna viaggiare accostati l'uno a fianco all'altro nella stessa corsia Ⓥ Ⓕ

1817. Se si viaggia in gruppo con dei ciclomotori, bisogna farsi trainare dal veicolo che precede Ⓥ Ⓕ

1818. Se si viaggia in gruppo con dei ciclomotori, bisogna tenere presente che si può superare il limite di velocità Ⓥ Ⓕ

1819. Conducendo per la prima volta un ciclomotore diverso da quello guidato abitualmente, è necessario tenere presente che non si è abituati alle diverse caratteristiche del nuovo veicolo Ⓥ Ⓕ

1820. Conducendo per la prima volta un ciclomotore diverso da quello guidato abitualmente, è necessario tenere presente che non si conosce bene la reazione del veicolo alle diverse frenate Ⓥ Ⓕ

1821. Conducendo per la prima volta un ciclomotore diverso da quello guidato abitualmente, è necessario tenere presente che non si sa ancora come il veicolo si comporta nelle curve Ⓥ Ⓕ

1822. Conducendo per la prima volta un ciclomotore diverso da quello guidato abitualmente, è necessario tenere presente che è opportuno prendere confidenza con il mezzo in zone poco trafficate Ⓥ Ⓕ

1823. Conducendo per la prima volta un ciclomotore diverso da quello guidato abitualmente, è necessario tenere presente che le reazioni del veicolo sono diverse solo alla velocità massima Ⓥ Ⓕ

1824. Conducendo per la prima volta un ciclomotore diverso da quello guidato abitualmente, è necessario tenere presente che lo si può provare anche senza casco Ⓥ Ⓕ

1825. Conducendo per la prima volta un ciclomotore diverso da quello guidato abitualmente, è necessario tenere presente che si possono superare i 45 km/h per prendere più rapidamente confidenza Ⓥ Ⓕ

1826. Su un ciclomotore, si deve guidare con entrambe le mani sul manubrio e i piedi sugli appoggi Ⓥ Ⓕ

1827. Alla guida di un ciclomotore si deve mantenere la corretta posizione di guida Ⓥ Ⓕ

1828. Alla guida di un ciclomotore, si deve assolutamente evitare di alzarsi in piedi durante la guida Ⓥ Ⓕ

1829. Alla guida di un ciclomotore, si deve procedere spesso a zig zag, per far meglio notare la propria presenza Ⓥ Ⓕ

1830. Alla guida di un ciclomotore, si deve tenere il cellulare in mano durante la marcia Ⓥ Ⓕ

1831. Alla guida di un ciclomotore, si deve suonare il clacson incrociando altri ciclomotori Ⓥ Ⓕ

1832. Quando, ad un incrocio, al segnale di via libera il veicolo che sta davanti non riparte subito, è opportuno attendere pazientemente la ripresa della marcia Ⓥ Ⓕ

1833. Quando, ad un incrocio, al segnale di via libera il veicolo che sta davanti non riparte subito, è opportuno evitare di strombazzare Ⓥ Ⓕ

1834. Quando, ad un incrocio, al segnale di via libera il veicolo che sta davanti non riparte subito, è opportuno evitare di superarlo con manovre errate o improprie Ⓥ Ⓕ

1835. Quando, ad un incrocio, al segnale di via libera il veicolo che sta davanti non riparte subito, è opportuno suonare insistentemente per sollecitare il conducente a rimettersi in moto Ⓥ Ⓕ

1836. Quando, ad un incrocio, al segnale di via libera il veicolo che sta davanti non riparte subito, è opportuno cercare di sgomberare al più presto la strada, anche invertendo il senso di marcia Ⓥ Ⓕ

1837. La responsabilità civile derivante dall'incidente stradale sorge qualora si causi un danno a persone, animali o cose Ⓥ Ⓕ

1838. La responsabilità civile derivante dall'incidente stradale grava anche sul proprietario, anche se egli non è presente al momento dell'incidente Ⓥ Ⓕ

1839. La responsabilità civile derivante dall'incidente stradale obbliga il responsabile al risarcimento del danno causato Ⓥ Ⓕ

1840. La responsabilità civile derivante dall'incidente stradale è di ciascuno dei conducenti coinvolti, finché non sia dimostrato il contrario Ⓥ Ⓕ

1841. La responsabilità civile derivante dall'incidente stradale si limita al risarcimento dei danni alle sole cose Ⓥ Ⓕ

1842. La responsabilità civile derivante dall'incidente stradale è esclusa per danni di lieve entità Ⓥ Ⓕ

1843. La responsabilità civile derivante dall'incidente stradale è a carico dell'impresa assicuratrice anche per danni superiori ai massimali Ⓥ Ⓕ

1844. La responsabilità civile derivante dall'incidente stradale consiste nell'obbligo di assistere gli eventuali feriti Ⓥ Ⓕ

1845. La responsabilità penale derivante da incidente stradale sorge qualora esso provochi lesioni gravi a persone Ⓥ Ⓕ

1846. La responsabilità penale derivante da incidente stradale sorge in caso di omicidio colposo Ⓥ Ⓕ

1847. La responsabilità penale derivante da incidente stradale sorge allorché vengano violate norme contemplate dal codice penale Ⓥ Ⓕ

1848. La responsabilità penale derivante da incidente stradale è personale Ⓥ Ⓕ

1849. La responsabilità penale derivante da incidente stradale è di chi ha causato l'incidente Ⓥ Ⓕ

1850. La responsabilità penale derivante da incidente stradale sorge qualora esso provochi lesioni di qualsiasi entità Ⓥ Ⓕ

1851. La responsabilità penale derivante da incidente stradale sorge in ogni caso in cui sia violato il codice della strada Ⓥ Ⓕ

1852. La responsabilità penale derivante da incidente stradale ricade sempre nei confronti del genitore, nel caso in cui il conducente sia minorenne Ⓥ Ⓕ

1853. La responsabilità penale derivante da incidente stradale è esclusa quando si sia prestato soccorso alla vittima (V) (F)

1854. Dopo un incidente stradale senza danni alle persone occorre, se possibile, spostare il ciclomotore almeno sul margine destro della carreggiata (V) (F)

1855. Dopo un incidente stradale senza danni alle persone occorre, non potendo spostare il ciclomotore, segnalarne la presenza sulla strada (V) (F)

1856. Dopo un incidente stradale senza danni alle persone occorre, non potendo spostare il ciclomotore, chiamare il soccorso stradale e rimanere sul posto in attesa (V) (F)

1857. Dopo un incidente stradale senza danni alle persone occorre coprire il ciclomotore con un telo di plastica (V) (F)

1858. Dopo un incidente stradale senza danni alle persone occorre collocare subito il veicolo sul marciapiede (V) (F)

1859. Dopo un incidente stradale senza danni alle persone occorre presentare in ogni caso denunzia al più vicino commissariato di polizia (V) (F)

1860. Se, guidando un ciclomotore, si urta un veicolo in sosta, bisogna fare in modo di lasciare i propri dati (V) (F)

1861. Se, guidando un ciclomotore, si urta un veicolo in sosta, occorre rintracciare il proprietario e lasciargli i propri dati (V) (F)

1862. Se, guidando un ciclomotore, si urta un veicolo in sosta, si ha l'obbligo di risarcire il danno (V) (F)

1863. Se, guidando un ciclomotore, si urta un veicolo in sosta, si può andare via se nessuno ha visto (V) (F)

1864. Se, guidando un ciclomotore, si urta un veicolo in sosta, non si ha alcuna responsabilità se si è minorenne (V) (F)

1865. Se, guidando un ciclomotore, si urta un veicolo in sosta, è meglio allontanarsi subito per non farsi incolpare di danni maggiori (V) (F)

1866. Se, guidando un ciclomotore, si è coinvolti in un incidente senza feriti, si ha l'obbligo di fermarsi per constatare i danni (V) (F)

1867. Se, guidando un ciclomotore, si è coinvolti in un incidente senza feriti, non bisogna mai perdere la calma (V) (F)

1868. Se, guidando un ciclomotore, si è coinvolti in un incidente senza feriti, si può andare subito a casa ad avvisare i genitori (V) (F)

1869. Se, guidando un ciclomotore, si è coinvolti in un incidente senza feriti, se si è minorenni si può andare via subito (V) (F)

1870. In caso di incidente, si deve segnalare il pericolo ai veicoli che sopraggiungono per impedirne il passaggio nella zona pericolosa Ⓥ Ⓕ

1871. In caso di incidente, si deve segnalare il pericolo ai veicoli che sopraggiungono anche nel caso in cui si sono verificate perdite di olio sulla strada Ⓥ Ⓕ

1872. In caso di incidente, si deve segnalare il pericolo ai veicoli che sopraggiungono per proteggere un ferito che non si possa spostare dalla strada Ⓥ Ⓕ

1873. In caso di incidente, si deve segnalare il pericolo ai veicoli che sopraggiungono solo in caso di nebbia Ⓥ Ⓕ

1874. In caso di incidente, si deve segnalare il pericolo ai veicoli che sopraggiungono solamente se il traffico è bloccato a causa dell'incidente Ⓥ Ⓕ

1875. In caso di incidente, non si deve mai segnalare il pericolo ai veicoli che sopraggiungono se l'incidente è avvenuto in un centro abitato illuminato Ⓥ Ⓕ

1876. Si deve chiamare la polizia a seguito di incidente stradale se vi sono feriti Ⓥ Ⓕ

1877. Si deve chiamare la polizia a seguito di incidente stradale quando vi sono lesioni alle persone Ⓥ Ⓕ

1878. Si deve chiamare la polizia a seguito di incidente stradale quando l'altro conducente non dimostra di essere assicurato Ⓥ Ⓕ

1879. Si deve chiamare la polizia a seguito di incidente stradale solo in caso di danni ai veicoli Ⓥ Ⓕ

1880. Si deve chiamare la polizia a seguito di incidente stradale quando non ci siano altri testimoni Ⓥ Ⓕ

1881. Se vi sono feriti a seguito di un incidente stradale si deve chiamare subito i soccorsi e descrivere i danni riportati dalle persone ferite Ⓥ Ⓕ

1882. Se vi sono feriti a seguito di un incidente stradale si deve avvertire rapidamente il 112, il 113 o il 118 Ⓥ Ⓕ

1883. Se vi sono feriti a seguito di un incidente stradale si deve chiamare i soccorsi al numero telefonico 118 Ⓥ Ⓕ

1884. Se vi sono feriti a seguito di un incidente stradale si deve somministrare loro bevande alcooliche Ⓥ Ⓕ

1885. Se vi sono feriti a seguito di un incidente stradale si deve proseguire senza fermarsi a prestare soccorso Ⓥ Ⓕ

1886. Se vi sono feriti a seguito di un incidente stradale si deve prestare aiuto solo se si è personalmente responsabili dell'incidente Ⓥ Ⓕ

1887. In caso di incidente il soccorritore deve valutare la situazione per scongiurare ulteriori pericoli Ⓥ Ⓕ

1888. In caso di incidente il soccorritore deve chiamare i soccorsi e rimanere fino all'arrivo degli agenti Ⓥ Ⓕ

1889. In caso di incidente il soccorritore deve segnalare come meglio può l'incidente Ⓥ Ⓕ

1890. In caso di incidente il soccorritore deve allontanarsi velocemente dal luogo dell'incidente Ⓥ Ⓕ

1891. In caso di incidente il soccorritore deve identificare l'infortunato Ⓥ Ⓕ

1892. In caso di incidente il soccorritore deve somministrare farmaci Ⓥ Ⓕ

1893. Soccorrere un infortunato sulla strada è obbligatorio anche per dovere morale Ⓥ Ⓕ

1894. Soccorrere un infortunato sulla strada è un obbligo previsto dal codice penale Ⓥ Ⓕ

1895. Soccorrere un infortunato sulla strada è obbligatorio perché così si possono limitare gli effetti negativi dell'incidente Ⓥ Ⓕ

1896. Soccorrere un infortunato sulla strada non è obbligatorio Ⓥ Ⓕ

1897. Soccorrere un infortunato sulla strada è obbligatorio solo per i medici e il personale sanitario Ⓥ Ⓕ

1898. Soccorrere un infortunato sulla strada non è obbligatorio, anche per evitare di essere coinvolti Ⓥ Ⓕ

1899. L'assunzione di alcool influenza la guida in quanto può provocare eccitazione ed imprudenza Ⓥ Ⓕ

1900. L'assunzione di alcool influenza la guida in quanto rende più lenti i riflessi Ⓥ Ⓕ

1901. L'assunzione di alcool influenza la guida in quanto può provocare sonnolenza Ⓥ Ⓕ

1902. L'assunzione di alcool influenza la guida in quanto riduce la capacità di concentrazione Ⓥ Ⓕ

1903. L'assunzione di alcool influenza la guida in quanto diminuisce il livello di attenzione Ⓥ Ⓕ

1904. L'assunzione di alcool influenza la guida in quanto annulla la stanchezza Ⓥ Ⓕ

1905. L'assunzione di alcool influenza la guida in quanto aumenta la capacità di concentrazione Ⓥ Ⓕ

1906. L'assunzione di alcool influenza la guida in quanto rende più vigili e attenti Ⓥ Ⓕ

1907. L'assunzione di alcool influenza la guida in quanto la rende più sportiva e meno noiosa Ⓥ Ⓕ

1908. L'assunzione di alcool influenza la guida in quanto migliora la capacità visiva Ⓥ Ⓕ

1909. Lo stato di ebbrezza durante la guida provoca pericolo grave per la circolazione Ⓥ Ⓕ

1910. Lo stato di ebbrezza durante la guida è punito con l'arresto e con il pagamento di una somma in denaro Ⓥ Ⓕ

1911. Lo stato di ebbrezza durante la guida può essere accertato con alcooltest, al quale è obbligatorio sottoporsi (V) (F)

1912. Lo stato di ebbrezza durante la guida è vietato solo nel fine settimana (V) (F)

1913. Lo stato di ebbrezza durante la guida è consentito in assenza di passeggero (V) (F)

1914. Lo stato di ebbrezza durante la guida è consentito se si circola a velocità moderata (V) (F)

1915. L'assunzione di stupefacenti influisce sulla guida perché altera le percezioni (vista, udito, riflessi) (V) (F)

1916. L'assunzione di stupefacenti influisce sulla guida perché può causare sonnolenza od eccitazione (V) (F)

1917. L'assunzione di stupefacenti influisce sulla guida perché altera i riflessi e la coordinazione dei movimenti (V) (F)

1918. L'assunzione di stupefacenti influisce sulla guida perché la rende più sicura (V) (F)

1919. L'assunzione di stupefacenti influisce sulla guida perché migliora l'autocontrollo (V) (F)

1920. L'assunzione di stupefacenti influisce sulla guida perché migliora la capacità visiva (V) (F)

1921. La disattenzione e il mancato senso del pericolo possono essere causati da abuso di alcool (V) (F)

1922. La disattenzione e il mancato senso del pericolo possono essere causati da uso di stupefacenti (V) (F)

1923. La disattenzione e il mancato senso del pericolo possono essere causati da uso di sonniferi (V) (F)

1924. La disattenzione e il mancato senso del pericolo possono essere causati dall'uso di bevande energetiche (V) (F)

1925. La disattenzione e il mancato senso del pericolo possono essere causati dall'uso di spezie alimentari (V) (F)

1926. La disattenzione e il mancato senso del pericolo possono essere causati dall'uso di bevande analcoliche molto gasate (V) (F)

1927. Su tutte le strade è vietato danneggiare le opere e gli impianti che ad esse appartengono (V) (F)

1928. Su tutte le strade è vietato gettare dai veicoli in movimento qualsiasi cosa (V) (F)

1929. Su tutte le strade è vietato depositare rifiuti (V) (F)

1930. Su tutte le strade è vietato dare la precedenza ai pedoni (V) (F)

1931. Su tutte le strade è vietato usare l'avvisatore acustico (clacson) (V) (F)

1932. Su tutte le strade è vietato viaggiare di giorno con i fari anabbaglianti sempre accesi Ⓥ Ⓕ

1933. Per limitare i consumi di carburante del ciclomotore conviene mantenere il più possibile costante la velocità Ⓥ Ⓕ

1934. Per limitare i consumi di carburante del ciclomotore conviene ridurre il numero e l'intensità delle accelerazioni Ⓥ Ⓕ

1935. Per limitare i consumi di carburante del ciclomotore è necessario curare la manutenzione del motore Ⓥ Ⓕ

1936. Per limitare i consumi di carburante del ciclomotore si devono mantenere elevate velocità Ⓥ Ⓕ

1937. Per limitare i consumi di carburante del ciclomotore conviene evitare percorsi pianeggianti Ⓥ Ⓕ

1938. Per limitare i consumi di carburante del ciclomotore si deve tenere il motore acceso durante le soste prolungate Ⓥ Ⓕ

1939. Per ridurre l'inquinamento dell'aria provocato dalla circolazione dei ciclomotori, il conducente deve mantenere in buono stato di manutenzione gli organi di alimentazione Ⓥ Ⓕ

1940. Per ridurre l'inquinamento dell'aria provocato dalla circolazione dei ciclomotori, il conducente deve mantenere in buono stato di manutenzione gli organi di accensione Ⓥ Ⓕ

1941. Per ridurre l'inquinamento dell'aria provocato dalla circolazione dei ciclomotori il conducente deve sostituire il filtro dell'aria nei tempi suggeriti dalla casa costruttrice del veicolo Ⓥ Ⓕ

1942. Per ridurre l'inquinamento dell'aria provocato dalla circolazione dei ciclomotori il conducente deve ridurre la pressione di gonfiaggio dei pneumatici Ⓥ Ⓕ

1943. Per ridurre l'inquinamento dell'aria provocato dalla circolazione dei ciclomotori il conducente deve marciare alle più elevate velocità permesse dal codice e dai segnali stradali Ⓥ Ⓕ

1944. Per ridurre l'inquinamento dell'aria provocato dalla circolazione dei ciclomotori il conducente deve accelerare ripetutamente da fermo per tenere caldo il motore e migliorarne il rendimento Ⓥ Ⓕ

1945. L'inquinamento atmosferico prodotto dai ciclomotori può essere ridotto limitando i consumi di carburante Ⓥ Ⓕ

1946. L'inquinamento atmosferico prodotto dai ciclomotori può essere ridotto tenendo un'andatura quanto più possibile uniforme Ⓥ Ⓕ

1947. L'inquinamento atmosferico prodotto dai ciclomotori può essere ridotto spegnendo il motore in caso di arresto prolungato (V) (F)

1948. L'inquinamento atmosferico prodotto dai ciclomotori può essere ridotto utilizzando costantemente il motore ai massimi giri (V) (F)

1949. L'inquinamento atmosferico prodotto dai ciclomotori può essere ridotto tenendo il motore, durante le fermate, ad elevato numero di giri (V) (F)

1950. L'inquinamento atmosferico prodotto dai ciclomotori può essere ridotto accelerando bruscamente con il ciclomotore sul cavalletto (V) (F)

1951. Per evitare rumori molesti durante la circolazione si deve, fra l'altro, far controllare che il dispositivo silenziatore funzioni bene e sia di tipo approvato (V) (F)

1952. Per evitare rumori molesti durante la circolazione si deve, fra l'altro, usare il clacson nei centri abitati solo in caso di effettivo e immediato pericolo (V) (F)

1953. Per evitare rumori molesti durante la circolazione si deve, fra l'altro, evitare di frenare bruscamente provocando lo strisciamento dei pneumatici (V) (F)

1954. Per evitare rumori molesti durante la circolazione si deve, fra l'altro, suonare per richiamare un conducente che ha commesso un'infrazione (V) (F)

1955. Per evitare rumori molesti durante la circolazione si deve, fra l'altro, sgommare alla partenza quando compare il verde del semaforo, per sgomberare al più presto l'incrocio (V) (F)

1956. Per evitare rumori molesti durante la circolazione si deve, fra l'altro, mantenere il motore acceso durante le fermate per esigenze del traffico, accelerando ripetutamente (V) (F)

1957. Per ridurre il rumore emesso dai ciclomotori è necessario far verificare che il dispositivo silenziatore funzioni bene e sia di tipo approvato (V) (F)

1958. Per ridurre il rumore emesso dai ciclomotori è necessario far sostituire la marmitta deteriorata con altra di tipo approvato per lo stesso veicolo (V) (F)

1959. Per ridurre il rumore emesso dai ciclomotori è necessario far controllare i freni, se stridono (V) (F)

1960. Per ridurre il rumore emesso dai ciclomotori è necessario modificare il dispositivo silenziatore in modo da migliorare il rendimento del motore (V) (F)

1961. Per ridurre il rumore emesso dai ciclomotori è necessario eliminare la marmitta per migliorare il rendimento del motore Ⓥ Ⓕ

1962. Per ridurre il rumore emesso dai ciclomotori è necessario sostituire il dispositivo silenziatore, se inefficiente, con altro di qualsiasi tipo Ⓥ Ⓕ

1963. Se si avvicina un veicolo con luce blu lampeggiante accesa e sirena in funzione è necessario dargli la precedenza Ⓥ Ⓕ

1964. Se si avvicina un veicolo con luce blu lampeggiante accesa e sirena in funzione è necessario fermarsi sul lato destro della strada favorendo il transito Ⓥ Ⓕ

1965. Se si avvicina un veicolo con luce blu lampeggiante accesa e sirena in funzione è necessario non ostacolarne la marcia Ⓥ Ⓕ

1966. Se si avvicina un veicolo con luce blu lampeggiante accesa e sirena in funzione è necessario salire in ogni caso sul marciapiede Ⓥ Ⓕ

1967. Se si avvicina un veicolo con luce blu lampeggiante accesa e sirena in funzione è necessario seguirne la scia dopo il passaggio, per guadagnare tempo Ⓥ Ⓕ

1968. Se si avvicina un veicolo con luce blu lampeggiante accesa e sirena in funzione è necessario fermarsi solo se si è alla guida di un veicolo ingombrante Ⓥ Ⓕ

1969. Il conducente del ciclomotore non deve trainare o farsi trainare Ⓥ Ⓕ

1970. Il conducente del ciclomotore deve evitare la posizione sdraiata in avanti, anche se essa riduce la resistenza dell'aria Ⓥ Ⓕ

1971. Il conducente del ciclomotore deve denunciare e risarcire i danni eventualmente causati alle opere stradali Ⓥ Ⓕ

1972. Il conducente del ciclomotore deve denunciare entro 48 ore lo smarrimento o il furto della targa Ⓥ Ⓕ

1973. Il conducente del ciclomotore deve sapere che l'assicurazione risarcirà sempre i danni subìti dal passeggero trasportato Ⓥ Ⓕ

1974. Il conducente del ciclomotore può trasportare fino a due passeggeri se il veicolo è idoneo Ⓥ Ⓕ

1975. Il conducente del ciclomotore deve esporre il contrassegno di assicurazione Ⓥ Ⓕ

1976. Il conducente del ciclomotore non deve usare il casco se soffre di claustrofobia Ⓥ Ⓕ

1977. Se, conducendo un quadriciclo leggero a motore, si intralciano i veicoli che seguono, occorre ridurre la velocità e fermarsi per dare la possibilità ai veicoli che seguono di superare Ⓥ Ⓕ

1978. Se, conducendo un quadriciclo leggero a motore, si intralciano i veicoli che seguono, occorre fermarsi appena possibile per far defluire il traffico retrostante Ⓥ Ⓕ

1979. Se, conducendo un quadriciclo leggero a motore, si intralciano i veicoli che seguono, occorre permettere il sorpasso ai veicoli più veloci che seguono appena si sia giunti in un punto sicuro Ⓥ Ⓕ

1980. Se, conducendo un quadriciclo leggero a motore, si intralciano i veicoli che seguono, occorre portarsi al centro della strada Ⓥ Ⓕ

1981. Se, conducendo un quadriciclo leggero a motore, si intralciano i veicoli che seguono, occorre invertire il senso di marcia Ⓥ Ⓕ

1982. Se, conducendo un quadriciclo leggero a motore, si intralciano i veicoli che seguono, occorre azionare l'indicatore di direzione sinistro Ⓥ Ⓕ

1983. Se altri utenti della strada non ci danno la precedenza, occorre frenare e rinunciare al proprio diritto di precedenza Ⓥ Ⓕ

1984. Se altri utenti della strada non ci danno la precedenza, occorre fare tutto il possibile per evitare l'incidente, anche fermandosi se necessario Ⓥ Ⓕ

1985. Se altri utenti della strada non ci danno la precedenza, bisogna azionare il clacson per avvertirli, e passare comunque per primi Ⓥ Ⓕ

1986. Se altri utenti della strada ci non danno la precedenza perché siamo noi a doverlo fare, non vi è l'obbligo di usare prudenza Ⓥ Ⓕ

1987. Se altri utenti della strada non ci danno la precedenza, in caso d'incidente la responsabilità sarà sempre e solo del veicolo che non ha dato la precedenza Ⓥ Ⓕ

1988. Pur essendo accesa la luce verde del semaforo, non bisogna impegnare l'incrocio se, a causa del traffico, non si è sicuri di poterlo attraversare Ⓥ Ⓕ

1989. Pur essendo accesa la luce verde del semaforo, non bisogna impegnare l'incrocio quando il vigile indica di fermarsi Ⓥ Ⓕ

1990. Pur essendo accesa la luce verde del semaforo, non bisogna impegnare l'incrocio quando si sente la sirena di un mezzo di soccorso Ⓥ Ⓕ

1991. Pur essendo accesa la luce verde del semaforo, non bisogna impegnare l'incrocio quando è presente anche il segnale DARE PRECEDENZA Ⓥ Ⓕ

1992. Pur essendo accesa la luce verde del semaforo, non bisogna impegnare l'incrocio quando si trova il segnale di STOP Ⓥ Ⓕ

1993. Pur essendo accesa la luce verde del semaforo, non bisogna impegnare l'incrocio quando dal senso opposto giunge un veicolo con il dispositivo a luce gialla lampeggiante Ⓥ Ⓕ

1994. Relativamente all'uso degli specchietti retrovisori di un ciclomotore è bene sapere che veicoli e pedoni possono trovarsi nell'angolo cieco e quindi non essere visti Ⓥ Ⓕ

1995. Relativamente all'uso degli specchietti retrovisori di un ciclomotore è bene sapere che devono essere mantenuti sempre efficienti e in buone condizioni Ⓥ Ⓕ

1996. Relativamente all'uso degli specchietti retrovisori di un ciclomotore è bene sapere che devono essere fissati e regolati correttamente Ⓥ Ⓕ

1997. Relativamente all'uso degli specchietti retrovisori di un ciclomotore è bene sapere che non devono essere incrinati o sporchi Ⓥ Ⓕ

1998. Relativamente all'uso degli specchietti retrovisori di un ciclomotore è bene sapere che si possono utilizzare anche quelli non omologati Ⓥ Ⓕ

1999. Su un ciclomotore, il carico trasportato non deve coprire i dispositivi di segnalazione visiva e la targa Ⓥ Ⓕ

2000. Su un ciclomotore, il carico trasportato non deve ostacolare l'azionamento dei comandi Ⓥ Ⓕ

2001. Su un ciclomotore, il carico trasportato non deve strisciare a terra nelle curve Ⓥ Ⓕ

2002. Su un ciclomotore, il carico trasportato deve essere saldamente fissato, in modo da non comportare pericolo durante la guida Ⓥ Ⓕ

2003. Su un ciclomotore, il carico trasportato non deve sporgere troppo, in quanto potrebbe causare la perdita di controllo del veicolo Ⓥ Ⓕ

2004. Su un ciclomotore, il carico trasportato può sporgere posteriormente fino a 80 cm Ⓥ Ⓕ

2005. Su un ciclomotore, il carico trasportato può sporgere lateralmente, fino ad un massimo di 30 cm dall'asse del veicolo Ⓥ Ⓕ

2006. Su un ciclomotore, il carico trasportato deve essere fissato su manubrio, parafanghi e forcella Ⓥ Ⓕ

2007. La fatica provoca indebolimento temporaneo delle facoltà fisiche e mentali Ⓥ Ⓕ

2008. La fatica provoca sonnolenza Ⓥ Ⓕ

2009. La fatica provoca riduzione dell'attenzione e della capacità visiva Ⓥ Ⓕ

2010. La fatica provoca incertezza nella valutazione della distanza Ⓥ Ⓕ

2011. La fatica non costituisce un grave pericolo durante la guida Ⓥ Ⓕ

2012. La fatica si manifesta solo di notte Ⓥ Ⓕ

2013. La fatica fa reagire più prontamente Ⓥ Ⓕ

2014. La sonnolenza provoca la riduzione della coscienza e della volontà Ⓥ Ⓕ

2015. La sonnolenza è favorita dall'affaticamento Ⓥ Ⓕ

2016. La sonnolenza fa perdere il senso della propria velocità Ⓥ Ⓕ

2017. La sonnolenza aumenta la capacità di concentrazione Ⓥ Ⓕ

2018. La sonnolenza migliora il controllo del ciclomotore Ⓥ Ⓕ

2019. La sonnolenza si manifesta spesso nei percorsi impegnativi Ⓥ Ⓕ

2020. L'uso di droghe, anche se fatto una sola volta, è pericoloso perché può causare imprudenza nella guida Ⓥ Ⓕ

2021. L'uso di droghe, anche se fatto una sola volta, è pericoloso perché può far durare lo stato confusionale per parecchie ore Ⓥ Ⓕ

2022. L'uso di droghe, anche se fatto una sola volta, è pericoloso perché può modificare, anche temporaneamente, la percezione della realtà Ⓥ Ⓕ

2023. L'uso di droghe, anche se fatto una sola volta, è pericoloso perché può causare disturbi dell'attenzione e della concentrazione Ⓥ Ⓕ

2024. L'uso di droghe, anche se fatto una sola volta, è pericoloso perché aumenta la capacità di giudizio e il senso di sicurezza Ⓥ Ⓕ

2025. L'uso di droghe, anche se fatto una sola volta, è pericoloso perché si incorre nella confisca del veicolo Ⓥ Ⓕ

2026. L'uso di droghe, anche se fatto una sola volta, è pericoloso perché si incorre nel fermo amministrativo del veicolo Ⓥ Ⓕ

2027. Gli effetti dell'alcool sul sistema nervoso vengono amplificati se assunto insieme a sonniferi Ⓥ Ⓕ

2028. Gli effetti dell'alcool sul sistema nervoso vengono amplificati se assunto insieme ad antidolorifici o calmanti Ⓥ Ⓕ

2029. Gli effetti dell'alcool sul sistema nervoso vengono amplificati se si beve a stomaco vuoto Ⓥ Ⓕ

2030. Gli effetti dell'alcool sul sistema nervoso vengono amplificati se subito dopo l'assunzione si beve un bicchiere d'acqua molto fredda (V) (F)

2031. Gli effetti dell'alcool sul sistema nervoso vengono amplificati se si beve lentamente (V) (F)

2032. Gli effetti dell'alcool sul sistema nervoso vengono amplificati se si fuma una sigaretta (V) (F)

2033. Dopo il cambio d'olio del motore, l'olio esausto (usato) deve essere consegnato ad una ditta autorizzata (V) (F)

2034. Dopo il cambio d'olio del motore, l'olio esausto (usato) non deve essere scaricato in un tombino della fognatura (V) (F)

2035. Dopo il cambio d'olio del motore, l'olio esausto (usato) non deve essere disperso nel terreno o nell'acqua (V) (F)

2036. Dopo il cambio d'olio del motore, l'olio esausto (usato) può essere scaricato nei tombini della fognatura, purché mescolato a solvente (V) (F)

2037. Dopo il cambio d'olio del motore, è opportuno bruciare l'olio esausto (usato) (V) (F)

2038. Dopo il cambio d'olio del motore, l'olio esausto (usato) va diluito con acqua, prima di essere smaltito (V) (F)

2039. Se sulla strada si trovano degli oggetti pericolosi (bottiglie di vetro, sassi o pezzi di legno), occorre rimuoverli dalla strada, dopo essersi accertati che non sopraggiungano veicoli (V) (F)

2040. Se sulla strada si trovano degli oggetti pericolosi (bottiglie di vetro, sassi o pezzi di legno), occorre avvisare gli addetti alla manutenzione o pulizia della strada (V) (F)

2041. Se sulla strada si trovano degli oggetti pericolosi (bottiglie di vetro, sassi o pezzi di legno), occorre prevedere il possibile rischio di cadere, passandovi sopra con la ruota del ciclomotore (V) (F)

2042. Se sulla strada si trovano degli oggetti pericolosi (bottiglie di vetro, sassi o pezzi di legno), occorre lasciarli nella posizione in cui si trovano, senza fare nulla (V) (F)

2043. Se sulla strada si trovano degli oggetti pericolosi (bottiglie di vetro, sassi o pezzi di legno), occorre trascinarli fuori dalla strada, ma solo nelle ore notturne (V) (F)

2044. Se sulla strada si trovano degli oggetti pericolosi (bottiglie di vetro, sassi o pezzi di legno), occorre spostarli verso il centro della carreggiata per essere notati a distanza dai veicoli in transito (V) (F)

2045. Se su una strada si nota la presenza di un cedimento del fondo stradale o un tombino scoperchiato, occorre avvisare gli addetti alla manutenzione della strada Ⓥ Ⓕ

2046. Se su una strada si nota la presenza di un cedimento del fondo stradale o un tombino scoperchiato, occorre avvisare del possibile pericolo gli altri utenti Ⓥ Ⓕ

2047. Se su una strada si nota la presenza di un cedimento del fondo stradale o un tombino scoperchiato, occorre ridurre la velocità del veicolo che si conduce Ⓥ Ⓕ

2048. Se su una strada si nota la presenza di un cedimento del fondo stradale o un tombino scoperchiato, occorre spostarsi dalla zona cedevole, invadendo la corsia destinata al senso opposto Ⓥ Ⓕ

2049. Se su una strada si nota la presenza di un cedimento del fondo stradale o un tombino scoperchiato, occorre calarsi all'interno del tombino per verificare l'eventuale presenza di operai Ⓥ Ⓕ

2050. Se su una strada si nota la presenza di un cedimento del fondo stradale o un tombino scoperchiato, occorre avvisare le autorità solo se si tratta di un tombino di gas, luce e acqua Ⓥ Ⓕ

Soluzioni

Quesito	Risposta	Quesito	Risposta	Quesito	Risposta	Quesito	Risposta	Quesito	Risposta	Quesito	Risposta	Quesito	Risposta	Quesito	Risposta	Quesito	Risposta	Quesito	Risposta
1	V	2	V	3	V	4	F	5	F	6	F	7	V	8	V	9	V	10	F
11	F	12	F	13	V	14	V	15	V	16	F	17	F	18	F	19	V	20	V
21	V	22	F	23	F	24	F	25	V	26	V	27	V	28	F	29	F	30	F
31	V	32	V	33	V	34	F	35	F	36	F	37	V	38	V	39	V	40	F
41	F	42	F	43	V	44	V	45	V	46	F	47	F	48	F	49	V	50	V
51	V	52	F	53	F	54	F	55	V	56	V	57	V	58	F	59	F	60	F
61	V	62	V	63	V	64	F	65	F	66	F	67	V	68	V	69	V	70	F
71	F	72	F	73	V	74	V	75	V	76	F	77	F	78	F	79	V	80	V
81	V	82	F	83	F	84	F	85	V	86	V	87	V	88	F	89	F	90	F
91	V	92	V	93	V	94	F	95	F	96	F	97	V	98	V	99	V	100	F
101	F	102	F	103	V	104	V	105	V	106	F	107	F	108	F	109	V	110	V
111	V	112	F	113	F	114	F	115	V	116	V	117	V	118	F	119	F	120	F
121	V	122	V	123	V	124	F	125	F	126	F	127	V	128	V	129	V	130	F
131	F	132	F	133	V	134	V	135	V	136	F	137	F	138	F	139	V	140	V
141	V	142	F	143	F	144	F	145	V	146	V	147	V	148	F	149	F	150	F
151	V	152	V	153	V	154	V	155	F	156	F	157	V	158	V	159	V	160	F
161	F	162	F	163	V	164	V	165	V	166	F	167	F	168	F	169	V	170	V
171	V	172	F	173	F	174	F	175	V	176	V	177	V	178	F	179	F	180	F
181	V	182	V	183	V	184	F	185	F	186	F	187	V	188	V	189	V	190	F
191	F	192	F	193	V	194	V	195	V	196	F	197	F	198	F	199	V	200	V
201	V	202	F	203	F	204	F	205	V	206	V	207	V	208	F	209	F	210	F
211	V	212	V	213	V	214	F	215	F	216	F	217	V	218	V	219	V	220	F
221	F	222	F	223	V	224	V	225	V	226	F	227	F	228	F	229	V	230	V
231	V	232	F	233	F	234	F	235	V	236	V	237	V	238	F	239	F	240	F
241	V	242	V	243	V	244	F	245	F	246	F	247	V	248	V	249	V	250	F
251	F	252	F	253	V	254	V	255	V	256	F	257	F	258	F	259	V	260	V
261	V	262	F	263	F	264	F	265	V	266	V	267	V	268	F	269	F	270	F
271	V	272	V	273	V	274	F	275	F	276	F	277	V	278	V	279	V	280	F
281	F	282	F	283	V	284	V	285	V	286	F	287	F	288	F	289	V	290	V
291	V	292	F	293	F	294	F	295	V	296	V	297	V	298	F	299	F	300	F
301	V	302	V	303	V	304	F	305	F	306	F	307	V	308	V	309	V	310	F
311	F	312	F	313	V	314	V	315	V	316	F	317	F	318	F	319	V	320	V
321	V	322	F	323	F	324	F	325	V	326	V	327	V	328	F	329	F	330	F
331	V	332	V	333	V	334	F	335	F	336	F	337	V	338	V	339	V	340	F
341	F	342	F	343	V	344	V	345	V	346	F	347	F	348	F	349	V	350	V

Quesito	Risposta	Quesito	Risposta	Quesito	Risposta	Quesito	Risposta	Quesito	Risposta	Quesito	Risposta	Quesito	Risposta	Quesito	Risposta	Quesito	Risposta	Quesito	Risposta
351	V	352	F	353	F	354	F	355	V	356	V	357	V	358	F	359	F	360	F
361	V	362	V	363	V	364	F	365	F	366	F	367	V	368	V	369	V	370	F
371	F	372	F	373	V	374	V	375	V	376	F	377	F	378	F	379	V	380	V
381	V	382	F	383	F	384	F	385	V	386	V	387	V	388	F	389	F	390	F
391	V	392	V	393	V	394	F	395	F	396	F	397	V	398	V	399	V	400	F
401	F	402	F	403	V	404	V	405	V	406	F	407	F	408	F	409	V	410	V
411	V	412	F	413	F	414	F	415	V	416	V	417	V	418	F	419	F	420	F
421	V	422	V	423	V	424	F	425	F	426	F	427	V	428	V	429	V	430	F
431	F	432	F	433	V	434	V	435	V	436	F	437	F	438	F	439	V	440	V
441	V	442	F	443	F	444	F	445	V	446	V	447	V	448	F	449	F	450	F
451	V	452	V	453	V	454	F	455	F	456	F	457	V	458	V	459	V	460	F
461	F	462	F	463	V	464	V	465	V	466	F	467	F	468	F	469	V	470	V
471	V	472	F	473	F	474	F	475	V	476	V	477	V	478	F	479	F	480	F
481	V	482	V	483	V	484	F	485	F	486	F	487	V	488	V	489	V	490	F
491	F	492	F	493	V	494	V	495	V	496	F	497	F	498	F	499	V	500	V
501	V	502	F	503	F	504	F	505	V	506	V	507	V	508	F	509	F	510	F
511	V	512	V	513	V	514	F	515	F	516	F	517	V	518	V	519	V	520	F
521	F	522	F	523	V	524	V	525	V	526	F	527	F	528	F	529	V	530	V
531	V	532	F	533	F	534	F	535	V	536	V	537	V	538	F	539	F	540	F
541	V	542	V	543	V	544	F	545	F	546	F	547	V	548	V	549	V	550	F
551	F	552	F	553	V	554	V	555	V	556	F	557	F	558	F	559	V	560	V
561	V	562	F	563	F	564	F	565	V	566	V	567	V	568	F	569	F	570	F
571	V	572	V	573	V	574	F	575	F	576	F	577	V	578	V	579	V	580	F
581	F	582	F	583	V	584	V	585	V	586	F	587	F	588	F	589	V	590	V
591	V	592	F	593	F	594	F	595	V	596	V	597	V	598	F	599	F	600	F
601	V	602	V	603	V	604	F	605	F	606	F	607	V	608	V	609	V	610	F
611	F	612	F	613	V	614	V	615	V	616	F	617	F	618	F	619	V	620	V
621	V	622	F	623	F	624	F	625	V	626	V	627	V	628	F	629	F	630	F
631	V	632	V	633	V	634	F	635	F	636	F	637	V	638	V	639	V	640	F
641	F	642	F	643	V	644	V	645	V	646	F	647	F	648	F	649	V	650	V
651	V	652	F	653	F	654	F	655	V	656	V	657	V	658	F	659	F	660	F
661	V	662	V	663	V	664	F	665	F	666	F	667	V	668	V	669	V	670	F
671	F	672	F	673	V	674	V	675	V	676	F	677	F	678	F	679	V	680	V
681	V	682	F	683	F	684	F	685	V	686	V	687	V	688	F	689	F	690	F
691	V	692	V	693	V	694	F	695	F	696	F	697	V	698	V	699	V	700	F

Quesito	Risposta	Quesito	Risposta	Quesito	Risposta	Quesito	Risposta	Quesito	Risposta	Quesito	Risposta	Quesito	Risposta	Quesito	Risposta	Quesito	Risposta	Quesito	Risposta
701	F	702	F	703	V	704	V	705	V	706	F	707	F	708	F	709	V	710	V
711	F	712	F	713	F	714	V	715	V	716	V	717	F	718	F	719	F	720	V
721	V	722	V	723	F	724	F	725	F	726	V	727	V	728	V	729	F	730	F
731	F	732	V	733	V	734	V	735	F	736	F	737	F	738	V	739	V	740	V
741	F	742	F	743	F	744	V	745	V	746	V	747	F	748	F	749	F	750	V
751	V	752	V	753	F	754	F	755	F	756	V	757	V	758	V	759	F	760	F
761	F	762	V	763	V	764	V	765	F	766	F	767	F	768	V	769	V	770	V
771	F	772	F	773	F	774	F	775	V	776	V	777	V	778	V	779	F	780	F
781	V	782	V	783	V	784	F	785	F	786	F	787	V	788	V	789	V	790	FF
791	F	792	F	793	V	794	V	795	V	796	F	797	F	798	F	799	V	800	V
801	V	802	V	803	F	804	F	805	F	806	V	807	V	808	V	809	F	810	F
811	F	812	V	813	V	814	V	815	F	816	F	817	F	818	V	819	V	820	V
821	F	822	F	823	F	824	V	825	V	826	V	827	F	828	F	829	F	830	V
831	V	832	V	833	F	834	F	835	F	836	V	837	V	838	V	839	F	840	F
841	F	842	V	843	V	844	V	845	F	846	F	847	F	848	V	849	V	850	V
851	F	852	F	853	F	854	V	855	V	856	V	857	F	858	F	859	F	860	V
861	V	862	V	863	F	864	F	865	F	866	V	867	V	868	V	869	V	870	V
871	F	872	F	873	F	874	F	875	V	876	V	877	V	878	V	879	F	880	F
881	F	882	V	883	V	884	V	885	V	886	V	887	F	888	F	889	F	890	F
891	V	892	V	893	V	894	V	895	F	896	F	897	F	898	V	899	V	900	V
901	V	902	F	903	F	904	V	905	V	906	V	907	V	908	F	909	F	910	F
911	F	912	V	913	V	914	V	915	F	916	F	917	F	918	F	919	V	920	V
921	V	922	V	923	F	924	F	925	F	926	V	927	V	928	V	929	V	930	F
931	F	932	F	933	F	934	V	935	V	936	V	937	V	938	F	939	F	940	F
941	F	942	V	943	V	944	V	945	V	946	F	947	F	948	F	949	F	950	V
951	V	952	V	953	V	954	F	955	F	956	F	957	F	958	V	959	V	960	V
961	V	962	F	963	F	964	F	965	F	966	V	967	V	968	V	969	V	970	F
971	F	972	F	973	F	974	V	975	V	976	V	977	F	978	F	979	F	980	V
981	V	982	V	983	F	984	F	985	F	986	V	987	V	988	V	989	V	990	F
991	F	992	F	993	V	994	V	995	V	996	F	997	F	998	F	999	V	1000	V
1001	V	1002	F	1003	F	1004	F	1005	V	1006	V	1007	V	1008	F	1009	F	1010	F
1011	V	1012	V	1013	V	1014	F	1015	F	1016	F	1017	V	1018	V	1019	V	1020	F
1021	F	1022	F	1023	V	1024	V	1025	V	1026	F	1027	F	1028	F	1029	V	1030	V
1031	V	1032	F	1033	F	1034	F	1035	V	1036	V	1037	V	1038	F	1039	F	1040	F
1041	V	1042	V	1043	V	1044	V	1045	F	1046	F	1047	V	1048	V	1049	V	1050	F

Quesito	Risposta	Quesito	Risposta	Quesito	Risposta	Quesito	Risposta	Quesito	Risposta	Quesito	Risposta	Quesito	Risposta	Quesito	Risposta	Quesito	Risposta	Quesito	Risposta
1051	F	1052	F	1053	V	1054	V	1055	V	1056	F	1057	F	1058	F	1059	V	1060	V
1061	V	1062	F	1063	F	1064	F	1065	V	1066	V	1067	V	1068	V	1069	F	1070	F
1071	F	1072	V	1073	V	1074	V	1075	F	1076	F	1077	F	1078	V	1079	V	1080	V
1081	F	1082	F	1083	F	1084	V	1085	V	1086	V	1087	F	1088	F	1089	F	1090	V
1091	V	1092	V	1093	F	1094	F	1095	F	1096	V	1097	V	1098	V	1099	F	1100	F
1101	F	1102	V	1103	V	1104	F	1105	F	1106	F	1107	V	1108	V	1109	V	1110	F
1111	F	1112	F	1113	V	1114	V	1115	V	1116	V	1117	F	1118	F	1119	F	1120	F
1121	V	1122	V	1123	V	1124	F	1125	F	1126	F	1127	V	1128	V	1129	V	1130	F
1131	F	1132	F	1133	V	1134	V	1135	V	1136	V	1137	F	1138	F	1139	V	1140	V
1141	V	1142	F	1143	F	1144	F	1145	V	1146	V	1147	V	1148	F	1149	F	1150	F
1151	V	1152	V	1153	V	1154	F	1155	F	1156	F	1157	V	1158	V	1159	V	1160	F
1161	F	1162	F	1163	V	1164	V	1165	V	1166	F	1167	F	1168	F	1169	V	1170	V
1171	V	1172	F	1173	F	1174	F	1175	V	1176	V	1177	V	1778	F	1779	F	1180	F
1181	V	1182	V	1183	V	1184	F	1185	F	1186	F	1187	V	1188	V	1189	V	1190	F
1191	F	1192	F	1193	V	1194	V	1195	V	1196	F	1197	F	1198	F	1199	V	1200	V
1201	V	1202	F	1203	F	1204	F	1205	V	1206	V	1207	V	1208	F	1209	F	1210	F
1211	V	1212	V	1213	V	1214	F	1215	F	1216	F	1217	V	1218	V	1219	V	1220	F
1221	F	1222	F	1223	V	1224	V	1225	V	1226	F	1227	F	1228	F	1229	V	1230	V
1231	V	1232	F	1233	F	1234	F	1235	V	1236	V	1237	F	1238	F	1239	F	1240	F
1241	V	1242	V	1243	V	1244	F	1245	F	1246	F	1247	V	1248	V	1249	V	1250	F
1251	F	1252	F	1253	V	1254	V	1255	V	1256	F	1257	F	1258	F	1259	V	1260	V
1261	V	1262	F	1263	F	1264	F	1265	V	1266	V	1267	V	1268	V	1269	F	1270	F
1271	F	1272	V	1273	V	1274	V	1275	F	1276	F	1277	F	1278	V	1279	V	1280	V
1281	V	1282	F	1283	F	1284	V	1285	V	1286	V	1287	F	1288	F	1289	F	1290	V
1291	V	1292	V	1293	F	1294	F	1295	F	1296	V	1297	V	1298	V	1299	F	1300	F
1301	F	1302	V	1303	V	1304	V	1305	F	1306	F	1307	V	1308	V	1309	V	1310	F
1311	F	1312	F	1313	V	1314	V	1315	V	1316	F	1317	F	1318	F	1319	V	1320	V
1321	V	1322	F	1323	F	1324	F	1325	V	1326	V	1327	V	1328	F	1329	F	1330	F
1331	V	1332	V	1333	V	1334	V	1335	F	1336	F	1337	F	1338	V	1339	V	1340	V
1341	V	1342	F	1343	F	1344	F	1345	F	1346	V	1347	V	1348	V	1349	F	1350	F
1351	F	1352	V	1353	V	1354	V	1355	F	1356	F	1357	F	1358	V	1359	V	1360	V
1361	F	1362	F	1363	F	1364	V	1365	V	1366	V	1367	F	1368	F	1369	F	1370	V
1371	V	1372	V	1373	F	1374	F	1375	F	1376	V	1377	V	1378	V	1379	F	1380	F
1381	F	1382	V	1383	V	1384	V	1385	V	1386	F	1387	F	1388	V	1389	V	1390	V
1391	V	1392	F	1393	F	1394	F	1395	V	1396	V	1397	V	1398	F	1399	F	1400	F

Quesito	Risposta	Quesito	Risposta	Quesito	Risposta	Quesito	Risposta	Quesito	Risposta	Quesito	Risposta	Quesito	Risposta	Quesito	Risposta	Quesito	Risposta	Quesito	Risposta
1401	V	1402	V	1403	V	1404	F	1405	F	1406	F	1407	V	1408	V	1409	V	1410	F
1411	F	1412	F	1413	V	1414	V	1415	V	1416	F	1417	F	1418	F	1419	V	1420	V
1421	V	1422	F	1423	F	1424	F	1425	V	1426	V	1427	V	1428	F	1429	F	1430	F
1431	V	1432	V	1433	V	1434	F	1435	F	1436	F	1437	V	1438		1439	V	1440	F
1441	F	1442	F	1443	V	1444	V	1445	V	1446	F	1447	F	1448	F	1449	V	1450	V
1451	V	1452	F	1453	F	1454	F	1455	V	1456	V	1457	V	1458	V	1459	F	1460	F
1461	F	1462	F	1463	V	1464	V	1465	V	1466	F	1467	F	1468	F	1469	V	1470	V
1471	V	1472	F	1473	F	1474	F	1475	V	1476	V	1477	V	1478	V	1479	F	1480	F
1481	F	1482	V	1483	V	1484	V	1485	V	1486	F	1487	F	1488	V	1489	V	1490	V
1491	F	1492	F	1493	F	1494	V	1495	V	1496	V	1497	F	1498	F	1499	F	1500	V
1501	V	1502	V	1503	V	1504	F	1505	F	1506	F	1507	V	1508	V	1509	V	1510	F
1511	F	1512	F	1513	V	1514	V	1515	V	1516	V	1517	F	1518	F	1519	F	1520	F
1521	V	1522	V	1523	V	1524	F	1525	F	1526	F	1527	V	1528	V	1529	V	1530	F
1531	F	1532	F	1533	V	1534	V	1535	V	1536	F	1537	F	1538	F	1539	V	1540	V
1541	V	1542	V	1543	F	1544	F	1545	V	1546	V	1547	V	1548	V	1549	F	1550	F
1551	V	1552	V	1553	F	1554	F	1555	V	1556	V	1557	V	1558	F	1559	F	1560	F
1561	V	1562	V	1563	V	1564	F	1565	F	1566	F	1567	V	1568	V	1569	V	1570	F
1571	F	1572	F	1573	V	1574	V	1575	V	1576	V	1577	F	1578	F	1579	F	1580	V
1581	V	1582	V	1583	F	1584	F	1585	V	1586	V	1587	V	1588	V	1589	V	1590	F
1591	F	1592	F	1593	V	1594	V	1595	V	1596	V	1597	F	1598	F	1599	V	1600	V
1601	V	1602	F	1603	F	1604	F	1605	F	1606	V	1607	V	1608	V	1609	V	1610	F
1611	F	1612	F	1613	V	1614	V	1615	V	1616	F	1617	F	1618	F	1619	V	1620	V
1621	V	1622	F	1623	F	1624	F	1625	V	1626	V	1627	V	1628	V	1629	F	1630	F
1631	F	1632	V	1633	V	1634	V	1635	F	1636	F	1637	F	1638	V	1639	V	1640	V
1641	F	1642	F	1643	F	1644	V	1645	V	1646	V	1647	V	1648	F	1649	F	1650	V
1651	V	1652	V	1653	F	1654	F	1655	F	1656	V	1657	V	1658	V	1659	F	1660	F
1661	F	1662	V	1663	V	1664	V	1665	F	1666	F	1667	V	1668	V	1669	V	1670	F
1671	F	1672	F	1673	V	1674	V	1675	V	1676	F	1677	F	1678	F	1679	V	1680	V
1681	V	1682	F	1683	F	1684	F	1685	V	1686	V	1687	V	1688	V	1689	F	1690	F
1691	V	1692	V	1693	V	1694	F	1695	F	1696	F	1697	V	1698	V	1699	V	1700	V
1701	F	1702	F	1703	F	1704	V	1705	V	1706	V	1707	V	1708	F	1709	F	1710	V
1711	V	1712	V	1713	F	1714	F	1715	F	1716	V	1717	V	1718	V	1719	V	1720	F
1721	F	1722	F	1723	F	1724	V	1725	V	1726	V	1727	F	1728	F	1729	F	1730	V
1731	V	1732	V	1733	F	1734	F	1735	F	1736	V	1737	V	1738	V	1739	F	1740	F
1741	F	1742	V	1743	V	1744	V	1745	F	1746	F	1747	F	1748	V	1749	V	1750	V

Quesito	Risposta	Quesito	Risposta	Quesito	Risposta	Quesito	Risposta	Quesito	Risposta	Quesito	Risposta	Quesito	Risposta	Quesito	Risposta	Quesito	Risposta	Quesito	Risposta
1751	V	1752	V	1753	F	1754	F	1755	F	1756	V	1757	V	1758	V	1759	F	1760	F
1761	F	1762	V	1763	V	1764	V	1765	V	1766	F	1767	F	1768	F	1769	F	1770	V
1771	V	1772	V	1773	F	1774	F	1775	F	1776	V	1777	V	1778	V	1779	F	1780	F
1781	F	1782	V	1783	V	1784	V	1785	F	1786	F	1787	F	1788	V	1789	V	1790	V
1791	V	1792	F	1793	F	1794	F	1795	V	1796	V	1797	V	1798	F	1799	F	1800	F
1801	V	1802	V	1803	V	1804	F	1805	F	1806	F	1807	V	1808	V	1809	V	1810	F
1811	F	1812	F	1813	V	1814	V	1815	V	1816	F	1817	F	1818	F	1819	V	1820	V
1821	V	1822	V	1823	F	1824	F	1825	F	1826	V	1827	V	1828	V	1829	F	1830	F
1831	F	1832	V	1833	V	1834	V	1835	F	1836	F	1837	V	1838	V	1839	V	1840	V
1841	F	1842	F	1843	F	1844	F	1845	V	1846	V	1847	V	1848	V	1849	V	1850	F
1851	F	1852	F	1853	F	1854	V	1855	V	1856	V	1857	F	1858	F	1859	F	1860	V
1861	V	1862	V	1863	F	1864	F	1865	F	1866	V	1867	V	1868	F	1869	F	1870	V
1871	V	1872	V	1873	F	1874	F	1875	F	1876	V	1877	V	1878	V	1879	F	1880	F
1881	V	1882	V	1883	V	1884	F	1885	F	1886	F	1887	V	1888	V	1889	V	1890	F
1891	F	1892	F	1893	V	1894	V	1895	V	1896	F	1897	F	1898	F	1899	V	1900	V
1901	V	1902	V	1903	V	1904	F	1905	F	1906	F	1907	F	1908	F	1909	V	1910	V
1911	V	1912	F	1913	F	1914	F	1915	V	1916	V	1917	V	1918	F	1919	F	1920	F
1921	V	1922	V	1923	V	1924	F	1925	F	1926	F	1927	V	1928	V	1929	V	1930	F
1931	F	1932	F	1933	V	1934	V	1935	V	1936	F	1937	F	1938	F	1939	V	1940	V
1941	V	1942	F	1943	F	1944	F	1945	V	1946	V	1947	V	1948	F	1949	F	1950	F
1951	V	1952	V	1953	V	1954	F	1955	F	1956	F	1957	V	1958	V	1959	V	1960	F
1961	F	1962	F	1963	V	1964	V	1965	V	1966	F	1967	F	1968	F	1969	V	1970	V
1971	V	1972	V	1973	F	1974	F	1975	F	1976	V	1977	V	1978	V	1979	V	1980	F
1981	F	1982	F	1983	V	1984	V	1985	F	1986	F	1987	F	1988	V	1989	V	1990	V
1991	F	1992	F	1993	F	1994	V	1995	V	1996	V	1997	V	1998	F	1999	V	2000	V
2001	V	2002	V	2003	V	2004	F	2005	F	2006	F	2007	V	2008	V	2009	V	2010	V
2011	F	2012	F	2013	F	2014	V	2015	V	2016	V	2017	F	2018	F	2019	F	2020	V
2021	V	2022	V	2023	V	2024	F	2025	F	2026	F	2027	V	2028	V	2029	V	2030	F
2031	F	2032	F	2033	V	2034	V	2035	V	2036	F	2037	F	2038	F	2039	V	2040	V
2041	V	2042	F	2043	F	2044	F	2045	V	2046	V	2047	V	2048	F	2049	F	2050	F

CAPITOLO 8

SIMULAZIONE D'ESAME

Ogni serie di quiz proposta di seguito simula una prova d'esame, composta da soli 10 quesiti a differenza dei 30 compresi nella prova ufficiale.

La scelta e l'ordine dei quiz rispetta i criteri ministeriali di elaborazione delle prove sottoposte ai candidati. Come si è suggerito nell'introduzione, le prove raccolte in questo capitolo dovrebbero essere affrontate soltanto dopo essersi esercitati su tutti i quesiti presentati nei capitoli precedenti.

Infine, ricordiamo che, utilizzando il software di simulazione scaricabile gratuitamente, è possibile simulare un elevatissimo numero di prove ufficiali d'esame composte da 30 quesiti.

Scheda N. 1

1. Il segnale raffigurato preavvisa un tratto di strada con pavimentazione irregolare — V F

2. Il segnale raffigurato indica che la circolazione è a senso unico — V F

3. Ciascuno dei pannelli integrativi raffigurati indica la distanza alla quale inizia il pericolo indicato nel segnale sovrastante — V F

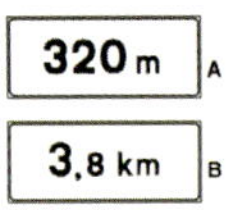

4. Nella situazione raffigurata il veicolo C dà la precedenza al veicolo H — V F

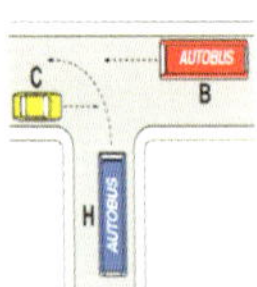

5. La velocità deve essere regolata in modo da garantire solo la sicurezza della persona trasportata — V F

6. La fermata è vietata in corrispondenza dei passaggi a livello — V F

7. Causa frequente di incidenti dovuti alle condizioni della strada può essere strada coperta di foglie — V F

8. I catadiottri sono dispositivi che riflettono la luce e hanno la funzione di facilitare la visibilità notturna di rimorchi isolati parcheggiati su strada — V F

9. Chi guida ciclomotori deve esibire, a richiesta degli agenti, il libretto di uso e manutenzione del veicolo — V F

10. La responsabilità civile derivante dall'incidente stradale è esclusa per danni di lieve entità — V F

Scheda N. 2

1. In presenza del segnale raffigurato è vietata l'inversione di marcia (V) (F)

2. Il segnale raffigurato vieta il transito ai motocicli (V) (F)

3. Il pannello integrativo raffigurato preavvisa la presenza di un'officina (V) (F)

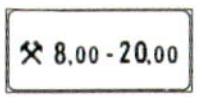

4. Secondo le norme di precedenza, nell'incrocio raffigurato i veicoli B e D passano per primi (V) (F)

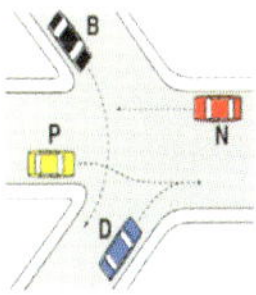

5. Si è tenuti a regolare la velocità in base al tipo di forcella del ciclomotore (V) (F)

6. La fermata è vietata nei lunghi rettilinei (V) (F)

7. Conducendo un ciclomotore, in caso di pioggia bisogna fare particolare attenzione perché l'aderenza è maggiore (V) (F)

8. Durante la marcia, l'uso dei proiettori a luce abbagliante è vietato quando si incrociano altri veicoli (V) (F)

9. Su strada a due corsie a doppio senso di circolazione, i ciclomotori devono marciare il più possibile vicino al margine destro della strada quando percorrono una curva (V) (F)

10. Se vi sono feriti a seguito di un incidente stradale si deve chiamare i soccorsi al numero telefonico 118 (V) (F)

Scheda N. 3

1. In presenza del segnale raffigurato è permesso percorrere la curva a velocità elevata V F

2. In presenza del segnale raffigurato, si possono sorpassare solo i veicoli a motore che non sono in grado di superare la velocità di 40 km/h V F

3. Il pannello integrativo raffigurato può indicare il pericolo di allagamento della strada per mareggiate V F

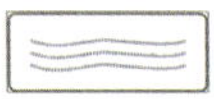

4. Nell'attraversare l'incrocio raffigurato il veicolo A ha diritto di precedenza sul veicolo D V F

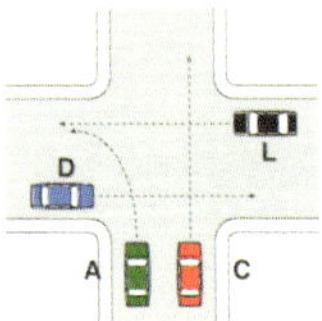

5. Si deve in particolare regolare la velocità quando la visibilità è limitata V F

6. La sosta non è consentita in corrispondenza o in prossimità dei passaggi a livello V F

7. Su strade coperte di neve o ghiaccio è opportuno moderare la velocità V F

8. Il clacson può essere sempre usato in prossimità di un ospedale V F

9. Quando si parcheggia un ciclomotore su una strada in discesa, lo si lascia sul cavalletto centrale con la ruota anteriore rivolta verso la discesa V F

10. L'assunzione di alcool influenza la guida in quanto aumenta la capacità di concentrazione V F

Scheda N. 4

1. Il segnale raffigurato preavvisa una strettoia V F

2. Il segnale raffigurato vieta la sosta davanti al luogo dove è posto V F

3. Il delineatore raffigurato, se a fondo giallo, segnala una deviazione brusca in prossimità di cantieri stradali V F

4. Secondo le norme di precedenza, nell'incrocio raffigurato il veicolo H transita dopo il veicolo O V F

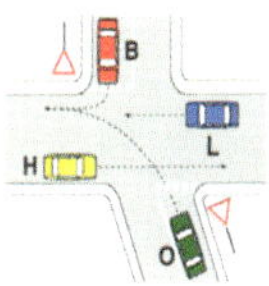

5. La distanza di sicurezza deve essere adeguata allo stato di efficienza del veicolo V F

6. È proibito sostare alle fermate degli autobus, solo se lo spazio è delimitato dalle strisce gialle V F

7. In caso di nebbia fitta è opportuno procedere ad una velocità adeguata alla visibilità V F

8. Il battistrada dei pneumatici dei ciclomotori deve essere verificato frequentemente V F

9. Alla guida di un ciclomotore è vietato parlare al telefono cellulare senza l'auricolare V F

10. L'assunzione di stupefacenti influisce sulla guida perché la rende più sicura V F

Scheda N. 5

1. Il segnale CROCE DI S. ANDREA preavvisa una sede ferroviaria con più binari — V F

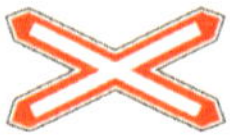

2. Il segnale raffigurato segnala un posto di blocco stradale istituito da organi di polizia al quale è obbligatorio fermarsi — V F

3. Il segnale raffigurato indica l'inizio dell'area dove possono circolare solo particolari categorie di veicoli — V F

4. Secondo le norme di precedenza, nell'incrocio raffigurato il veicolo R dà la precedenza ai veicoli E ed N — V F

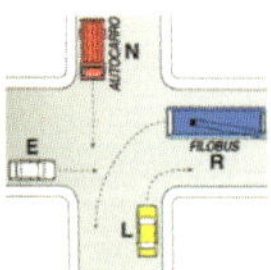

5. È vietato il sorpasso nelle curve, su strade a due corsie per ogni senso di marcia — V F

6. È vietato sostare nelle strade senza marciapiede — V F

7. Quando un pedone attraversa la strada fuori dalle strisce pedonali è necessario rallentare e avvisare il pedone con un breve colpo di clacson, in caso di pericolo immediato — V F

8. Il proprietario di un ciclomotore ha l'obbligo di effettuare la revisione periodica al proprio veicolo a quattro anni dalla immissione in circolazione — V F

9. Percorrendo con un ciclomotore una strada diritta e priva di traffico si deve guidare in ogni caso con prudenza — V F

10. Per limitare i consumi di carburante del ciclomotore conviene evitare percorsi pianeggianti — V F

Scheda N. 6

1. Il segnale raffigurato non permette di sorpassare un veicolo fermatosi per far attraversare i pedoni V F

2. Il segnale raffigurato obbliga a disporsi su due file V F

3. In un incrocio regolato dal semaforo, la luce rossa accesa vieta il passaggio ai veicoli verso la quale è rivolta V F

4. Nell'incrocio raffigurato il veicolo T passa prima degli altri veicoli V F

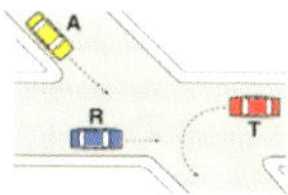

5. Lo spazio necessario alla manovra di sorpasso non dipende dalla lunghezza del veicolo da sorpassare V F

6. Quando si esce da un parcheggio autorizzato, si ha l'obbligo di dare la precedenza ai veicoli in transito V F

7. Al fine di evitare il prodursi di incidenti stradali, il conducente controllerà spesso il livello del liquido contenuto nella batteria V F

8. In caso di frenata di emergenza con il ciclomotore è consigliabile spostare il proprio peso all'indietro V F

9. Se, per un guasto, il ciclomotore è in panne, se non si può trasportare altrove, bisogna lasciarlo in modo che non intralci V F

10. Per ridurre il rumore emesso dai ciclomotori è necessario eliminare la marmitta per migliorare il rendimento del motore V F

Scheda N. 7

1. Il segnale raffigurato richiede di tenere una maggiore distanza di sicurezza dal veicolo che precede V F

2. Il segnale raffigurato indica la fine del limite minimo di velocità V F

3. Incontrando il semaforo a tre luci di figura, è permesso il passaggio quando è accesa la luce rossa, ma nessun veicolo sta attraversando l'incrocio V F

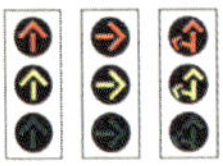

4. Nell'intersezione raffigurata i veicoli A ed R devono, se necessario, fermarsi V F

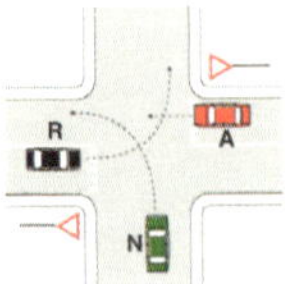

5. Il conducente che intende sorpassare deve assicurarsi che non vi siano segnali che vietino la manovra V F

6. Uscendo da un parcheggio, per immettersi nella circolazione occorre disinserire l'indicatore di direzione solo quando si è raggiunta una velocità adeguata al traffico V F

7. Per garantire la sicurezza della circolazione dei veicoli ed evitare incidenti è necessario, fra l'altro, diminuire la pressione dei pneumatici per migliorare la stabilità del veicolo V F

8. Prima di partire con il ciclomotore è necessario controllare il regolare funzionamento dei comandi dei freni V F

9. Conducendo un ciclomotore è consentito trasportare animali sul pianale poggiapiedi V F

10. Se, conducendo un quadriciclo leggero a motore, si intralciano i veicoli che seguono, occorre azionare l'indicatore di direzione sinistro V F

Scheda N. 8

1. Il segnale raffigurato preavvisa che la strada si restringe pericolosamente a sinistra V F

2. Il segnale raffigurato non permette la circolazione dei ciclomotori V F

3. La doppia striscia longitudinale continua raffigurata può essere superata, sempre che siano rispettate tutte le altre norme di circolazione V F

4. Nell'incrocio raffigurato i veicoli passano nel seguente ordine: D, A, N V F

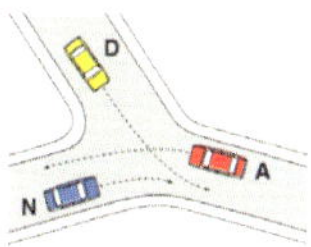

5. In una strada a doppio senso di circolazione, per svoltare a sinistra il conducente deve spostarsi il più possibile sul margine sinistro della strada V F

6. Una zona a traffico limitato è un'area nella quale è permesso solo il transito di ciclomotori e biciclette V F

7. Lo spazio di frenatura di un ciclomotore aumenta se il battistrada dei pneumatici è consumato V F

8. Per garantire la sicurezza della circolazione ed evitare incidenti è necessario, fra l'altro far controllare periodicamente, ad un meccanico, l'efficienza del ciclomotore V F

9. I conducenti di ciclomotori possono essere imputabili per reati, avendo compiuto 14 anni V F

10. Su un ciclomotore, il carico trasportato deve essere saldamente fissato, in modo da non comportare pericolo durante la guida V F

Scheda N. 9

1. In presenza del segnale raffigurato, opportunamente integrato, è necessario, in caso di pioggia, accelerare bruscamente (V) (F)

2. Il segnale raffigurato vieta la svolta a sinistra (V) (F)

3. Con la segnaletica orizzontale raffigurata, la corsia di sinistra permette di proseguire diritto o svoltare a sinistra (V) (F)

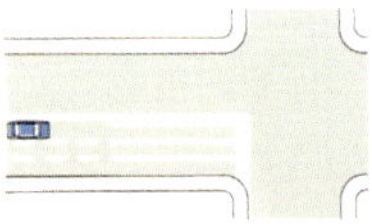

4. Nell'incrocio raffigurato, il veicolo B ha il diritto di precedenza (V) (F)

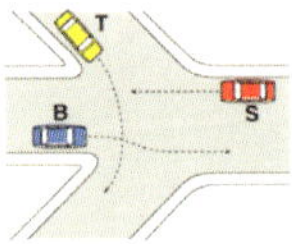

5. Percorrendo una strada a senso unico, la svolta a sinistra si effettua senza che sia necessario rallentare, se l'incrocio è libero (V) (F)

6. Il marciapiede è una parte della strada riservata ai pedoni (V) (F)

7. Può creare pericolo o intralcio alla circolazione viaggiare a zig zag tra i veicoli (V) (F)

8. Si deve utilizzare un casco più largo e comodo possibile (V) (F)

9. Se si viaggia in gruppo con dei ciclomotori, bisogna viaggiare accostati l'uno a fianco all'altro nella stessa corsia (V) (F)

10. L'uso di droghe, anche se fatto una sola volta, è pericoloso perché si incorre nella confisca del veicolo (V) (F)

Scheda N. 10

1. Il segnale raffigurato consiglia di accelerare per aumentare l'aderenza dei pneumatici sull'asfalto (V) (F)

2. Il segnale raffigurato, nelle strettoie, obbliga a dare precedenza ai veicoli provenienti dal senso opposto (V) (F)

3. La segnaletica orizzontale raffigurata, serve a delimitare le zone escluse al transito dei pedoni (V) (F)

4. Giungendo all'incrocio raffigurato, il veicolo L dà la precedenza al veicolo B (V) (F)

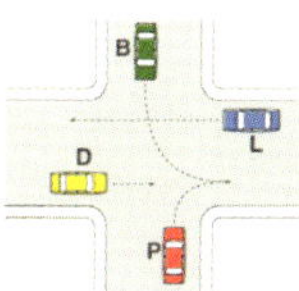

5. In prossimità o in corrispondenza degli incroci è vietato superare la velocità di 20 km/h (V) (F)

6. Il salvagente può essere segnalato con colonnine luminose a luce gialla fissa (V) (F)

7. La polizza di assicurazione per la responsabilità civile copre l'incendio e il furto, entro i massimali (V) (F)

8. Il casco deve essere allacciato in modo che sia ben stretto sulla testa (V) (F)

9. Alla guida di un ciclomotore, si deve assolutamente evitare di alzarsi in piedi durante la guida (V) (F)

10. Se su una strada si nota la presenza di un cedimento del fondo stradale o un tombino scoperchiato, occorre ridurre la velocità del veicolo che si conduce (V) (F)

Soluzioni

Quesito	Risposta	Quesito	Risposta	Quesito	Risposta	Quesito	Risposta	Quesito	Risposta	Quesito	Risposta	Quesito	Risposta	Quesito	Risposta	Quesito	Risposta	Quesito	Risposta
Scheda N.1																			
1	V	2	F	3	V	4	V	5	F	6	V	7	V	8	V	9	F	10	F
Scheda N.2																			
1	V	2	V	3	F	4	F	5	F	6	F	7	F	8	V	9	V	10	V
Scheda N.3																			
1	F	2	F	3	V	4	V	5	V	6	V	7	V	8	F	9	F	10	F
Scheda N.4																			
1	F	2	V	3	F	4	F	5	V	6	F	7	V	8	V	9	V	10	F
Scheda N.5																			
1	F	2	V	3	V	4	V	5	F	6	F	7	V	8	V	9	V	10	F
Scheda N.6																			
1	V	2	F	3	V	4	F	5	F	6	V	7	F	8	V	9	V	10	F
Scheda N.7																			
1	V	2	V	3	F	4	V	5	V	6	F	7	F	8	V	9	F	10	F
Scheda N.8																			
1	V	2	V	3	F	4	F	5	F	6	F	7	V	8	V	9	V	10	V
Scheda N.9																			
1	F	2	F	3	V	4	V	5	F	6	V	7	V	8	F	9	F	10	F
Scheda N.10																			
1	F	2	V	3	F	4	V	5	F	6	V	7	F	8	V	9	V	10	V